Prentice Hall **Realidades 1**

# Leveled Vocabulary and Grammar Workbook

## Guided Practice

PEARSON

Boston, Massachusetts Chandler, Arizona Glenview, Illinois Upper Saddle River, New Jersey

# Table of Contents

# Dear Parents and Guardians:

Learning a second language can be both exciting and fun. As your child studies Spanish, he or she will not only learn to communicate with Spanish speakers, but will also learn about their cultures and daily lives. Language learning is a building process that requires considerable time and practice, but it is one of the most rewarding things your child can learn in school.

Language learning calls on all of the senses and on many skills that are not necessarily used in other kinds of learning. Students will find their Spanish class different from other classes in a variety of ways. For instance, lectures generally play only a small role in the language classroom. Because the goal is to learn to communicate, students interact with each other and with their teacher as they learn to express themselves about things they like to do (and things they don't), their personalities, the world around them, foods, celebrations, pastimes, technology, and much more. Rather than primarily listening to the teacher, reading the text, and memorizing information as they might in a social studies class, language learners will share ideas; discuss similarities and differences between cultures; ask and answer questions; and work with others to practice new words, sounds, and sentence structures. Your child will be given a variety of tasks to do in preparation for such an interactive class. He or she will complete written activities, perform listening tasks, watch and listen to videos, and go on the Internet. In addition, to help solidify command of words and structures, time will need to be spent on learning vocabulary and practicing the language until it starts to become second nature. Many students will find that using flash cards and doing written practice will help them become confident using the building blocks of language.

To help you help your child in this endeavor, we offer the following insights into the textbook your child will be using, along with suggestions for ways that you can help build your child's motivation and confidence—and as a result, their success with learning Spanish.

## Textbook Organization

Your child will be learning Spanish using ***REALIDADES***, which means "realities." The emphasis throughout the text is on learning to use the language in authentic, real ways. Chapters are organized by themes such as school life, food and health, family and celebrations, etc. Each chapter begins with a section called **A primera vista** (*At First Glance*)**: Vocabulario en contexto**, which gives an initial presentation of new grammar and vocabulary in the form of pictures, short dialogues, audio recordings, and video. Once students have been exposed to the new language, the **Manos a la obra** (*Let's Get to Work*)**: Vocabulario en uso** and **Manos a la obra: Gramática y vocabulario en uso** sections offer lots of practice with the language as well as explanations of how the language works. The third section, **¡Adelante!** (*Moving Ahead!*), provides activities for your child to use the language by understanding readings, giving oral or written presentations, and learning more about the cultural perspectives of Spanish speakers. Finally, all chapters conclude with an at-a-glance review of the chapter material called **Repaso del capítulo** *(Chapter Review),* with summary lists and charts, and practice activities like those on the chapter test. If students have trouble with a given task, the **Repaso del capítulo** tells them where in the chapter they can go to review.

Here are some suggestions that will help your child become a successful language learner.

***Routine:***
Provide a special, quiet place for study, equipped with a Spanish-English dictionary, pens or pencils, paper, computer, and any other items your child's teacher suggests.

- Encourage your child to study Spanish at a regular time every day. A study routine will greatly facilitate the learning process.

***Strategy:***

- Remind your child that class participation and memorization are very important in a foreign language course.
- Tell your child that in reading or listening activities, as well as in the classroom, it is not necessary to understand every word. Suggest that they listen or look for key words to get the gist of what's being communicated.
- Encourage your child to ask questions in class if he or she is confused. Remind the child that other students may have the same question. This will minimize frustration and help your child succeed.

***Real-life connection:***

- Outside of the regular study time, encourage your child to review words in their proper context as they relate to the chapter themes. For example, when studying the chapter about community places, Capítulo 3B, have your child bring flash cards for place names on a trip into town and review words for the places you pass along the way. Similarly, while studying Capítulo 4A vocabulary, bring out family photos and remind your child of the toys he or she used to have and the activities that he or she liked. Ask your child to name the toys and activities in Spanish. If your child can include multiple senses while studying (see the school and say *escuela,* or taste ice cream and say *helado*), it will help reinforce study and will aid in vocabulary retention.
- Motivate your child with praise for small jobs well done, not just for big exams and final grades. A memorized vocabulary list is something to be proud of!

***Review:***

- Encourage your child to review previously learned material frequently, and not just before a test. Remember, learning a language is a building process, and it is important to keep using what you've already learned.
- To aid vocabulary memorization, suggest that your child try several different methods, such as saying words aloud while looking at a picture of the items, writing the words, acting them out while saying them, and so on.
- Suggest that your child organize new material using charts, graphs, pictures with labels, or other visuals that can be posted in the study area. A daily review of those visuals will help keep the material fresh.
- Help your child drill new vocabulary and grammar by using the charts and lists in the **Manos a la obra: Vocabulario en uso, Manos a la obra: Gramática y vocabulario en uso,** and **Repaso del capítulo** sections.

***Resources:***

- Offer to help frequently! Your child may have great ideas for how you can facilitate his or her learning experience.
- Ask your child's teacher, or encourage your child to ask, about how to best prepare for and what to expect on tests and quizzes.
- Ask your child's teacher about the availability of audio recordings and videos that support the text. The more your child sees and hears the language, the greater the retention. There are also on-line and CD-ROM based versions of the textbook that may be useful for your child.
- Visit www.realidades.com with your child for more helpful tips and practice opportunities, including downloadable audio files that your child can play at home to practice Spanish. Enter the appropriate Web Code from the list on the next page for

the section of the chapter that the class is working on and you will see a menu that lists the available audio files. They can be listened to on a computer or on a personal audio player.

| **Capítulo** | **A primera vista— Vocabulario en contexto** | **Manos a la obra— Vocabulario en uso** and — **Gramática y vocabulario en uso** | **Repaso** |
|---|---|---|---|
| Para empezar | | | jcd-0099 |
| Capítulo 1A | jcd-0187 | jcd-0188 | jcd-0189 |
| Capítulo 1B | jcd-0197 | jcd-0198 | jcd-0199 |
| Capítulo 2A | jcd-0287 | jcd-0288 | jcd-0289 |
| Capítulo 2B | jcd-0297 | jcd-0298 | jcd-0299 |
| Capítulo 3A | jcd-0387 | jcd-0388 | jcd-0389 |
| Capítulo 3B | jcd-0397 | jcd-0398 | jcd-0399 |
| Capítulo 4A | jcd-0487 | jcd-0488 | jcd-0489 |
| Capítulo 4B | jcd-0497 | jcd-0498 | jcd-0499 |
| Capítulo 5A | jcd-0587 | jcd-0588 | jcd-0589 |
| Capítulo 5B | jcd-0597 | jcd-0598 | jcd-0599 |
| Capítulo 6A | jcd-0687 | jcd-0688 | jcd-0689 |
| Capítulo 6B | jcd-0697 | jcd-0698 | jcd-0699 |
| Capítulo 7A | jcd-0787 | jcd-0788 | jcd-0789 |
| Capítulo 7B | jcd-0797 | jcd-0798 | jcd-0799 |
| Capítulo 8A | jcd-0887 | jcd-0888 | jcd-0889 |
| Capítulo 8B | jcd-0897 | jcd-0898 | jcd-0899 |
| Capítulo 9A | jcd-0987 | jcd-0988 | jcd-0989 |
| Capítulo 9B | jcd-0997 | jcd-0998 | jcd-0999 |

Above all, help your child understand that a language is not acquired overnight. Just as for a first language, there is a gradual process for learning a second one. It takes time and patience, and it is important to know that mistakes are a completely natural part of the process. Remind your child that it took years to become proficient in his or her first language, and that the second one will also take time. Praise your child for even small progress in the ability to communicate in Spanish, and provide opportunities for your child to hear and use the language.

Don't hesitate to ask your child's teacher for ideas. You will find the teacher eager to help you. You may also be able to help the teacher understand special needs that your child may have, and work together with him or her to find the best techniques for helping your child learn.

Learning to speak another language is one of the most gratifying experiences a person can have. We know that your child will benefit from the effort, and will acquire a skill that will serve to enrich his or her life.

# Notes

**Realidades 1** Nombre ____________ Hora ________

**Para empezar** Fecha ____________ **Vocabulary Flash Cards, Sheet 1**

Write the Spanish vocabulary word below each picture. If there is a word or phrase, copy it in the space provided. Be sure to include the article for each noun.

| | | |
|---|---|---|
| **Buenos días.**<br>______<br>______ | **Buenas noches.**<br>______<br>______ | **Buenas tardes.**<br>______<br>______ |
| **¡Hola!**<br>______ | **¿Cómo te llamas?**<br>______<br>______<br>______ | **Me llamo...**<br>______<br>______ |
| **Encantado, Encantada.**<br>______,<br>______ | **Igualmente.**<br>______ | **Mucho gusto.**<br>______<br>______ |

| | | |
|---|---|---|
| **¿Cómo está Ud.?** | **¿Cómo estás?** | **¿Qué pasa?** |
| **¿Qué tal?** | **¿Y tú?** | **¿Y usted (Ud.)?** |
| **(muy) bien** | **regular** | **gracias** |

| | | |
|---|---|---|
| **nada**<br><br>_______________ | **señor,<br>Sr.**<br><br>_______________,<br>_______________ | **señora,<br>Sra.**<br><br>_______________,<br>_______________ |
| **señorita,<br>Srta.**<br><br>_______________,<br>_______________ | **¡Adiós!**<br><br>_______________ | **Hasta<br>luego.**<br><br>_______________<br>_______________ |
| **Hasta<br>mañana.**<br><br>_______________<br>_______________ | **¡Nos<br>vemos!**<br><br>_______________<br>_______________ | **uno**<br><br>_______________ |

Nombre _______________ Hora _______________

Fecha _______________

**Vocabulary Flash Cards, Sheet 4**

| | | |
|---|---|---|
| **dos** | **tres** | **cuatro** |
| **cinco** | **seis** | **siete** |
| **ocho** | **nueve** | **diez** |

¿Qué hora es?

______

______

______

Es ______

______.

Son ______

______.

Son ______

______ ______

______.

Son ______

______ ______

______.

Son ______

______ ______

______.

Son ______

______ ______

______.

Son ______

______ ______

______

______ ______.

Son ______

______

______

______.

Nombre ____________________ Hora ____________

Fecha ____________________

## Vocabulary Flash Cards, Sheet 6

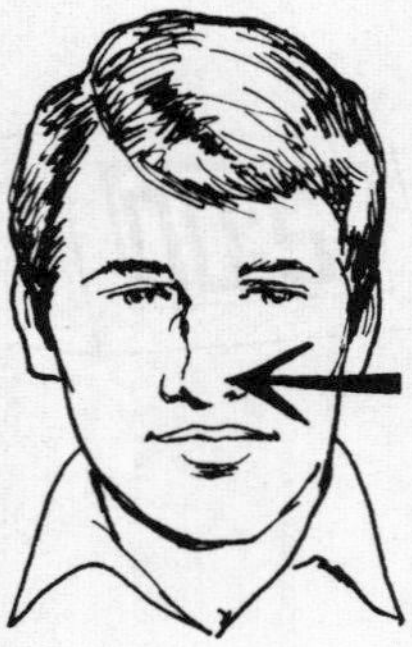

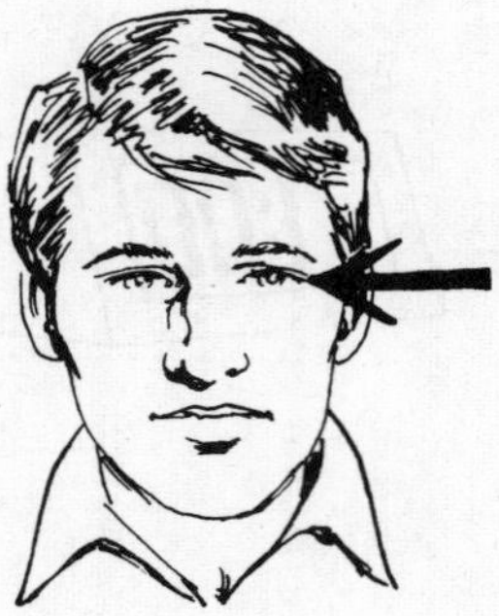

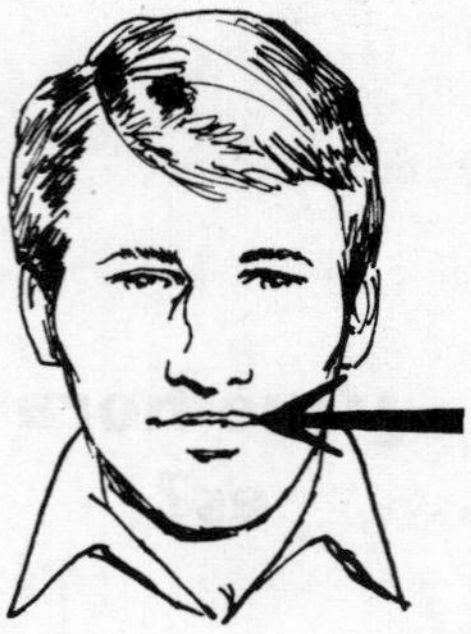

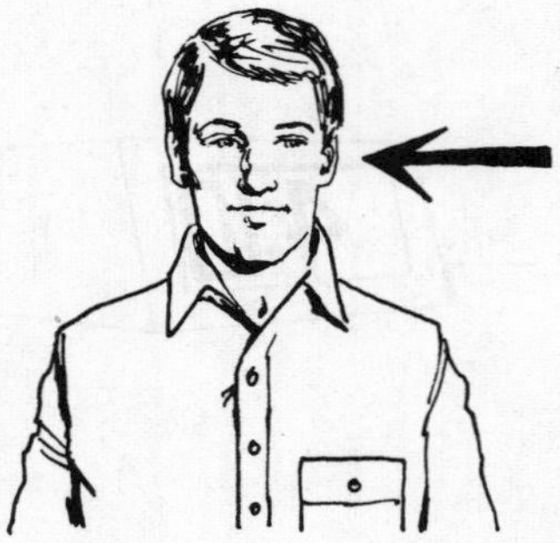

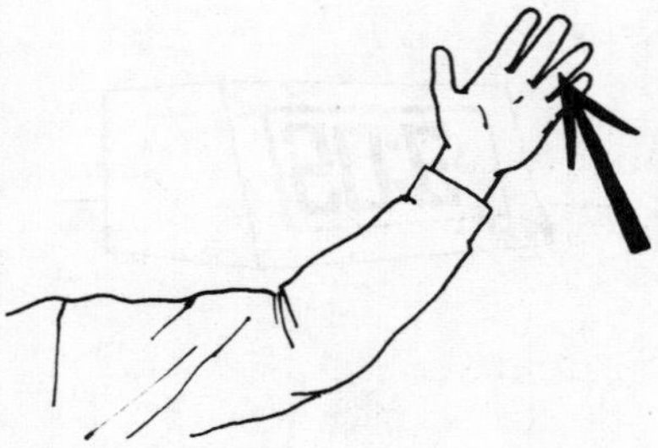

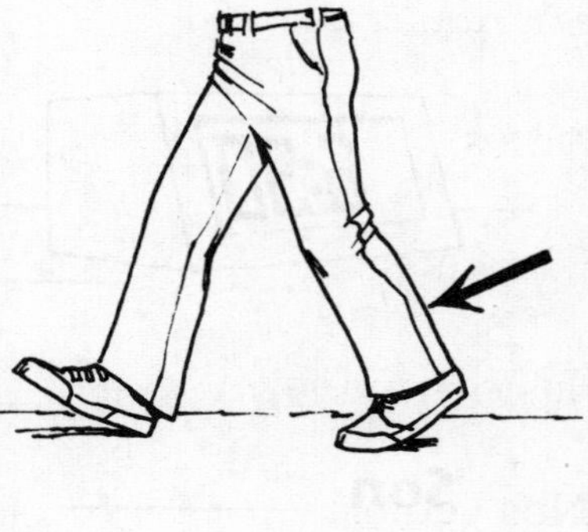

Realidades 1 | Nombre | Hora

Para empezar | Fecha | **Vocabulary Check, Sheet 1**

Tear out this page. Write the English words on the lines. Fold the paper along the dotted line to see the correct answers so you can check your work.

## En la escuela

Buenos días. ______________

Buenas noches. ______________

Buenas tardes. ______________

¡Hola! ______________

¿Cómo te llamas? ______________

Me llamo... ______________

Encantado, Encantada. ______________

Igualmente. ______________

Mucho gusto. ______________

señor, Sr. ______________

señora, Sra. ______________

señorita, Srta. ______________

¡Adiós! ______________

Hasta luego. ______________

Hasta mañana. ______________

¡Nos vemos! ______________

Fold In ←

Realidades 1 | Nombre ______________________ | Hora ______

Para empezar | Fecha ______________________ | **Vocabulary Check, Sheet 2**

Tear out this page. Write the Spanish words on the lines. Fold the paper along the dotted line to see the correct answers so you can check your work.

Good morning. ______________________

Good evening. ______________________

Good afternoon. ______________________

Hello! ______________________

What is your name? ______________________

My name is . . . ______________________

Delighted. ______________________
______________________

Likewise. ______________________

Pleased to meet you. ______________________

sir, Mr. ______________________

madam, Mrs. ______________________

miss, Miss ______________________

Good-bye! ______________________

See you later. ______________________

See you tomorrow. ______________________

See you! ______________________

Fold In ←

Nombre ______________________ Hora ____________

Fecha ______________________



## Vowel sounds

- Like English, Spanish has five basic vowels, **a, e, i, o,** and **u**. But unlike English, each Spanish vowel sounds nearly the same in every word, which will help you figure out how to pronounce any Spanish word you see.

**A.** The letter **a** is pronounced "ah," as in the English word "f**a**ther." Write three Spanish words related to *body parts* (**el cuerpo**) that contain the letter **a**. Say each word as you write it, paying special attention to the **a**.

____________________ ____________________ ____________________

**B.** The letter **e** is pronounced "ay," as in the English word "pay." Write three Spanish *numbers under ten* that contain the letter **e**. Say each word as you write it, paying special attention to the **e**.

____________________ ____________________ ____________________

**C.** The letter **i** is pronounced "ee," as in the English word "see." Write two Spanish words used in *greetings* that contain the letter **i**. Say each word as you write it, paying special attention to the **i**.

____________________ ____________________

**D.** The letter **o** is pronounced "oh," as in the English word "go." Write three Spanish *numbers over ten* that contain the letter **o**. Say each word as you write it, paying special attention to the **o**.

____________________ ____________________ ____________________

**E.** The letter **u** is pronounced "oo," as in the English word "zoo." Write three Spanish words that you've learned so far that contain the letter **u**. Say each word as you write it, paying special attention to the **u**.

____________________ ____________________ ____________________

## The letter *c*

- The letter **c** has two different sounds in Spanish. When it is followed by **a, o, u,** or any consonant other than **h,** it is a "hard **c**" and is pronounced like the **c** in "cat." Say these words with a hard **c**:

  **cómo** **práctica** **encantado**

- When the letter **c** is followed by **e** or **i**, it is a "soft **c**" and is pronounced like the **s** in "Sally." Say these words with a soft **c**:

  **doce** **gracias** **silencio**

**A.** Write out the numbers below (which all contain at least one letter **c**) in Spanish on the blanks provided.

1. 4 ______________________
2. 0 ______________________
3. 13 ______________________
4. 100 ______________________
5. 11 ______________________
6. 5 ______________________
7. 16 ______________________
8. 14 ______________________
9. 55 ______________________
10. 48 ______________________

**B.** Now, say aloud each of the words you wrote, paying special attention to the letter **c**. Go back to the answers you gave in **part A** and underline each hard **c** (as in cat). Circle each soft **c** (as in Sally). **Ojo**: Some words contain more than one **c**.

Write the Spanish vocabulary word below each picture. If there is a word or phrase, copy it in the space provided. Be sure to include the article for each noun.

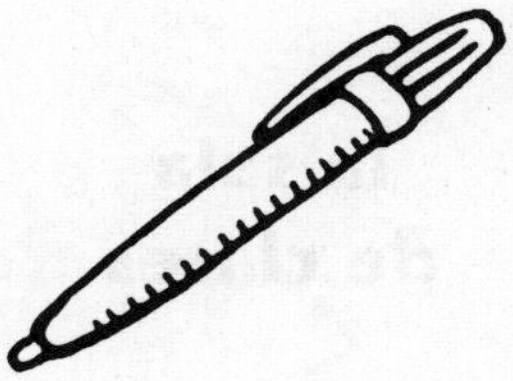

______

______

______

______

______

______

______

______

______

______

______ ______

______ ______

______

______

______

______

______

______

| | | |
|---|---|---|
|  |  | **la sala de clases** |
| **el año** | **el día** | **el mes** |
| **la semana** | **¿Qué día es hoy?** | **¿Cuál es la fecha?** |

Nombre ____ Hora ____

Fecha ____

**Vocabulary Flash Cards, Sheet 3**

| | | |
|---|---|---|
| **Es el primero de enero.** | **Es el tres de marzo.** | **Es el cinco de mayo.** |
| **Es el catorce de febrero.** | **Es el once de septiembre.** | **Es el veinticinco de diciembre.** |
| **mañana** | **hoy** | **en** |

| | | |
|---|---|---|
| **¿Cuántos?, ¿Cuántas?**<br>_______________ ,<br>_______________ | **hay**<br>_______________ | **por favor**<br>________<br>_______________ |
| **¿Cómo se dice...?**<br>_______________ ________<br>_______________ | **Se dice...**<br>________<br>_______________ | **¿Cómo se escribe...?**<br>_______________ ________<br>_______________ |
| **Se escribe...**<br>________<br>_______________ | **¿Qué quiere decir...?**<br>_______________<br>_______________<br>_______________ | **Quiere decir...**<br>_______________<br>_______________ |

Nombre ______ Hora ______

Fecha ______

**Vocabulary Check, Sheet 1**

Tear out this page. Write the English words on the lines. Fold the paper along the dotted line to see the correct answers so you can check your work.

## En la clase

el bolígrafo ______

la carpeta ______

el cuaderno ______

el estudiante,
la estudiante ______

la hoja de papel ______

el lápiz ______

el libro ______

el profesor,
la profesora ______

el pupitre ______

la sala de clases ______

el año ______

el día ______

el mes ______

la semana ______

hoy ______

mañana ______

Fold In ←

Tear out this page. Write the Spanish words on the lines. Fold the paper along the dotted line to see the correct answers so you can check your work.

pen ______

folder ______

notebook ______

student ______
______

sheet of paper ______

pencil ______

book ______

teacher ______
______

(student) desk ______

classroom ______

year ______

day ______

month ______

week ______

today ______

tomorrow ______

Fold In ←

## More *c* sounds

- In **Activity P-2** you learned that the letter **c** has two different sounds in Spanish: "hard **c**" and "soft **c**." The "hard **c**" sound is also created by the letter groups **que** and **qui**. **Que** is always pronounced like the English "kay" and **qui** is always pronounced like the English word "key." Say these words:

  **quince** **que** **quiere**

**A.** Remember that the hard **c** is sometimes spelled with a **c** and sometimes with a **q**. Underline the words in each group below with a hard **c** ("cat") sound. Say each word aloud as you read it.

1. clase / García / doce
2. trece / cien / carpeta
3. equis / cierren / dieciséis
4. gracias / saquen / Cecilia
5. cero / silencio / catorce
6. once / cuaderno / diciembre

**B.** Circle the words in each group with a soft **c** ("**S**ally") sound. Say each word aloud as you read it.

1. Ricardo / cuarto / atención
2. diciembre / cómo / octubre
3. carpeta / cuaderno / Alicia
4. qué / quiere / decir
5. cien / Cristina / cuántos
6. saquen / cierren / capítulo

## The *h* sound

- In Spanish, some letters have different pronunciations than they do in English. For example, the letter **j** is pronounced like the letter *h* in the English word "**h**at," but even more strongly and in the back of the throat. The letter **g**, when followed by **e** or **i**, also has the same "h" sound. However, the Spanish letter **h** is always silent! Say these words aloud:

  **Jorge** **jueves** **hay** **hasta** **hoja**

**A.** Circle all of the words below with a *pronounced* "h" sound. Don't be fooled by the silent letter **h**! Say each word aloud as you read it.

| | | |
|---|---|---|
| julio | hoy | hasta |
| hoja | Jorge | Juan |
| junio | Guillermo | hora |
| José | página | hay |
| juego | ¡Hola! | Eugenia |

**B.** Now, go back to the words in **part A** and draw a diagonal line through every silent **h**. The first one has been done for you. Did you notice that **hoja** has both a silent **h** and a **j** that has a *pronounced* "h" sound?

**Realidades 1** Nombre ______________ Hora ______________

**Para empezar** Fecha ______________ **Vocabulary Flash Cards, Sheet 1**

Nombre ______ Hora ______

Fecha ______

**Vocabulary Flash Cards, Sheet 2**

| | | |
|---|---|---|
|  | **la estación** | **¿Qué tiempo hace?** |
| | | |
| | | |

Realidades 1 | Nombre ______ | Hora ______

**Para empezar** | Fecha ______ | **Vocabulary Check, Sheet 1**

Tear out this page. Write the English words on the lines. Fold the paper along the dotted line to see the correct answers so you can check your work.

## El tiempo

Hace calor. ______

Hace frío. ______

Hace sol. ______

Hace viento. ______

Llueve. ______

Nieva. ______

la estación ______

el invierno ______

el otoño ______

la primavera ______

el verano ______

Fold In ←

**Vocabulary Check, Sheet 2**

Tear out this page. Write the Spanish words on the lines. Fold the paper along the dotted line to see the correct answers so you can check your work.

It's hot. ______________

It's cold. ______________

It's sunny. ______________

It's windy. ______________

It's raining. ______________

It's snowing. ______________

season ______________

winter ______________

fall, autumn ______________

spring ______________

summer ______________

Fold In ←

To hear a complete list of the vocabulary for this chapter, go to www.realidades.com and type in the Web Code jcd-0099. Then click on **Repaso del capítulo.**

## Special letters

- When studying the alphabet, you will notice a few letters that you may not have seen before. In addition to the letters we have in English, Spanish also has **ll**, **ñ**, and **rr**.

  **a)** **ll** is pronounced like a "y" in English, as in the word "**y**ellow."

  **b)** **ñ** is pronounced like the combination "ny," as in the English word "ca**ny**on."

  **c)** **rr** is a "rolled" sound in Spanish. It is made by letting your tongue vibrate against the roof of your mouth, and sounds a bit like a cat purring or a child imitating the sound of a helicopter.

Look at the pictures below and fill in the blanks in the words or phrases with either the letter **ll**, **ñ**, or **rr**. Be sure to say each word aloud as you write it, practicing the sounds of the new letters.

**1.** Es la se_____ora Guité_____ez.

**2.** Me _____amo Gui_____ermo.

**3.** Es el libro de espa_____ol.

**4.** _____ueve en la primavera.

**5.** Hace viento en el oto_____o.

## The letters *b* and *v*

- In Spanish, the letters **b** and **v** are both pronounced with a "b" sound, like in the English word "**b**oy." This makes pronunciation simple, but can make spelling more challenging! Say the following words:

**Buenos días.** **¡Nos vemos!** **brazo** **veinte** **bolígrafo** **verano**

The phrases below all contain either **b** or **v**. Pronounce both with a "b" sound, and write the correct letter in the blanks in each conversation.

**1.** —Hola, profesor.

—_____uenos días, estudiantes.

**2.** —¿Qué tiempo hace en el otoño?

—Hace _____iento.

**3.** En fe_____rero hace mucho frío.

—Sí, hace frío en el in_____ierno.

**4.** —¿Qué tiempo hace en la prima_____era?

—Llue_____e pero hace calor.

**5.** —¿Qué día es hoy?

—Hoy es el _____einte de no_____iembre.

**6.** —Le_____ántense, por fa_____or.

—Sí, profesora.

**7.** —¿Cómo estás?

—_____ien, pero me duele el _____razo.

Nombre ______ Hora ______

Fecha ______

## Vocabulary Flash Cards, Sheet 1

Write the Spanish vocabulary word below each picture. If there is a word or phrase, copy it in the space provided. Be sure to include the article for each noun.

Nombre ______ Hora ______



Fecha ______

## Vocabulary Flash Cards, Sheet 2

Nombre ______ Hora ______

Fecha ______

## Vocabulary Flash Cards, Sheet 3

| | | |
|---|---|---|
|  |  | **sí** |
|  | **también** | **y** |
| **pues...** | **ni... ni** | **o** |

Nombre ______________________ Hora ____________

Fecha ______________________

**Vocabulary Flash Cards, Sheet 4**

Nombre ____________ Hora ____________

Fecha ____________

## Vocabulary Check, Sheet 1

Tear out this page. Write the English words on the lines. Fold the paper along the dotted line to see the correct answers so you can check your work.

bailar ____________

cantar ____________

correr ____________

dibujar ____________

escribir cuentos ____________

escuchar música ____________

esquiar ____________

hablar por teléfono ____________

ir a la escuela ____________

jugar videojuegos ____________

leer revistas ____________

montar en bicicleta ____________

montar en monopatín ____________

Fold In ←

Realidades 1 | Nombre ____________ | Hora ____________

Capítulo 1A | Fecha ____________ | **Vocabulary Check, Sheet 2**

Tear out this page. Write the Spanish words on the lines. Fold the paper along the dotted line to see the correct answers so you can check your work.

to dance ____________

to sing ____________

to run ____________

to draw ____________

to write stories ____________

to listen to music ____________

to ski ____________

to talk on the phone ____________

to go to school ____________

to play video games ____________

to read magazines ____________

to ride a bicycle ____________

to skateboard ____________

Fold In ←

Realidades 1

Capítulo 1A

Nombre ______ Hora ______

Fecha ______

**Vocabulary Check, Sheet 3**

Tear out this page. Write the English words on the lines. Fold the paper along the dotted line to see the correct answers so you can check your work.

nadar ______

pasar tiempo con amigos ______

patinar ______

practicar deportes ______

tocar la guitarra ______

trabajar ______

usar la computadora ______

ver la tele ______

Fold In ←

Tear out this page. Write the Spanish words on the lines. Fold the paper along the dotted line to see the correct answers so you can check your work.

to swim ____________________

to spend time with friends ____________________ ____________________

to skate ____________________

to play sports ____________________ ____________________

to play the guitar ____________________

to work ____________________

to use the computer ____________________ ____________________

to watch television ____________________

Fold In ←

To hear a complete list of the vocabulary for this chapter, go to www.realidades.com and type in the Web Code jcd-0189. Then click on **Repaso del capítulo.**

## Infinitives (p. 32)

- The most basic form of a verb is an *infinitive.*
- In English, infinitives have the word "to" in front of them such as *to walk* or *to swim.*
- In Spanish, infinitives end in **-ar (nadar), -er (leer),** or **-ir (escribir).**

**A.** Look at each infinitive below and underline its ending. Follow the model.

**Modelo** patin<u>ar</u>

| | | |
|---|---|---|
| **1.** escrib<u>ir</u> | **4.** esqui<u>ar</u> | **7.** le<u>er</u> |
| **2.** nad<u>ar</u> | **5.** us<u>ar</u> | **8.** jug<u>ar</u> |
| **3.** corr<u>er</u> | **6.** dibuj<u>ar</u> | **9.** v<u>er</u> |

**B.** Now, write the infinitive in the correct column of the chart. Is it an **-ar** verb, **-er** verb, or **-ir** verb? The first one has been done for you.

| *-ar* verbs | *-er* verbs | *-ir* verbs |
|---|---|---|
| | | |
| | | |
| | | |
| | | |
| | | |
| | | |

**C.** Complete the sentences with infinitives from **part A** to express what you like and don't like to do.

1. Me gusta ____________________ y ____________________.
2. No me gusta ____________________.
3. Me gusta mucho ____________________.



realidades.com
• Web Code: jcd-0103

## Negatives (p. 36)

- To make an English sentence negative, you usually use the word "not": *I do **not** like to sing.*
- To make a Spanish sentence negative, you usually put **no** in front of the verb or expression: ***No* me gusta cantar.**
- To answer a Spanish question negatively, you often use **no** twice: **¿Te gusta bailar?** ***No, no* me gusta.**
- To say that you do not like something at all, you add the word **nada: No, no me gusta *nada*.**
- To say you don't like either of two choices, use **ni... ni: No me gusta *ni* correr *ni* practicar deportes.**

**A.** Look at the sentences and circle only the *negative* words you see. Some sentences do not have negative words. Follow the model. (*Hint:* There should be eight words circled.)

**Modelo** No me gusta cantar.

1. ¿Te gusta bailar?
2. No, no me gusta bailar.
3. ¿Te gusta patinar?
4. No, no me gusta nada.
5. No me gusta ni bailar ni patinar.

**B.** You circled three different negative words in **part A** above. What are they? Write them on the lines.

______ ______ ______

**C.** Use the negative words **no, ni,** and **nada** to complete the following conversation.

ELENA: Enrique, ¿te gusta escuchar música?
ENRIQUE: No, ______ me gusta.
ELENA: ¿Te gusta bailar?
ENRIQUE: ______, no me gusta bailar.
ELENA: No te gusta ______ escuchar música ______ bailar. ¿Qué te gusta hacer?
ENRIQUE: ¡Me gusta ver la tele!
ELENA: ¡Uy, no me gusta ______!

## Negatives *(continued)*

**D.** Complete the sentences with activities you don't like. You can use the drawings for ideas of activities.

1. No me gusta ______________________.
2. No me gusta ______________________.
3. No me gusta ni ______________ ni ______________.

**E.** Now answer the questions negatively. Follow the models.

**Modelos** ¿Te gusta esquiar?
*No, no me gusta esquiar.*

¿Te gusta correr y nadar?
*No, no me gusta ni correr ni nadar.*

1. ¿Te gusta dibujar?
______________________________

2. ¿Te gusta cantar?
______________________________

3. ¿Te gusta escribir cuentos?
______________________________

4. ¿Te gusta esquiar y nadar?
______________________________

5. ¿Te gusta patinar y correr?
______________________________

## Expressing agreement or disagreement (p. 38)

- To agree with what another person likes, use **a mí también**:
  —Me gusta patinar.
  —**A mí también.**
- To agree with what another person dislikes, use **a mí tampoco**:
  —No me gusta cantar.
  —**A mí tampoco.**

**A.** The word web shows positive (agreement) words and negative (disagreement) words that you have learned. Look at the sample conversation, paying attention to the words **también** and **tampoco**. One of these two words is positive and one is negative. Write each word in the correct circle of the word web.

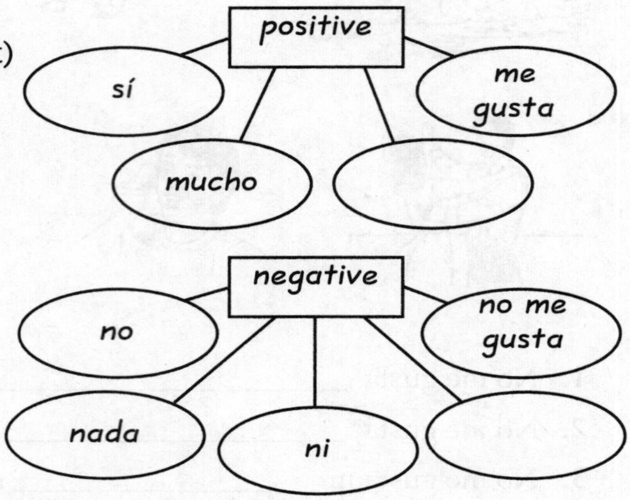


JUAN: A mí me gusta correr.
ANA: A mí **también**.
JUAN: No me gusta cantar.
ANA: A mí **tampoco**.

**B.** Now, complete the following exchanges with either **también** or **tampoco**.

1. JORGE: A mí me gusta mucho dibujar.
   SUSANA: A mí ________________.
2. LUIS: No me gusta nada hablar por teléfono.
   MARCOS: A mí ________________.
3. OLIVIA: A mí no me gusta ni bailar ni correr.
   ALBERTO: A mí ________________.
4. NATALIA: Me gusta esquiar. ¿Y a ti?
   JAVIER: A mí ________________.
5. SARA: A mí no me gusta trabajar.
   PABLO: A mí ________________.
6. LORENA: Me gusta mucho montar en bicicleta. ¿Y a ti?
   MARTA: A mí ________________.

**C.** Look back at the exchanges in **part B** above. Put a plus (+) next to the exchange if it is positive. Put a minus (–) next to it if it is negative.





realidades.com
• Web Code: jcd-0105

## Lectura: ¿Qué te gusta hacer? (pp. 40–41)

**A.** The reading in your textbook contains four self-descriptions by students from various parts of the Spanish-speaking world. Read the following selection about Marisol. Then answer the questions that follow.

> *"¿Te gusta practicar deportes y escuchar música? ¡A mí me gusta mucho! También me gusta jugar al básquetbol. ¡Hasta luego!"*

1. Go back to the reading above and circle the sentence where Marisol is asking you a question.
2. Underline the words that tell you that Marisol is talking about things that she likes.
3. Now list the activities that Marisol likes to do in the spaces below:

_______________ _______________ _______________

**B.** Read the following selection written by Pablo and answer the questions that follow.

> *"Me gusta mucho jugar al vóleibol y al tenis. Me gusta escribir cuentos y también me gusta organizar fiestas con amigos. No me gusta ni jugar videojuegos ni ver la tele. ¡Hasta pronto!"*

1. Underline the words that tell you that Pablo is talking about things that he likes.
2. Circle the things Pablo does not like.
3. Pablo is from «Guinea Ecuatorial». How would you write that in English?

_______________

**C.** Some quotes from the reading are listed below. Identify the speaker of each by writing in their name and country of origin. Follow the model.

**Modelo** "Me gusta jugar al básquetbol." *Marisol* *Puerto Rico*

1. "Me gusta mucho ver la tele." __________ __________
2. "Me gusta escribir cuentos." __________ __________
3. "Me gusta hablar por teléfono con amigos." __________ __________
4. "Me gusta organizar fiestas con amigos." __________ __________
5. "Me gusta tocar el piano." __________ __________

## Presentación oral (p. 43)

Task: Pretend that you are a new student at school. You have been asked to tell the class a little bit about your likes and dislikes.

**A.** Fill in each empty space in the diagram with at least two activities that represent you.

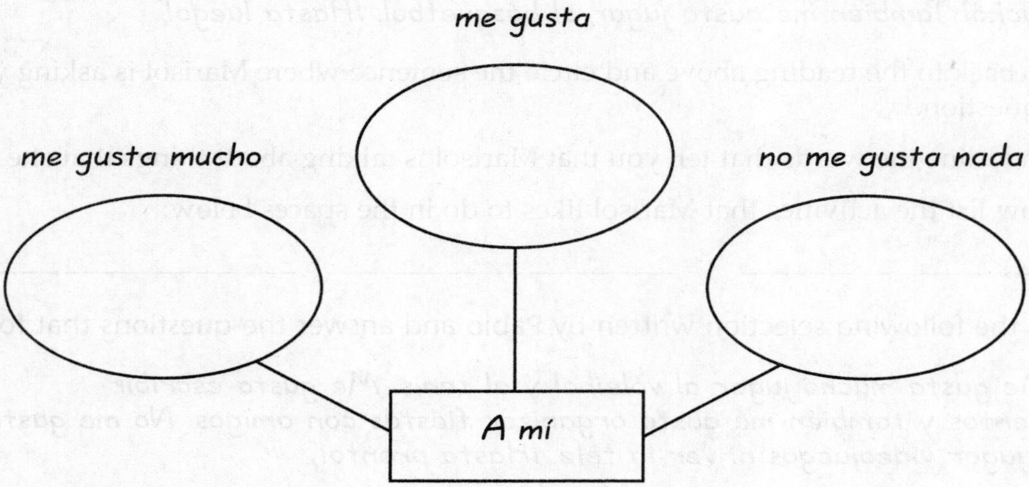


**B.** As part of your presentation, you will need to introduce yourself to everyone before you begin talking about your likes and dislikes. Think about how you would introduce yourself in Spanish to someone you don't know. Write one possibility below.

______________________________________________

**C.** Now, add to your greeting by talking about what you like and dislike. Using your information from the diagram in **part A**, write three sentences describing what you like, what you like a lot, and what you do not like.

1. Me gusta ______________________________.
2. Me gusta mucho ______________________________.
3. No me gusta ______________________________.

**D.** Your teacher will always evaluate your presentations using a rubric, which is like a checklist of elements needed to perform your task. The fewer items completed, the lower the score. Some of the items for this presentation include:

- how much information you communicate
- how easy it is to understand you
- how clearly and neatly your visuals match what you are saying

Nombre ____________________ Hora ____________

Fecha ____________________

## Vocabulary Flash Cards, Sheet 1

Write the Spanish vocabulary word below each picture. If there is a word or phrase, copy it in the space provided. Be sure to include the article for each noun.

________

________

________

________

________

**bueno, buena**

________,
________

**atrevido, atrevida**

________,
________

**paciente**

________

**reservado, reservada**

________,
________

| | | |
|---|---|---|
| **simpático, simpática** | **talentoso, talentosa** | **yo** |
| **él** | **ella** | **la familia** |
| **el amigo** | **la amiga** | **a veces** |

| | | |
|---|---|---|
| **muy** | **pero** | **según** |
| **según mi familia** | | |
| | | |

Nombre ____________________ Hora ________

Fecha ____________________

**Vocabulary Check, Sheet 1**

Tear out this page. Write the English words on the lines. Fold the paper along the dotted line to see the correct answers so you can check your work.

| | |
|---|---|
| artístico, artística | ____________ |
| atrevido, atrevida | ____________ |
| bueno, buena | ____________ |
| deportista | ____________ |
| desordenado, desordenada | ____________ |
| estudioso, estudiosa | ____________ |
| gracioso, graciosa | ____________ |
| impaciente | ____________ |
| inteligente | ____________ |
| ordenado, ordenada | ____________ |
| paciente | ____________ |
| perezoso, perezosa | ____________ |

Fold In ←

**Vocabulary Check, Sheet 2**

Tear out this page. Write the Spanish words on the lines. Fold the paper along the dotted line to see the correct answers so you can check your work.

artistic

daring

good

sports-minded

messy

studious

funny

impatient

intelligent

neat

patient

lazy

Fold In

Tear out this page. Write the English words on the lines. Fold the paper along the dotted line to see the correct answers so you can check your work.

| | |
|---|---|
| reservado, reservada | ______ |
| serio, seria | ______ |
| simpático, simpática | ______ |
| sociable | ______ |
| talentoso, talentosa | ______ |
| trabajador, trabajadora | ______ |
| el chico | ______ |
| la chica | ______ |
| el amigo | ______ |
| la amiga | ______ |
| yo | ______ |
| él | ______ |
| ella | ______ |
| muy | ______ |
| según mi familia | ______ |

Fold In ←

Tear out this page. Write the Spanish words on the lines. Fold the paper along the dotted line to see the correct answers so you can check your work.

| | |
|---|---|
| reserved, shy | ______ ______ |
| serious | ______ |
| nice, friendly | ______ ______ |
| sociable | ______ |
| talented | ______ ______ |
| hardworking | ______ ______ |
| boy | ______ |
| girl | ______ |
| friend (male) | ______ |
| friend (female) | ______ |
| I | ______ |
| he | ______ |
| she | ______ |
| very | ______ |
| according to my family | ______ |

Fold In ←

To hear a complete list of the vocabulary for this chapter, go to www.realidades.com and type in the Web Code jcd-0199. Then click on **Repaso del capítulo.**

## Adjectives (p. 55)

- Words that describe people and things are called adjectives.
- Most Spanish adjectives have two forms: masculine (ends in **-o** like **simpático**) and feminine (ends in **-a** like **estudiosa**).
- Masculine adjectives are used with masculine nouns: **Tomás es simpático.**
- Feminine adjectives are used with feminine nouns: **Luisa es estudiosa.**
- Adjectives that end in **-e** and **-ista** may be used with either masculine or feminine nouns:

  **Tomás es inteligente. Luisa es inteligente también.**

  **Marcos es muy deportista. Ana es muy deportista también.**
- Adjectives with the masculine form **-dor** have **-dora** as the feminine form:

  **Juan es trabajador. Susana es trabajadora también.**

**A.** Look at the adjectives below. Circle the ending of the adjective: **-o, -a, -or, -ora, -e,** or **-ista.**

1. trabajador
2. deportista
3. paciente
4. ordenada
5. inteligente
6. simpática
7. trabajadora
8. sociable
9. estudioso

**B.** Now, organize the adjectives from **part A** by writing them in the chart under the correct column heading. One has been done for you.

| Masculine endings | | Feminine endings | | Masculine or feminine | |
|---|---|---|---|---|---|
| *-o* | *-or* | *-a* | *-ora* | *-e* | *-ista* |
| | trabajador | | | | |
| | | | | | |
| | | | | | |

**C.** Now look at the following sentences. Write **M** next to the sentences where the adjective is masculine. Write **F** next to the sentences where the adjective is feminine. Write **E** next to the sentences where the adjective could be *either* masculine or feminine.

_____ 1. Yo soy muy simpática.
_____ 2. Tú eres muy estudioso.
_____ 3. Tú eres muy ordenado.
_____ 4. Yo soy muy trabajadora.
_____ 5. Yo soy muy inteligente.
_____ 6. Tú eres muy trabajador.
_____ 7. Yo soy muy paciente.
_____ 8. Yo soy muy deportista.
_____ 9. Tú eres muy reservada.
_____ 10. Tú eres muy impaciente.



realidades.com
• Web Code: jcd-0114

Nombre ______________________ Hora ______________

Fecha ______________________



## Adjectives *(continued)*

**D.** Choose the correct adjective to complete each sentence and write it in the blank.

1. 

Raúl es ( **estudioso / estudiosa** ) ______________.

2. 
Rebeca es ( **artístico / artística** ) ______________.

3. 
Pedro es muy ( **ordenado / ordenada** ) ______________.

4. 
Paulina es muy ( **atrevido / atrevida** ) ______________.

5. 
Javier es ( **trabajador / trabajadora** ) ______________.

6. 
Elena es ( **perezoso / perezosa** ) ______________.

**E.** Now, choose the correct adjective in each sentence to describe yourself. Write the adjective in the blank.

1. Yo soy ( **paciente / impaciente** ) ______________.
2. Soy ( **simpático / simpática** ) ______________.
3. También soy ( **trabajador / trabajadora** ) ______________.
4. No soy ( **serio / seria** ) ______________.





realidades.com
• Web Code: jcd-0114

## Definite and indefinite articles (p. 60)

- **El** and **la** are the Spanish *definite articles*. They mean the same as "the" in English.
- You use **el** with masculine nouns: **el libro**. You use **la** with feminine nouns: **la carpeta**.
- **Un** and **una** are the Spanish *indefinite articles*. They mean the same as "a" and "an" in English.
- You use **un** with masculine nouns: **un libro**. You use **una** with feminine nouns: **una carpeta**.

**A.** Look at the ending of each noun in this group. Decide if the noun is masculine or feminine. Write **M** next to the masculine words and **F** next to the feminine words. Follow the model.

**Modelo** ___F___ computadora

1. ________ año
2. ________ semana
3. ________ libro
4. ________ hoja
5. ________ carpeta
6. ________ profesor

**B.** Now, look at the words from **part A** again and circle the definite article **el** for the masculine words and the definite article **la** for the feminine words.

1. ( **el** / **la** ) año
2. ( **el** / **la** ) semana
3. ( **el** / **la** ) libro
4. ( **el** / **la** ) hoja
5. ( **el** / **la** ) carpeta
6. ( **el** / **la** ) profesor

**C.** Look at the ending of each noun below. Decide if the word is masculine or feminine. Write **M** next to the masculine words and **F** next to the feminine words.

1. ______ cuaderno
2. ______ amigo
3. ______ revista
4. ______ familia
5. ______ bicicleta
6. ______ cuento

**D.** Now, look at the words from **part C** again and circle the indefinite article **un** for the masculine words and the indefinite article **una** for the feminine words.

1. ( **un** / **una** ) cuaderno
2. ( **un** / **una** ) amigo
3. ( **un** / **una** ) revista
4. ( **un** / **una** ) familia
5. ( **un** / **una** ) bicicleta
6. ( **un** / **una** ) cuento

**E.** Circle the correct definite or indefinite article to complete each sentence.

1. ( **El** / **La** ) estudiante es estudiosa.
2. ( **El** / **La** ) profesora es buena.
3. ( **Un** / **Una** ) amigo es simpático.
4. ( **Un** / **Una** ) estudiante es atrevida.
5. ( **El** / **La** ) profesor es trabajador.
6. ( **Un** / **Una** ) estudiante es artístico.
7. ( **El** / **La** ) amiga es inteligente.
8. ( **Un** / **Una** ) estudiante es reservada.



realidades.com
• Web Code: jcd-0113

# Word order: Placement of adjectives (p. 62)

- English adjectives usually come *before* the noun they describe.
- Spanish adjectives usually come *after* the noun they describe:

  **Olga es una chica talentosa.**

- Many Spanish sentences follow this pattern:

  subject noun (1) + verb (2) + indefinite article and noun (3) + adjective (4)

  **Roberto** (1) **es** (2) **un estudiante** (3) **bueno** (4). **Serena** (1) **es** (2) **una chica** (3) **inteligente** (4).

**A.** Look at the following groups of words. Write a number from **1** to **4** below each word according to what kind of word it is. Follow the model and use the examples above.

- Write **1** for subject nouns.
- Write **2** for verbs.
- Write **3** for indefinite articles and nouns.
- Write **4** for adjectives.

**Modelo** es / Diego / talentoso / un estudiante
*2 1 4 3*

1. seria / Olga / una estudiante / es
2. un amigo / es / bueno / Guillermo
3. Javier / un estudiante / es / trabajador
4. es / Concha / simpática / una chica
5. es / una estudiante / Ana / inteligente
6. Manuel / es / atrevido / un chico

**B.** Now, write the complete sentence for each example from **part A** by putting the words in order by the numbers you added, going from 1 to 4. Follow the model.

**Modelo** *Diego es un estudiante talentoso.*

1. ______
2. ______
3. ______
4. ______
5. ______
6. ______





realidades.com
• Web Code: jcd-0115

## Lectura: Un *self-quiz* (p. 64–65)

**A.** You have seen many cognates used in your textbook. Cognates are related words in different languages; for example, the word **profesor** in Spanish is a *professor* or *teacher* in English. Cognates occur in your vocabulary lists and in readings. Look at the cognates below and write the English word for each on the line provided. Follow the model.

**Modelo** bicicleta *bicycle*

1. computadora ____________
2. básquetbol ____________
3. la tele ____________
4. los colores ____________
5. verbo ____________
6. usar ____________
7. organizar ____________
8. estudiar ____________

**B.** Now, read the following section from your textbook. You will find even more cognates in this reading. Find the Spanish word that corresponds to each English word below. Write the Spanish word on the lines provided.

> *¡Los colores revelan tu personalidad!*
> *¿Eres una chica? ¿Te gusta el verde? Eres una chica natural.*
> *¿Eres una chica? ¿Te gusta el azul? Eres muy talentosa.*
> *¿Eres una chica? ¿Te gusta el violeta? Eres muy independiente.*

- personality ____________
- natural ____________
- talented ____________
- independent ____________
- violet ____________

**C.** The reading in your textbook is a self-quiz that tells you information about your personality based on the colors you like and whether you are a boy or a girl. Based on the information given below and what you learned from the reading, circle if you are a boy or a girl. Then, write what color you like. Follow the model.

**Modelo** Eres romántico. Eres ( **un chico** / **una chica** ). Te gusta *el violeta*.

1. Eres atrevido. Eres ( **un chico** / **una chica** ). Te gusta ____________.
2. Eres muy talentosa. Eres ( **un chico** / **una chica** ). Te gusta ____________.
3. Eres artística. Eres ( **un chico** / **una chica** ). Te gusta ____________.



realidades.com
• Web Code: jcd-0116

## Presentación escrita (p. 67)

**Task:** Write an e-mail in which you introduce yourself to a prospective pen pal.

**1 Prewrite.** In order to introduce yourself to a new friend, you need to first organize what you are going to include. Fill in the form below with your personal information.

**Me llamo** ________________________.

**Soy** (*use adjectives to describe yourself*) ________________________
________________________.

**Me gusta** ________________________.

**No me gusta** ________________________.

**2 Draft.** Read the following e-mail that another student has written. You should use this to guide you in drafting your own e-mail.

> *¡Hola! Me llamo Pilar. Soy una chica artística y muy independiente. Me gusta mucho dibujar y usar la computadora, pero me gusta más bailar. Me gusta la música salsa. No me gusta nada practicar deportes. ¿Cómo eres tú? Escríbeme pronto.*

Now, create an e-mail similar to the one above writing in your information from **part 1**.

¡Hola! Me llamo ______________. Soy ( **un chico** / **una chica** ) ______________
______________ y ______________. Me gusta mucho ______________
______________, pero me gusta más ______________.
Me gusta ______________. No me gusta ______________.
¿Cómo eres tú? Escríbeme pronto.

**3 Revise.** Exchange papers with another student in your class. Use the following checklist to review your partner's e-mail and also when you rewrite yours. If you need help figuring out what is correct, use the model from the **Prewrite** section above.

____ Is there enough information provided for each question in the prewrite stage?
- stated his/her name
- described himself/herself
- said what he/she likes to do
- said what he/she doesn't like to do

____ Is the spelling correct? (Use a dictionary if you are not sure.)

____ Are the adjectives in the correct form? (Think, is the student male or female?)

____ Is there an opening and a closing?

**4 Publish.** Write your revised e-mail on a separate sheet of paper. Your teacher may ask you to type the e-mail and send it to a prospective pen pal.

**Realidades 1** | Nombre ____________ | Hora ____________

**Capítulo 2A** | Fecha ____________

## Vocabulary Flash Cards, Sheet 1

Write the Spanish vocabulary word below each picture. If there is a word or phrase, copy it in the space provided. Be sure to include the article for each noun.

Horario

| Hora | Clase |
|---|---|
| Primera hora | inglés |
| Segunda hora | matemáticas |
| Tercera hora | arte |
| Cuarta hora | clenclas sociales |
| Quinta hora | el almuerzo |
| Sexta hora | tecnología |
| Séptima hora | español |
| Octava hora | educación física |
| Novena hora | ciencas ndturales |

Realidades 1 | Nombre ______ | Hora ______

Capítulo 2A | Fecha ______ | **Vocabulary Flash Cards, Sheet 2**

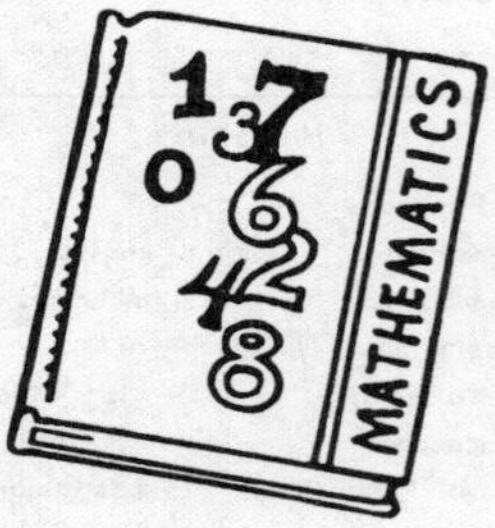


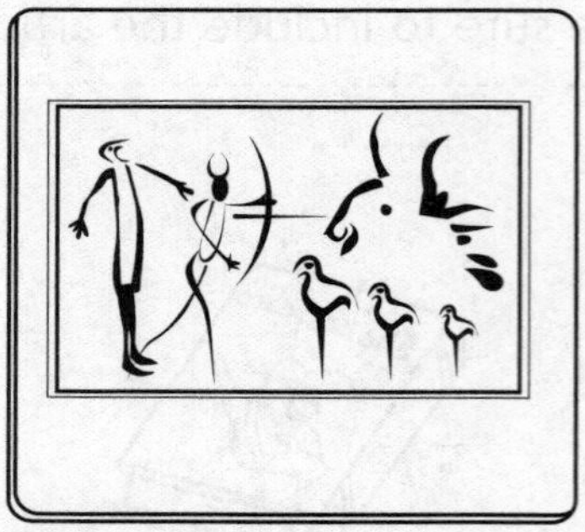

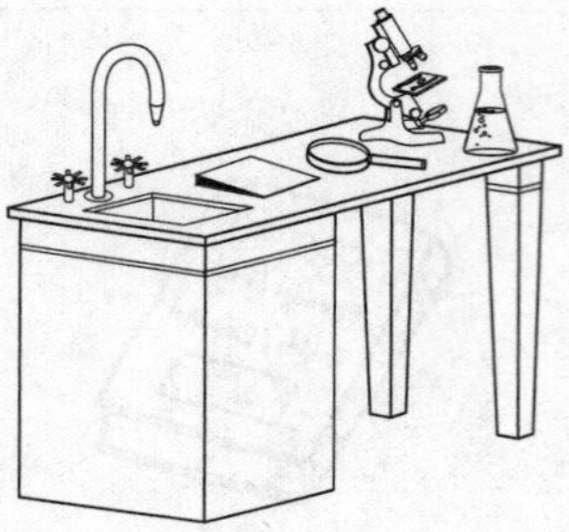

**la clase**

**hablar**

**necesito**

| | | |
|---|---|---|
| **en la ... hora**<br>_______ _______<br>_______________ | **primero, primera**<br>_______________,<br>_______________ | **segundo, segunda**<br>_______________,<br>_______________ |
| **tercero, tercera**<br>_______________,<br>_______________ | **cuarto, cuarta**<br>_______________,<br>_______________ | **quinto, quinta**<br>_______________,<br>_______________ |
| **sexto, sexta**<br>_______________,<br>_______________ | **séptimo, séptima**<br>_______________,<br>_______________ | **octavo, octava**<br>_______________,<br>_______________ |

| | | |
|---|---|---|
| **noveno, novena**<br>_______________,<br>_______________ | **décimo, décima**<br>_______________,<br>_______________ | **aburrido, aburrida**<br>_______________,<br>_______________ |
| **difícil**<br>_______________ | **divertido, divertida**<br>_______________,<br>_______________ | **fácil**<br>_______________ |
| **favorito, favorita**<br>_______________,<br>_______________ | **interesante**<br>_______________ | **práctico, práctica**<br>_______________,<br>_______________ |

| | | |
|---|---|---|
| **más... que**<br><br>_______ ...<br>_______ | **a ver...**<br><br>_______<br>_______ | **¿Quién?**<br><br>_______ |
| **para**<br><br>_______ | **mucho**<br><br>_______ | **la tarea**<br><br>_______<br>_______ |
| **la clase de...**<br><br>_______<br>_______ | **necesitas**<br><br>_______ | **(yo) tengo**<br><br>_______<br>_______ |

Nombre ______________________ Hora ________

Fecha ______________________

## Vocabulary Flash Cards, Sheet 6

| | | |
|---|---|---|
| **(tú) tienes** ________ ________ | ________ ________ | ________ ________ |
| ________ ________ | ________ ________ | ________ ________ |
| ________ ________ | ________ ________ | ________ ________ |

Tear out this page. Write the English words on the lines. Fold the paper along the dotted line to see the correct answers so you can check your work.

| | |
|---|---|
| el almuerzo | ______ |
| la clase | ______ |
| arte | ______ |
| español | ______ |
| ciencias naturales | ______ |
| ciencias sociales | ______ |
| educación física | ______ |
| inglés | ______ |
| matemáticas | ______ |
| tecnología | ______ |
| el horario | ______ |
| la tarea | ______ |
| enseñar | ______ |
| estudiar | ______ |
| hablar | ______ |
| primero, primera | ______ |
| segundo, segunda | ______ |

Fold In ←

**Realidades 1** Nombre ______________________ Hora __________

**Capítulo 2A** Fecha ______________________ **Vocabulary Check, Sheet 2**

Tear out this page. Write the Spanish words on the lines. Fold the paper along the dotted line to see the correct answers so you can check your work.

lunch ____________________

class ____________________

art ____________________

Spanish ____________________

science ____________________

social studies ____________________

physical education ____________________

English ____________________

mathematics ____________________

technology/ computers ____________________

schedule ____________________

homework ____________________

to teach ____________________

to study ____________________

to talk ____________________

first ____________________

second ____________________

Fold In ←

Tear out this page. Write the English words on the lines. Fold the paper along the dotted line to see the correct answers so you can check your work.

tercero, tercera ______

cuarto, cuarta ______

quinto, quinta ______

sexto, sexta ______

séptimo, séptima ______

octavo, octava ______

noveno, novena ______

décimo, décima ______

la calculadora ______

la carpeta de argollas ______

el diccionario ______

aburrido, aburrida ______

difícil ______

fácil ______

Fold In ←

Tear out this page. Write the Spanish words on the lines. Fold the paper along the dotted line to see the correct answers so you can check your work.

third ______

fourth ______

fifth ______

sixth ______

seventh ______

eighth ______

ninth ______

tenth ______

calculator ______

three-ring binder ______

dictionary ______

boring ______

difficult ______

easy ______

Fold In ←

To hear a complete list of the vocabulary for this chapter, go to www.realidades.com and type in the Web Code jcd-0289. Then click on **Repaso del capítulo.**

## Subject pronouns (p. 82)

- The subject of the sentence tells who is doing the action. It is often a name: **Ana canta.**
- Subject pronouns replace people's names to say who is doing an action: **Ella canta. Tú bailas.**
- Here are the Spanish subject pronouns:

| Singular | Plural |
|---|---|
| **yo** (I) | **nosotros** (we, *masculine or mixed*) |
| **tú** (you, *familiar*) | **nosotras** (we, *feminine*) |
| **usted** (you, *formal*) | **vosotros** (you, *familiar plural, masculine or mixed*) |
| **él** (he) | **vosotras** (you, *familiar plural, feminine*) |
| **ella** (she) | **ustedes** (you, *formal plural*) |
| | **ellos** (they, *masculine or mixed*) |
| | **ellas** (they, *feminine*) |

- **Vosotros** and **vosotras** are primarily used in Spain.
- **Usted** and **ustedes** are formal forms that are used with people you address with a title, such as **señor** and **doctor**.
- In Latin America, **ustedes** is also used when addressing two or more people you call **tú** individually.

**A.** Write the twelve subject pronouns listed above in the correct category of the chart. Follow the model.

| Singular | | | Plural | | |
|---|---|---|---|---|---|
| Masculine only | Feminine only | Masculine or feminine | Masculine or mixed | Feminine only | Masculine or feminine |
| *él* | | | | | |
| | | | | | |
| | | | | | |

**B.** Look at the English subject pronouns below. Use the list above to help you circle the Spanish subject pronoun that corresponds to the English pronoun.

1. *I* ( **él** / **yo** )
2. *we* ( **nosotros** / **vosotros** )
3. *you* ( **ella** / **usted** )
4. *they* ( **ellos** / **ustedes** )
5. *he* ( **tú** / **él** )
6. *we* ( **usted** / **nosotras** )
7. *you* ( **nosotras** / **tú** )
8. *you* ( **ellas** / **ustedes** )
9. *she* ( **él** / **ella** )
10. *they* ( **nosotras** / **ellas** )

realidades.com
• Web Code: jcd-0203

## Subject pronouns *(continued)*

**C.** Circle the subject pronoun that is best associated with each group of names.

1. Susana, Luisa, Marta: ( **ellos** / **ellas** )
2. Pablo: ( **él** / **ella** )
3. el señor Rivas: ( **tú** / **usted** )
4. la señora Rivas: ( **tú** / **usted** )
5. Alberto y tú: ( **ustedes** / **nosotros** )
6. Sandra y ella: ( **ellos** / **ellas** )
7. Marcos y María: ( **ellos** / **ellas** )
8. el señor Rodríguez y la señora Rodríguez: ( **ustedes** / **vosotros** )
9. Teresa: ( **él** / **ella** )
10. Martín y Roberto: ( **ellos** / **ellas** )

**D.** Look at the following drawings and answer the questions using subject pronouns. Follow the model.

**Modelo**

¿Quién es?

Es ___*él*___.

1.

¿Quién es?

Es ____________.

2.

¿Quiénes son?

Son ____________.

3.

¿Quién es?

Es ____________.

4.

¿Quién soy?

Soy ____________.

5.

¿Quiénes son?

Somos ____________.





realidades.com
• Web Code: jcd-0203

## Present tense of *-ar* verbs (p. 84)

- An infinitive is the most basic form of a verb. In English, infinitives have the word "to" in front of them (to talk). In Spanish, infinitives end in **-ar**, **-er**, or **-ir.**
- The largest number of Spanish infinitives end in **-ar: hablar, cantar,** etc.
- To create the present tense of most of these verbs, drop the **-ar** from the stem: **habl-, cant-**, etc.
- Add the verb endings:

| | |
|---|---|
| yo: add **-o: hablo** | nosotros/nosotras: add **-amos:** hablamos |
| tú: add **-as: hablas** | vosotros/vosotras: add **-áis:** habláis |
| usted/él/ella: add **-a: habla** | ustedes/ellos/ellas: add **-an:** hablan |

**A.** Look at each verb form. Circle the ending. Follow the model.

**Modelo** estudi(a)

1. hablas
2. nado
3. canta
4. tocamos
5. trabajas
6. patinamos
7. dibujan
8. bailo
9. pasan
10. escucha

**B.** Now, look at the same list of verb forms from **part A** and circle the subject pronoun that matches each verb.

1. ( **usted** / **tú** ) hablas
2. ( **yo** / **ella** ) nado
3. ( **usted** / **yo** ) canta
4. ( **nosotros** / **vosotros** ) tocamos
5. ( **tú** / **usted** ) trabajas
6. ( **ellos** / **nosotras** ) patinamos
7. ( **ustedes** / **nosotros** ) dibujan
8. ( **yo** / **él** ) bailo
9. ( **ellas** / **usted** ) pasan
10. ( **ella** / **ustedes** ) escucha

## Present tense of *-ar* verbs *(continued)*

**C.** Complete each sentence by writing the correct **-ar** verb ending on the line provided. Follow the model.

**Modelo** Ellas mont*an* en bicicleta.

1. Marta trabaj_____ .
2. Yo cant_____.
3. Tú esquí_____.
4. Ellos patin_____
5. Nosotros bail_____.

**D.** Now, complete each sentence with the correct verb form of the infinitive in parentheses. Follow the model.

**Modelo** Tú (nadar) *nadas* .

1. Yo (bailar) ____________.
2. Ella (cantar) ____________.
3. Nosotros (trabajar) ____________.
4. Ustedes (patinar) ____________.
5. Ellos (esquiar) ____________.
6. Tú (nadar) ____________.
7. Él (dibujar) ____________.
8. Ellas (usar) ____________ la computadora.

**E.** Create complete sentences using the subject pronoun provided. Follow the model.

**Modelo** tú /  *Tú dibujas.*

1. él / 
____________

3. ellos / 
____________

2. nosotros / 
____________

4. yo / 
____________





realidades.com

• Web Code: jcd-0204

## Lectura: La Escuela Español Vivo (pp. 90–91)

**A.** The reading in your textbook is a brochure for a school called **Español Vivo.** The following is an excerpt from that reading. Read and answer the questions that follow.

> *Es verano, el mes de junio. Eres estudiante en Santa Ana, un pueblo en las montañas de Costa Rica.*

1. Underline the season and month in the paragraph above.
2. Circle the town and country where the school is located.
3. What does the word **montañas** mean? ______________________

**B.** Here is another excerpt from that same reading. Read and answer the questions below.

> *Hay cinco estudiantes en tu clase. Uds. escuchan, hablan y practican el español todo el día. También usan la computadora.*

1. How many students are in the class? ______________
2. Circle the four activities from the reading that students do in class (just circle the verbs).
3. How many of the verbs that you circled in number 2 go with the word **el español**?

   ______ Which ones? ______________________

**C.** Look at the reading on the top of the second page in your textbook.

1. Circle the one activity listed below that is NOT something you can do on the weekends in Costa Rica.

   **a.** visitar un volcán
   **b.** visitar un parque nacional
   **c.** nadar en el mar Mediterráneo
   **d.** nadar en el océano Pacífico

2. There are many cognates in the four examples above. Write the Spanish word or words, choosing from examples **a** through **d**, that go with the English words below.

   - visit ______________________
   - volcano ______________________
   - national park ______________________
   - Mediterranean ______________________
   - Pacific Ocean ______________________

**D.** Look at the schedule for the school day in the **Español Vivo** school. Answer the questions that follow.

| Hora | lunes a viernes |
|---|---|
| 08:00–10:30 | Clases de español |
| 10:30–11:00 | Recreo |
| 11:00–13:00 | Clases de español |
| 13:00–14:00 | Almuerzo |
| 14:00–15:30 | Conversaciones |
| 15:30–16:30 | Clase de música y baile |

1. At what times do the students go to classes?

   at ____________, ____________, and ____________
2. When do students have conversations? at __________
3. Since there is no A.M. or P.M., how do you know when the clock goes over to afternoon hours? ______________________



realidades.com
• Web Code: jcd-0205

## Presentación oral (p. 93)

**Task:** Imagine that a student from Costa Rica has just arrived at your school. Tell the student about some of your classes.

**A.** Fill in the chart below with information on three of your classes. Follow the model.

| Hora | Clase | Comentarios | Profesor(a) |
|---|---|---|---|
| *primera* | *la clase de arte* | *me gusta dibujar* | *el Sr. Gómez* |
| | | | |
| | | | |
| | | | |

**B.** Before writing up your own presentation, read the following sample. Read it out loud the second time through to get an idea of how long it will take you to do your presentation.

*En la primera hora tengo la clase de arte. Me gusta dibujar. La clase es mi favorita. El Sr. Gómez es el profesor.*

When speaking, remember to do the following:

_____ speak clearly

_____ use complete sentences

_____ read all information

**C.** Now, fill in the paragraph below with information about one of your classes.

En la __________ hora tengo la clase de __________________.
Me gusta __________________. La clase es __________________.
__________________ es el (la) profesor(a).

**D.** When the teacher asks you to present your work, you will describe the one class as you see it in **part C.** Your teacher will be grading you on:

- how complete your preparation is
- how much information you communicate
- how easy it is to understand you.

Realidades 1

Capítulo 2B

Nombre ______________________ Hora ______

Fecha ______________________

**Vocabulary Flash Cards, Sheet 1**

Write the Spanish vocabulary word below each picture. If there is a word or phrase, copy it in the space provided. Be sure to include the article for each noun.

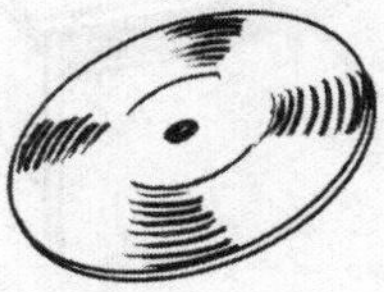

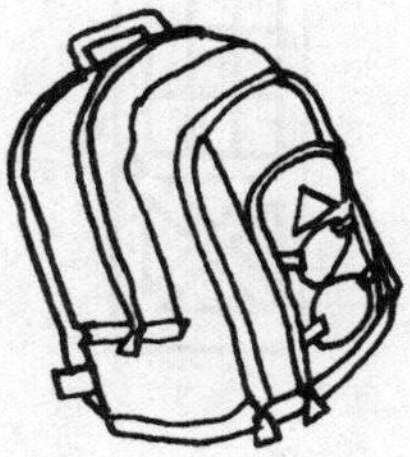

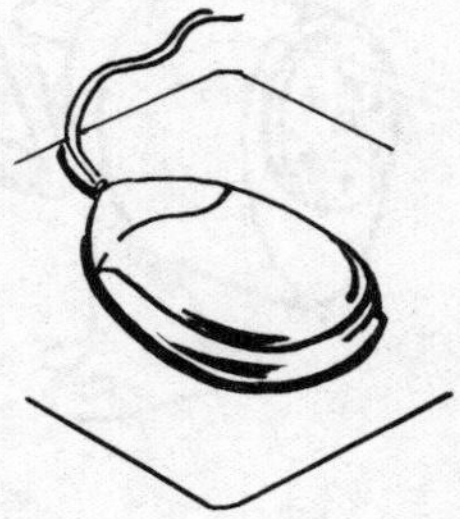

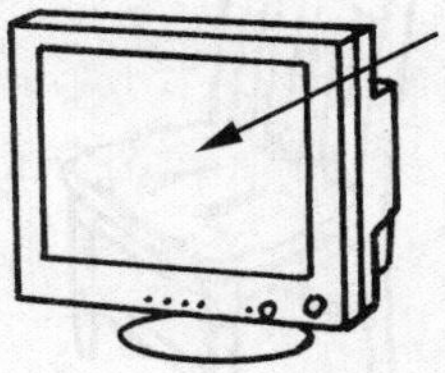

**Realidades 1** Nombre ______________________ Hora ____________

**Capítulo 2B** Fecha ______________________ **Vocabulary Flash Cards, Sheet 2**

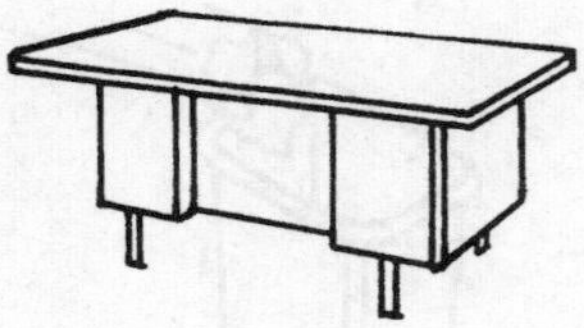

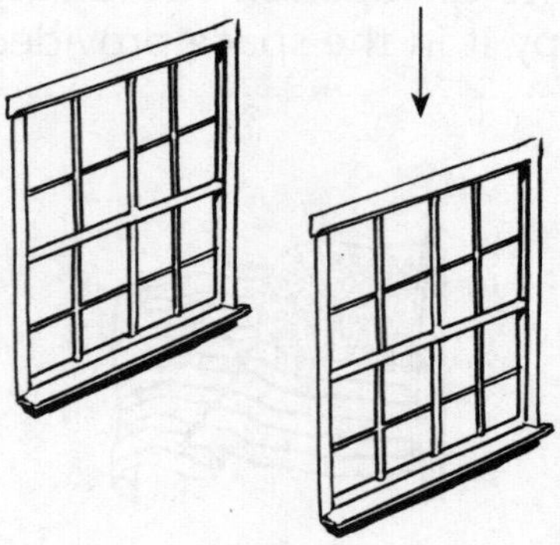

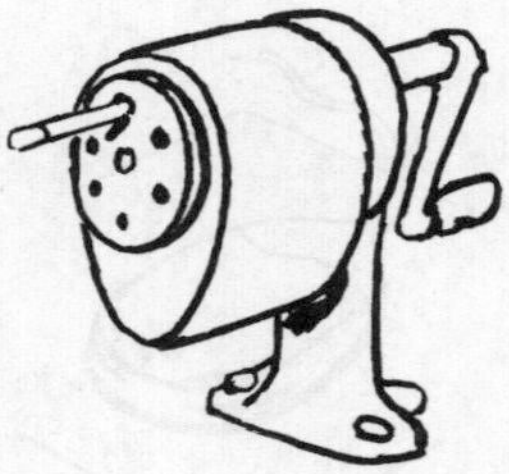

**de**

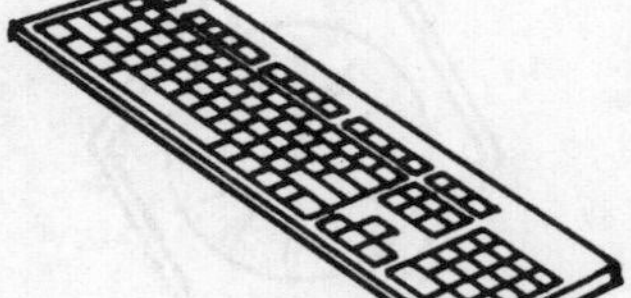

**Hay**

Nombre _______________ Hora _______

Fecha _______________

**Vocabulary Flash Cards, Sheet 3**

| | | |
|---|---|---|
| **al lado de**<br>_______ ___________<br>______________ | **detrás de**<br>______________<br>_______ | **allí**<br>______________ |
| **debajo de**<br>______________<br>_______ | **encima de**<br>______________<br>_______ | **aquí**<br>______________ |
| **delante de**<br>______________<br>_______ | **en**<br>_______ | **¿Dónde?**<br>______________ |

| | | |
|---|---|---|
| **mi** | **tu** | **Es un(a)...** |
| **¿Qué es esto?** | **los, las** | **unos, unas** |
| | | |

Tear out this page. Write the English words on the lines. Fold the paper along the dotted line to see the correct answers so you can check your work.

la bandera ______

el cartel ______

la computadora ______

el disquete ______

la mochila ______
______

la pantalla ______

la papelera ______
______

el ratón ______

el reloj ______

el sacapuntas ______
______

el teclado ______

el escritorio ______

la mesa ______

la silla ______

la puerta ______

Fold In ←

Nombre ______ Hora ______

Fecha ______

**Vocabulary Check, Sheet 2**

Tear out this page. Write the Spanish words on the lines. Fold the paper along the dotted line to see the correct answers so you can check your work.

flag ______

poster ______

computer ______

diskette ______

bookbag, backpack ______

(computer) screen ______

wastepaper basket ______

(computer) mouse ______

clock ______

pencil sharpener ______

(computer) keyboard ______

desk ______

table ______

chair ______

door ______

Fold In ←

Tear out this page. Write the English words on the lines. Fold the paper along the dotted line to see the correct answers so you can check your work.

| | |
|---|---|
| la ventana | ______ |
| al lado de | ______ |
| allí | ______ |
| aquí | ______ |
| debajo de | ______ |
| delante de | ______ |
| detrás de | ______ |
| ¿Dónde? | ______ |
| en | ______ |
| encima de | ______ |
| Hay | ______ |

Fold In

**Vocabulary Check, Sheet 4**

Tear out this page. Write the Spanish words on the lines. Fold the paper along the dotted line to see the correct answers so you can check your work.

| | |
|---|---|
| window | ______ |
| next to | ______ |
| there | ______ |
| here | ______ |
| underneath | ______ |
| in front of | ______ |
| behind | ______ |
| Where? | ______ |
| in, on | ______ |
| on top of | ______ |
| There is, There are | ______ |

Fold In ←



To hear a complete list of the vocabulary for this chapter, go to www.realidades.com and type in the Web Code jcd-0299. Then click on **Repaso del capítulo**.

## The verb *estar* (p. 107)

- Irregular verbs do not follow the same pattern as regular verbs.
- **Estar** (*to be*) is irregular. Its **yo** form (**estoy**) is different from the regular **-ar yo** form. Its **tú**, **usted/él/ella,** and **ustedes/ellos/ellas** forms are different because they have an accent on the **a**: **estás, está, están.**
- Here are the forms of **estar**:

| | | | |
|---|---|---|---|
| yo | **estoy** | nosotros/nosotras | **estamos** |
| tú | **estás** | vosotros/vosotras | **estáis** |
| usted/él/ella | **está** | ustedes/ellos/ellas | **están** |

- **Estar** is used to tell how someone feels or to give a location.

**A.** Circle the ending of each form of **estar**.

1. yo estoy
2. tú estás
3. Ud. está
4. nosotras estamos
5. ellos están

**B.** Now, complete each sentence by writing in the correct ending for the correct form of **estar**.

1. Tú est_______ en la clase de arte.
2. Ellos est_______ en la clase de ciencias.
3. Nosotros est_______ en la clase de español.
4. Yo est_______ en la clase de matemáticas.
5. Él est_______ en la clase de literatura.
6. Usted est_______ en la oficina.
7. Ustedes est_______ en la sala de clase.
8. Nosotras est_______ en la clase de tecnología.

**C.** Complete each sentence with the correct form of **estar**.

1. Yo _______________ bien.
2. Tú _______________ muy bien.
3. Ella _______________ regular.
4. Nosotras _______________ bien.
5. Usted _______________ regular.
6. Ellos _______________ bien.
7. Él _______________ regular.
8. Ustedes _______________ bien.

Nombre ______________________ Hora __________

Fecha ______________________ **Guided Practice Activities 2B-2**

## The verb *estar (continued)*

**D.** Complete the conversation with correct forms of **estar**.

LUISA: ¡Buenos días! ¿Cómo __________ ustedes?

ANA E INÉS: Nosotras __________ bien. ¿Y tú? ¿Cómo __________?

LUISA: Yo __________ muy bien. ¿Dónde __________ Marcos y Marta?

ANA: Marcos __________ en la clase de español. Marta __________ en la clase de matemáticas.

**E.** Create complete sentences with **estar**. Follow the model.

**Modelo** usted / estar / en la clase de matemáticas
*Usted está en la clase de matemáticas*.

1. tú / estar / en la clase de español
______________________________________.
2. ellas / estar / en la clase de arte
______________________________________.
3. nosotros / estar / en la clase de inglés
______________________________________.
4. usted / estar / en la clase de matemáticas
______________________________________.
5. yo / estar / en la clase de tecnología
______________________________________.
6. él / estar / en la clase de ciencias sociales
______________________________________.

# The plurals of nouns and articles (p. 110)

| Plural of nouns | | Plural definite articles | | Plural indefinite articles | |
|---|---|---|---|---|---|
| Ends in vowel | Ends in consonant | Masculine | Feminine | Masculine | Feminine |
| add -s: **libros, sillas** | add **-es: relojes, carteles** | **los** (*the*) **los libros** | **las** (*the*) **las sillas** | **unos** (*some, a few*) **unos libros** | **unas** (*some, a few*) **unas sillas** |

- Nouns that end in **-z** change the **z** to **c** in the plural: **lápiz** → **lápices.**

**A.** Circle the ending of each noun. Is it a vowel or a consonant? Write **V** for vowel or **C** for consonant next to each word.

1. _____ cartel
2. _____ teclado
3. _____ mochila
4. _____ mes
5. _____ bandera
6. _____ reloj
7. _____ disquete
8. _____ profesor

**B.** Now, look at the same words from **part A** and add the endings to make them plural.

1. cartel_____
2. teclado_____
3. mochila_____
4. mes_____
5. bandera_____
6. reloj_____
7. disquete_____
8. profesor_____

**C.** Now, write the *complete* plural form of each word from **part B**.

1. cartel __________
2. teclado __________
3. mochila __________
4. mes __________
5. bandera __________
6. reloj __________
7. disquete __________
8. profesor __________



realidades.com
• Web Code: jcd-0213

## The plurals of nouns and articles (*continued*)

**D.** Identify whether each of the words from **part C** are masculine or feminine. Write **M** for masculine or **F** for feminine next to each word.

1. ______ cartel
2. ______ teclado
3. ______ mochila
4. ______ mes
5. ______ bandera
6. ______ reloj
7. ______ disquete
8. ______ profesor

**E.** Now, look at the words from **part D** in the plural. Circle the correct definite article, masculine or feminine.

1. ( **los** / **las** ) carteles
2. ( **los** / **las** ) teclados
3. ( **los** / **las** ) mochilas
4. ( **los** / **las** ) meses
5. ( **los** / **las** ) banderas
6. ( **los** / **las** ) relojes
7. ( **los** / **las** ) disquetes
8. ( **los** / **las** ) profesores

**F.** Look at each noun below and write **los** or **las**, depending on whether the word is masculine or feminine.

1. ______ puertas
2. ______ ventanas
3. ______ horarios
4. ______ lápices
5. ______ ratones
6. ______ pantallas

**G.** Look at the words from **part E** again. This time, circle the correct indefinite article, masculine or feminine.

1. ( **unos** / **unas** ) carteles
2. ( **unos** / **unas** ) teclados
3. ( **unos** / **unas** ) mochilas
4. ( **unos** / **unas** ) meses
5. ( **unos** / **unas** ) banderas
6. ( **unos** / **unas** ) relojes
7. ( **unos** / **unas** ) disquetes
8. ( **unos** / **unas** ) profesores

**H.** Look at the nouns from **part F** again. Now, write **unos** or **unas**, depending on whether the word is masculine or feminine.

1. ______ puertas
2. ______ ventanas
3. ______ horarios
4. ______ lápices
5. ______ ratones
6. ______ pantallas





realidades.com
• Web Code: jcd-0213

## Lectura: El UNICEF y una convención para los niños (pp. 114–115)

**A.** The reading in your textbook talks about the organization UNICEF (United Nations International Children's Emergency Fund). You will see many cognates in the reading. Look through the reading and find the Spanish words that most closely resemble the ones below. Write the words in the spaces provided.

1. convention ____________
2. dignity ____________
3. nations ____________
4. protection ____________
5. special ____________
6. diet ____________
7. opinions ____________
8. community ____________
9. violence ____________
10. privilege ____________

**B.** Look at the first paragraph from the reading in your textbook. Write down three things that are said to be privileges for children.

1. ____________
2. ____________
3. ____________

**C.** Read the following excerpt from your textbook and answer the questions that follow.

> *UNICEF ...tiene siete oficinas regionales en diversas naciones y un Centro de Investigaciones en Italia.*

1. Where does UNICEF have seven regional offices?

____________

2. Where is there a Center of Investigation for UNICEF?

____________

**D.** Look again at the bulleted list in your textbook and list five things in the spaces below that the convention said that all children need.

1. ____________
2. ____________
3. ____________
4. ____________
5. ____________



realidades.com
• Web Code: jcd-0215

## Presentación escrita (p. 117)

**Task:** Pretend you have a pen pal from Mexico who is coming to visit your school next semester. Write your pen pal a note describing your Spanish classroom.

### 1 Prewrite.

**A.** On a separate sheet of paper draw a sketch of your Spanish classroom. You will use this as a reference when writing your note. Try to include four or five different items.

**B.** Label the items in your sketch using words from your vocabulary.

### 2 Draft.

**A.** Read the sample note written by another student. Use this to guide your own writing.

> *En mi sala de clases hay cinco ventanas. Mi pupitre está al lado del escritorio del profesor. La puerta está detrás de mi pupitre. Hay una bandera encima de la mesa de computadoras.*

**B.** Look at the sample note again and list, in the spaces below, all of the classroom objects mentioned.

_______________ _______________ _______________

_______________ _______________ _______________

**C.** Compare the list of words in **part B** with the words you labeled in your sketch. This will help you get an idea of how similar your draft will be to the model. Create three sentences below filling in what items are in your classroom and where they are located.

1. Hay ______________________________.
2. ______________ está ______________.
3. ______________ está ______________.

**3 Revise.** Read through your draft to see if it makes sense to you. Share your work with a partner who should check the following:

_____ Are the sentences easy to understand?

_____ Did you leave out anything from your drawing?

_____ Are there any spelling or grammar errors?

_____ If there are any problems with your draft, make a revised draft.

Realidades 1 | Nombre ________ | Hora ________

Capítulo 3A | Fecha ________ | **Vocabulary Flash Cards, Sheet 1**

Write the Spanish vocabulary word below each picture. If there is a word or phrase, copy it in the space provided. Be sure to include the article for each noun.

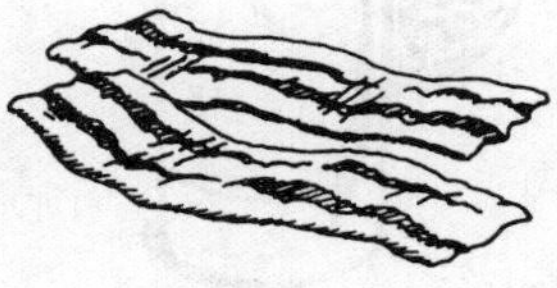

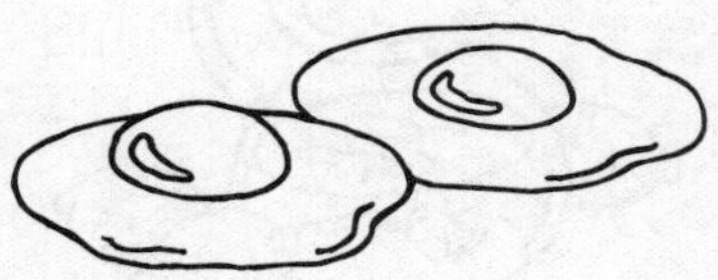

Realidades 1 | Nombre ____________________ | Hora __________

Capítulo 3A | Fecha ____________________

## Vocabulary Flash Cards, Sheet 2

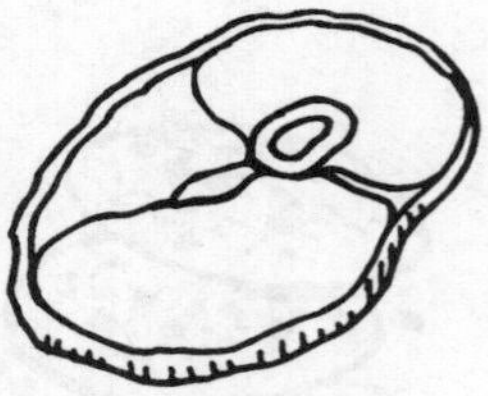

Realidades 1

Capítulo 3A

Nombre ____________________ Hora ________

Fecha ____________________

## Vocabulary Flash Cards, Sheet 3

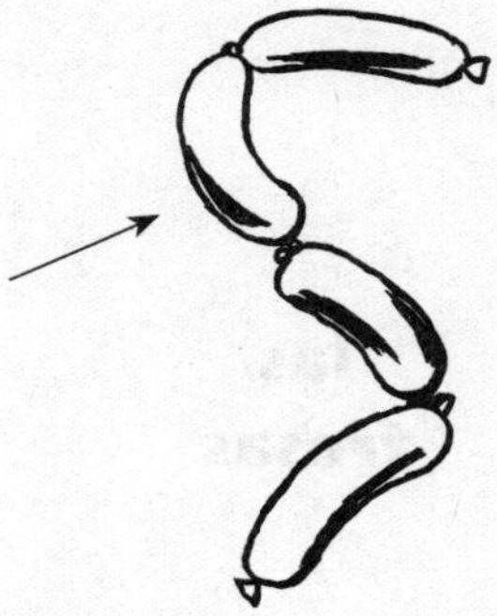

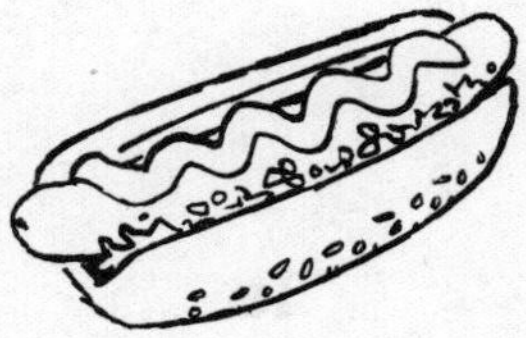

| | | |
|---|---|---|
| **la manzana** | **la ensalada** | **en el almuerzo** |
| **la naranja** | **las fresas** | **en el desayuno** |
| **el pan tostado** | **el desayuno** | **la comida** |

| | | |
|---|---|---|
| **beber** | **comer** | **compartir** |
| **nunca** | **siempre** | **todos los días** |
| **por supuesto** | **¡Qué asco!** | **¿Verdad?** |

Nombre ______ Hora ______

Fecha ______

**Vocabulary Flash Cards, Sheet 6**

| | | |
|---|---|---|
| **comprender** | **con** | **¿Cuál?** |
| **más o menos** | **sin** | **Me encanta(n). . .** |
| **Te encanta(n). . .** | **Me gusta(n). . .** | **Te gusta(n). . .** |

**Realidades** 1 | Nombre ______ | Hora ______

**Capítulo 3A** | Fecha ______ | **Vocabulary Check, Sheet 1**

Tear out this page. Write the English words on the lines. Fold the paper along the dotted line to see the correct answers so you can check your work.

| | |
|---|---|
| en el desayuno | ______ |
| los huevos | ______ |
| el pan | ______ |
| el pan tostado | ______ |
| el plátano | ______ |
| la salchicha | ______ |
| el tocino | ______ |
| el yogur | ______ |
| en el almuerzo | ______ |
| la ensalada de frutas | ______ |
| las fresas | ______ |
| la galleta | ______ |
| la hamburguesa | ______ |
| el jamón | ______ |
| las papas fritas | ______ |
| el perrito caliente | ______ |
| la pizza | ______ |

Fold In ←

Tear out this page. Write the Spanish words on the lines. Fold the paper along the dotted line to see the correct answers so you can check your work.

for breakfast ____________

eggs ____________

bread ____________

toast ____________

banana ____________

sausage ____________

bacon ____________

yogurt ____________

for lunch ____________

fruit salad ____________
____________

strawberries ____________

cookie ____________

hamburger ____________

ham ____________

French fries ____________

hot dog ____________

pizza ____________

Fold In ←

Nombre ____ Hora ____

Fecha ____

**Vocabulary Check, Sheet 3**

Tear out this page. Write the English words on the lines. Fold the paper along the dotted line to see the correct answers so you can check your work.

| | |
|---|---|
| el sándwich de jamón y queso | ____ |
| la sopa de verduras | ____ |
| el agua | ____ |
| el café | ____ |
| el jugo de manzana | ____ |
| el jugo de naranja | ____ |
| la leche | ____ |
| la limonada | ____ |
| el refresco | ____ |
| el té helado | ____ |
| beber | ____ |
| comer | ____ |
| la comida | ____ |
| compartir | ____ |
| nunca | ____ |
| siempre | ____ |
| todos los días | ____ |

Fold In ←

Realidades 1 Nombre ______ Hora ______

Capítulo 3A Fecha ______ **Vocabulary Check, Sheet 4**

Tear out this page. Write the Spanish words on the lines. Fold the paper along the dotted line to see the correct answers so you can check your work.

| | |
|---|---|
| ham and cheese sandwich | ______ |
| vegetable soup | ______ |
| water | ______ |
| coffee | ______ |
| apple juice | ______ |
| orange juice | ______ |
| milk | ______ |
| lemonade | ______ |
| soft drink | ______ |
| iced tea | ______ |
| to drink | ______ |
| to eat | ______ |
| food, meal | ______ |
| to share | ______ |
| never | ______ |
| always | ______ |
| every day | ______ |

Fold In ←

To hear a complete list of the vocabulary for this chapter, go to www.realidades.com and type in the Web Code jcd-0389. Then click on **Repaso del capítulo.**

# Present tense of *-er* and *-ir* verbs (p. 132)

- Like the **-ar** verbs you learned previously, regular **-er** and **-ir** verbs follow a similar pattern in the present tense.
- For **-er** and **-ir** verbs, drop the **-er** or **-ir** from the infinitive **(comer, escribir**, etc.) and add the appropriate endings. The endings are the same for **-er** and **-ir** verbs except for in the **nosotros** and **vosotros** forms.

| **Present tense of *-er* verbs: *comer*** | |
|---|---|
| yo: add **-o: como** | nosotros/nosotras: add **-emos: comemos** |
| tú: add **-es: comes** | vosotros/vosotras: add **-éis: coméis** |
| usted/él/ella: add **-e: come** | ustedes/ellos/ellas: add **-en: comen** |

| **Present tense of *-ir* verbs: *escribir*** | |
|---|---|
| yo: add **-o: escribo** | nosotros/nosotras: add **-imos: escribimos** |
| tú: add **-es: escribes** | vosotros/vosotras: add **-ís: escribís** |
| usted/él/ella: add **-e: escribe** | ustedes/ellos/ellas: add **-en: escriben** |

**A.** Circle the ending in each verb form below.

1. escribimos
2. comparten
3. bebes
4. corre
5. ven
6. leo
7. escribes
8. comprendemos
9. comparto
10. ve

**B.** Now, look at the list of verbs in **part A**. Circle the correct subject pronoun for each verb.

1. ( **ustedes / nosotros** ) escribimos
2. ( **ustedes / ella** ) comparten
3. ( **nosotros / tú** ) bebes
4. ( **yo / ella** ) corre
5. ( **ellos / nosotros** ) ven
6. ( **yo / él** ) leo
7. ( **usted / tú** ) escribes
8. ( **nosotras / ellos** ) comprendemos
9. ( **usted / yo** ) comparto
10. ( **usted / ustedes** ) ve



realidades.com
• Web Code: jcd-0303

## Present tense of *-er* and *-ir* verbs *(continued)*

**C.** Complete each sentence by writing the correct **-er** verb ending for each word.

1. Yo beb_____ agua.
2. Nosotras corr_____.
3. Ella comprend_____ todo.
4. Tú le_____ una revista.
5. Ustedes com_____.
6. Nosotros le_____ unos libros.

**D.** Now, complete each sentence by writing the correct **-ir** verb ending.

1. Tú escrib_____ una carta.
2. Él compart_____ la comida.
3. Ellas escrib_____ cuentos.
4. Nosotros escrib_____ poemas.
5. Yo compart_____.
6. Nosotras compart_____.

**E.** Complete each sentence with the correct verb form of the infinitive in parentheses. Follow the models.

**Modelo** Tú (escribir) *escribes*.
Ella (comer) *come*.

1. Yo (leer) __________.
2. Ella (escribir) __________.
3. Nosotros (ver) __________.
4. Tú (compartir) __________.
5. Nosotros (escribir) __________.
6. Ellos (beber) __________.
7. Usted (compartir) __________.
8. Ellas (leer) __________.

**F.** Now, write complete sentences using the words provided. Follow the model.

**Modelo** tú / ver / la / tele
*Tú ves la tele.*

1. yo / leer / una / revista
__________.
2. tú / compartir / el / cuarto
__________.
3. ellos / beber / té / helado
__________.
4. nosotros / comer / papas fritas
__________.
5. ella / escribir / una / carta
__________.
6. nosotros / compartir / la / comida
__________.
7. usted / correr / 10 kilómetros
__________.
8. ustedes / escribir / cuentos
__________.

## *Me gustan, me encantan* (p. 135)

- To say you like one thing, use **me gusta** (*I like*) or **me encanta** (*I love*).
- To say you like more than one thing, use **me gustan** or **me encantan.**
- Put **no** in front of **me gusta** or **me gustan** to say you don't like one or more things:
  **No me gusta el café. No me gustan los huevos.**

| One thing (singular) | More than one thing (plural) |
|---|---|
| Me **gusta la leche.** | Me **gustan las manzanas.** |
| Me **encanta el té.** | Me **encantan los jugos.** |

**A.** Look at each noun. Write **S** if the noun is singular. Write **P** if it is plural.

1. _____ el cereal
2. _____ el tocino
3. _____ los huevos
4. _____ las manzanas
5. _____ las salchichas
6. _____ las papas
7. _____ el pan
8. _____ la pizza

**B.** Now, look at sentences using the same nouns from **part A.** Complete the verbs by writing **a** for the singular nouns and **an** for the plural nouns. Follow the models.

**Modelos** Me encant *a* el café.
Me encant *an* las fresas.

1. Me gust_____ el cereal.
2. Me gust_____ el tocino.
3. Me encant_____ los huevos.
4. Me gust_____ las manzanas.
5. Me encant_____ las salchichas.
6. Me gust_____ las papas.
7. Me encant_____ el pan.
8. Me gust_____ la pizza.

**C.** Complete the following exchanges by circling the correct word in parenthesis.

1. ELENA: ¿Te ( **gusta** / **gustan** ) el helado?
   ENRIQUE: ¡Sí! Me ( **encanta** / **encantan** ) el helado.
2. BERTA: No me ( **gusta** / **gustan** ) las fresas.
   ANA: ¿No? ¡Me ( **encanta** / **encantan** ) las fresas!
3. JOSÉ: Me ( **encanta** / **encantan** ) la pizza.
   LUIS: ¿Sí? A mí no. ¡Pero me ( **encanta** / **encantan** ) las hamburguesas!

## *Me gustan, me encantan (continued)*

**D.** Complete the following sentences by writing **encanta** or **encantan**.

1. Me ______________ el queso.
2. Me ______________ los plátanos.
3. Me ______________ los jugos.
4. Me ______________ el pan.
5. Me ______________ el yogur.
6. Me ______________ las galletas.

**E.** Complete the following sentences by writing **gusta** or **gustan**.

1. ¿Te ______________ las sopas?
2. No me ______________ el queso.
3. No me ______________ la leche.
4. No me ______________ el tocino.
5. ¿Te ______________ las naranjas?
6. ¿Te ______________ las papas fritas?

**F.** Choose words from the list to complete each sentence about what you like or don't like.

| | | | | |
|---|---|---|---|---|
| **el cereal** | **el desayuno** | **los huevos** | **las salchichas** | **el yogur** |
| **las hamburguesas** | **el jamón** | **el queso** | **el café** | **el té** |
| **los perritos calientes** | **la sopa de verduras** | **la pizza** | **las galletas** | **el jamón** |

1. Me gusta ______________________.
2. No me gusta ______________________.
3. Me gustan ______________________.
4. No me gustan ______________.
5. ¡Me encanta ______________________!
6. ¡Me encantan ______________________!

**G.** Look at each drawing. Then write a sentence to say whether you like it or not. Follow the models.

**Modelos**

*Me gustan los huevos* . OR *No me gustan los huevos* .

*Me gusta la pizza* . OR *No me gusta la pizza* .

1.  ______________________________________________

2.  ______________________________________________

3.  ______________________________________________

4. 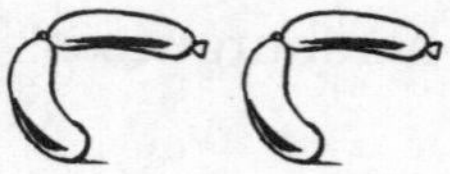 ______________________________________________





realidades.com
• Web Code: jcd-0304

## Lectura: Frutas y verduras de las Américas (pp. 138–139)

**A.** As you can see by its title, the reading in your textbook is about fruits and vegetables. Think about some fruits and vegetables that you eat. Write the names (in English) of three fruits and three vegetables in the spaces below.

| FRUITS | VEGETABLES |
| --- | --- |
| ____ | ____ |
| ____ | ____ |
| ____ | ____ |

**B.** Below are some Spanish words from the reading, categorized by whether they are a fruit or a vegetable. Choose the English word from the bank that you think is the best meaning for each example and write it in the blank.

**potato beans corn pineapple avocado papaya**

**Frutas:**

1. papaya ____
2. piña ____
3. aguacate ____

**Verduras:**

4. papa ____
5. frijoles ____
6. maíz ____

**C.** On the first page of the reading you see pictures of an avocado, a mango, and a papaya. Read the information below about each fruit and answer the questions that follow.

**Aguacate:**
- La pulpa es fuente de energía y proteínas.
- Tiene vitaminas A y B.

**Mango:**
- Es originalmente de Asia.
- Tiene calcio y vitaminas A y C.

**Papaya:**
- Contiene mucha agua.
- Tiene más vitamina C que la naranja.

1. Which fruits have vitamin A? ____ ____
2. Which fruits have vitamin C? ____ ____
3. Which fruit is not originally from the Americas? ____

**D.** Look at the recipe for a **Licuado de plátano** on the second page of the reading in your textbook. If the following statements are true, circle **C** for **cierto** (*true*); if they are false, circle **F** for **falso** (*false*).

1. C F The **licuado** is a hot beverage.
2. C F A **plátano** is a banana.
3. C F Milk is used in the recipe.
4. C F The blender is called a **licuadora**.
5. C F You should blend the ingredients for 2 minutes.

realidades.com
- Web Code: jcd-0305

## Presentación oral (p. 141)

**Task:** You and a partner will role-play a telephone conversation in Spanish between an American exchange student and a host student in Uruguay. You will each take one of the two roles and gather information about the other person.

**A.** You will role-play this conversation with a partner. Your role will be that of the host student. Here's how to prepare:

On a separate sheet of paper, make a list of two questions in Spanish that you might ask the exchange student. Find out:

**(a)** what his or her favorite activities are
**(b)** what he or she likes to eat and drink for breakfast (or lunch)

**B.** Revise your work.

**1.** Work with your partner to coordinate answers and to come up with a greeting and a farewell for your conversation. Here is a way to begin:

HOST STUDENT: ¡Hola, Pablo! Soy Rosa.
EXCHANGE STUDENT: ¡Hola, Rosa! ¿Cómo estás?
HOST STUDENT: Bien, gracias.

**2.** Now, work on completing the conversation. Use filler words that you have learned and the information you have collected from **part A**. See below for a model.

HOST STUDENT: Pues Pablo, ¿te gusta ir a la escuela?
EXCHANGE STUDENT: Sí, me gusta mucho. Me gusta dibujar y escribir cuentos. ¿Y tú? ¿Qué te gusta hacer en la escuela?
HOST STUDENT: A mí también me gusta ir a la escuela. Me gusta mucho correr y practicar deportes, pero no me gusta estudiar mucho. Me gusta más la hora de almuerzo. ¿Qué te gusta comer en el almuerzo?
EXCHANGE STUDENT: Yo como un sándwich de jamón y queso o una hamburguesa. ¿Y tú?
HOST STUDENT: A mí me encantan las ensaladas. No me gusta nada la carne. ¿Qué te gusta beber?
EXCHANGE STUDENT: Yo bebo los refrescos todos los días. ¿Qué bebes tú?
HOST STUDENT: A mí me gustan los jugos de frutas o bebo agua.

**3.** Finally, work on your ending. Look again at the **Para empezar** chapter in your textbook to get ideas for how to say good-bye. Below is a sample of how to end the conversation modeled above.

EXCHANGE STUDENT: Bien, pues, ¡Hasta luego!
HOST STUDENT: ¡Nos vemos!

**C.** You will be asked to present your conversation with your partner. The host student will go first. Listen to what your partner says and continue the conversation appropriately.

Nombre ______________________ Hora __________

Fecha ______________________

**Vocabulary Practice, Sheet 1**

Write the Spanish vocabulary word below each picture. If there is a word or phrase, copy it in the space provided. Be sure to include the article for each noun.

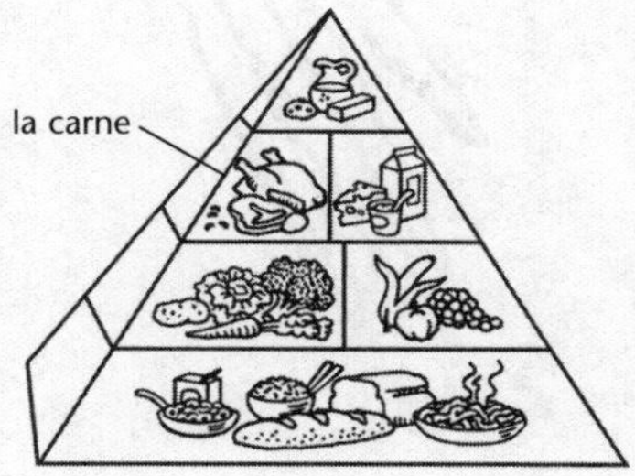


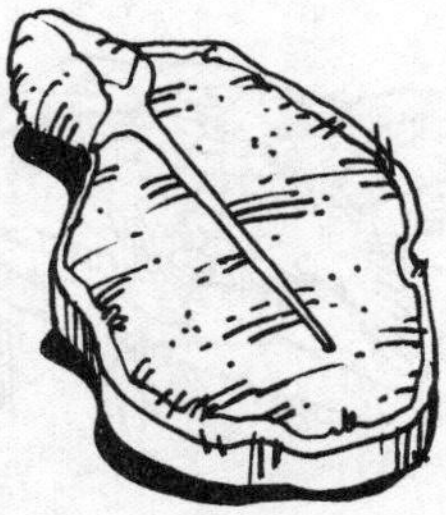

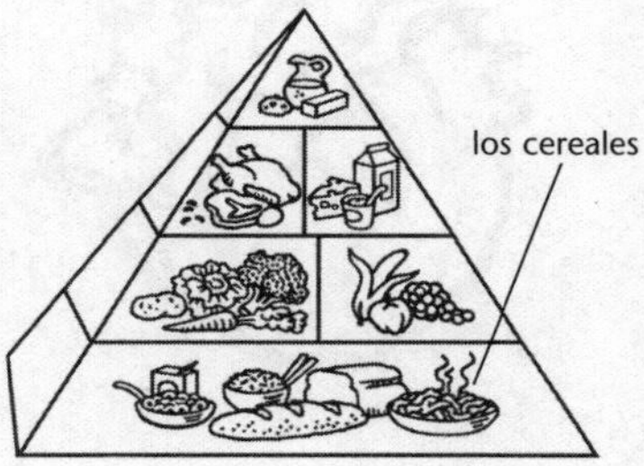

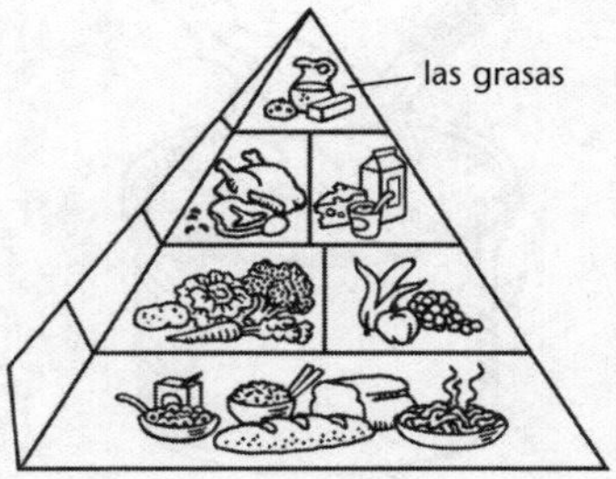

**Vocabulary Practice, Sheet 2**

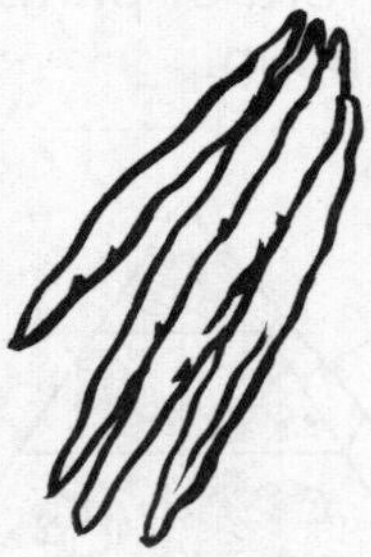

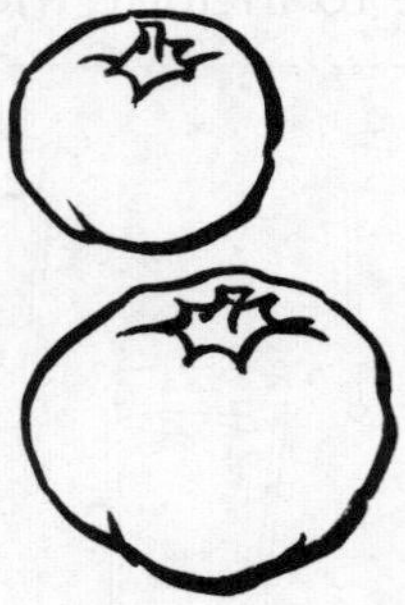

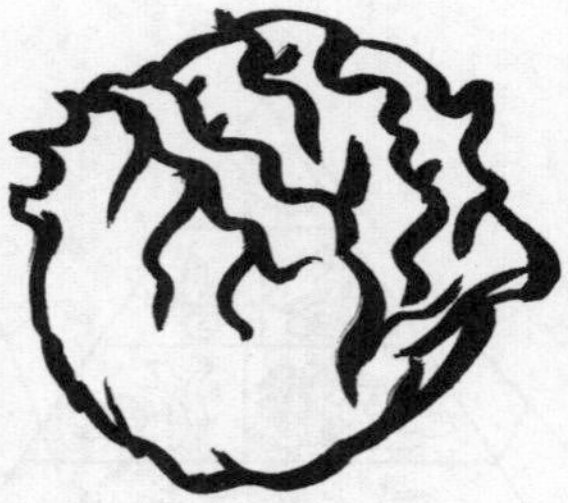

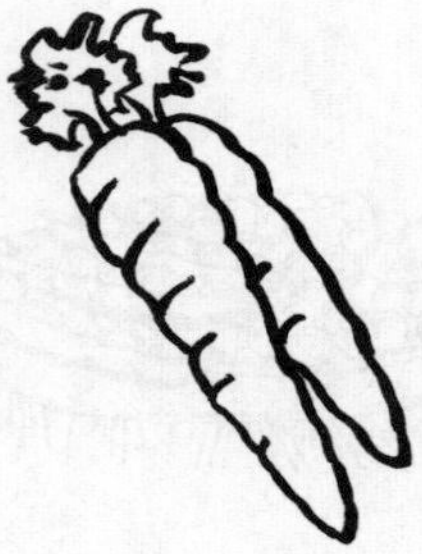

Realidades 1 Nombre ______________________ Hora ________

Capítulo 3B Fecha ______________________ **Vocabulary Practice, Sheet 3**

| | | |
|---|---|---|
|  |  | **levantar pesas** |
|  | **Tengo hambre.** | **hacer ejercicio** |
|  | **caminar** | **para la salud** |

Realidades 1

Nombre ______ Hora ______

Capítulo 3B

Fecha ______

Vocabulary Practice, Sheet 4

| | | |
|---|---|---|
| **para mantener la salud** | **Creo que...** | **Estoy de acuerdo.** |
| **prefiero** | **Creo que sí.** | **No estoy de acuerdo.** |
| **deber** | **Creo que no.** | **cada día** |

| | | |
|---|---|---|
| **¿Por qué?** ______ ______ | **muchos, muchas** ______, ______ | **malo, mala** ______, ______ |
| **porque** ______ | **todos, todas** ______, ______ | **sabroso, sabrosa** ______, ______ |
| **algo** ______ | **horrible** ______ | **prefieres** ______ |

Nombre ______________________ Hora __________

Fecha ______________________

**Vocabulary Practice, Sheet 6**

| | | |
|---|---|---|
| **hago** | **creer** | **ser** |
| **haces** | | |
| | | |

Nombre ______________________ Hora ______________

Fecha ______________________

## Vocabulary Check, Sheet 1

Tear out this page. Write the English words on the lines. Fold the paper along the dotted line to see the correct answers so you can check your work.

la cena ______________

el bistec ______________

la carne ______________

el pescado ______________

el pollo ______________

la cebolla ______________

los guisantes ______________

las judías verdes ______________

la lechuga ______________

las papas ______________

los tomates ______________

las uvas ______________

las zanahorias ______________

el arroz ______________

los cereales ______________

los espaguetis ______________

las grasas ______________

la mantequilla ______________

el helado ______________

Fold In ←

**Realidades 1** Nombre ______ Hora ______

**Capítulo 3B** Fecha ______ **Vocabulary Check, Sheet 2**

Tear out this page. Write the Spanish words on the lines. Fold the paper along the dotted line to see the correct answers so you can check your work.

dinner ______

beefsteak ______

meat ______

fish ______

chicken ______

onion ______

peas ______

green beans ______

lettuce ______

potatoes ______

tomatoes ______

grapes ______

carrots ______

rice ______

grains ______

spaghetti ______

fats ______

butter ______

ice cream ______

Fold In ←

Tear out this page. Write the English words on the lines. Fold the paper along the dotted line to see the correct answers so you can check your work.

| | |
|---|---|
| los pasteles | ______ |
| las bebidas | ______ |
| caminar | ______ |
| hacer ejercicio | ______ |
| levantar pesas | ______ |
| para mantener la salud | ______ |
| algo | ______ |
| muchos, muchas | ______ |
| malo, mala | ______ |
| sabroso, sabrosa | ______ |
| todos, todas | ______ |

Fold In ←

**Vocabulary Check, Sheet 4**

Tear out this page. Write the Spanish words on the lines. Fold the paper along the dotted line to see the correct answers so you can check your work.

pastries ________

beverages ________

to walk ________

to exercise ________

to lift weights ________

to maintain one's health ________

something ________

many ________

bad ________

tasty, flavorful ________

all ________

To hear a complete list of the vocabulary for this chapter, go to www.realidades.com and type in the Web Code jcd-0399. Then click on **Repaso del capítulo**.

Fold In ←

## The plurals of adjectives (p. 156)

- Adjectives, just like definite articles, must match the noun they accompany. Singular adjectives go with singular nouns, and plural adjectives go with plural nouns.
- Adjectives that end in **-o** or **-a** must also match the noun. Masculine (**-o**) adjectives go with masculine nouns and feminine (**-a**) adjectives go with feminine nouns.
- Adjectives that end in **-e** do not change to match masculine or feminine nouns. They still change to match singular and plural nouns: **el libro interesante, las clases interesantes**.

| | Definite article | Noun | Adjective |
|---|---|---|---|
| masculine singular | **el** | pan | sabros**o** |
| feminine singular | **la** | sopa | sabros**a** |
| masculine plural | **los** | jamones | sabros**os** |
| feminine plural | **las** | galletas | sabros**as** |

**A.** Look at each noun. Write **M** if it is masculine or **F** if it is feminine.

1. __________ pan
2. __________ sopas
3. __________ yogur
4. __________ salchichas
5. __________ pizza
6. __________ jamón
7. __________ huevos
8. __________ quesos
9. __________ galletas
10. __________ hamburguesa

**B.** Now, go back to **part A.** Next to the **M** or **F** you wrote next to each noun, write **S** if the noun is singular and **P** if it is plural.

**C.** Here are the nouns from **part A.** Now there are adjectives with them. Circle the correct adjective form for each noun.

1. pan ( **sabroso / sabrosos** )
2. sopas ( **sabrosos / sabrosas** )
3. yogur ( **sabrosos / sabroso** )
4. salchichas ( **sabrosas / sabrosa** )
5. pizza ( **sabrosos / sabrosa** )
6. jamón ( **sabroso / sabrosa** )
7. huevos ( **sabrosa / sabrosos** )
8. quesos ( **sabrosos / sabrosas** )
9. galletas ( **sabrosa / sabrosas** )
10. hamburguesas ( **sabrosos / sabrosas** )

## The plurals of adjectives (*continued*)

**D.** Fill in the missing singular or plural form of each masculine adjective in the chart.

| Masculine | |
|---|---|
| **singular** | **plural** |
| divertido | |
| simpático | |
| | atrevidos |
| | serios |
| artístico | |

**E.** Now, fill in the missing singular or plural form of each feminine adjective in the chart.

| Feminine | |
|---|---|
| **singular** | **plural** |
| | divertidas |
| simpática | |
| | atrevidas |
| seria | |
| | artísticas |

**F.** Choose an adjective from the group of words. Write its correct form in the space provided.

| | | | |
|---|---|---|---|
| **serio** | **seria** | **serios** | **serias** |
| **atrevido** | **atrevida** | **atrevidos** | **atrevidas** |
| **artístico** | **artística** | **artísticos** | **artísticas** |

1. Laura y Elena estudian mucho. Son ________________.
2. Sandra monta en monopatín. Es ________________.
3. Mario dibuja. Es ________________.
4. Tomás y Beatriz trabajan mucho. Son ________________.
5. Lorenzo y Fernando esquían. Son ________________.





realidades.com
• Web Code: jcd-0313

## The verb *ser* (p. 158)

- You have already learned and used some forms of the verb **ser**, which means *to be*:
  **Yo soy serio. Tú eres simpática. Ella es artística.**
- **Ser** is an irregular verb. You will need to memorize its forms.

| | | | |
|---|---|---|---|
| yo | **soy** | nosotros/nosotras | **somos** |
| tú | **eres** | vosotros/vosotras | **sois** |
| usted/él/ella | **es** | ustedes/ellos/ellas | **son** |

**A.** Choose the correct subject pronoun for each form of **ser** and circle it.

1. ( **yo / él** ) es
2. ( **ustedes / ella** ) son
3. ( **tú / ella** ) eres
4. ( **ella / yo** ) es
5. ( **usted / tú** ) es
6. ( **nosotros / ellas** ) son
7. ( **ellos / nosotros** ) somos
8. ( **yo / él** ) soy

**B.** Now, write the correct form of **ser** next to each subject pronoun.

1. tú ____________________
2. usted ____________________
3. ellos ____________________
4. él ____________________
5. ellas ____________________
6. nosotras ____________________
7. yo ____________________
8. ustedes ____________________

**C.** Complete the exchanges by writing in the correct form of **ser**.

1. VERA: Yo ____________ estudiante. ¿Y tú?
   GONZALO: Yo ____________ estudiante también.
2. PABLO: Tú ____________ muy deportista, ¿no?
   ENRIQUE: Sí, pero yo también ____________ muy estudioso.
3. INÉS: Susana y Olivia ____________ muy divertidas.
   MARCOS: Sí. Olivia ____________ muy simpática también.
4. PACO Y LUIS: Nosotros ____________ perezosos. No estudiamos mucho.
   ANA: Bueno, yo ____________ muy trabajadora. Me gusta estudiar.



realidades.com
• Web Code: jcd-0314

## The verb *ser* (*continued*)

**D.** Look at each drawing. Complete the question with a form of **ser**. Follow the model.

**Modelo**

¿Cómo ___*es*___ él?

1.  ¿Cómo ______________ él?

2.  ¿Cómo ______________ tú?

3.  ¿Cómo ______________ ellas?

4.  ¿Cómo ______________ nosotras?

5.  ¿Cómo ______________ yo?

**E.** Now, complete each sentence with the correct form of **ser** and the correct adjective ending. Refer back to the art in **part D**. Follow the model.

**Modelo** Él ___*es*___ simpático______.

1. Él ______________ artístic______.
2. Tú ______________ perezos______.
3. Ellas ______________ estudios______.
4. Nosotras ______________ inteligente______.
5. Yo ______________ atrevid______.





realidades.com
• Web Code: jcd-0314

# Lectura: La comida de los atletas (pp. 162–163)

**Skimming is a useful technique to help you get through a reading. You think of general information that you are looking for. Then you quickly read the words to find it.**

**A.** List three things you would expect to find in an article about an athlete's eating habits.

1. ____
2. ____
3. ____

**B.** Skim the article and check off the things in your list from **part A** that you find.

**C.** Note that the pie chart in your textbook shows how much of an athlete's diet can be divided into three categories. Next to each category below, write the English translation of the word. Then fill in the percentage number according to the pie chart.

| | English | Number |
|---|---|---|
| 1. carbohidratos | ____ | ____ % |
| 2. proteínas | ____ | ____ % |
| 3. grasas | ____ | ____ % |

**D.** The reading in your textbook gives a picture and a short description of what foods are good for each big meal of the day. Next to each food given below circle whether the reading says it is best for **D (desayuno), A (almuerzo),** or **C (cena).**

1. D A C pan con mantequilla
2. D A C pasta
3. D A C yogur
4. D A C papas
5. D A C jalea

**E.** Read the selection below and answer the questions that follow.

*La noche antes del partido, el jugador bebe un litro de jugo de naranja, y durante el partido bebe hasta dos litros de agua y bebidas deportivas.*

1. Circle the three kinds of drinks mentioned in the reading.
2. What is a *litro* in English? ____
3. When does the player drink a *litro* of orange juice? ____



realidades.com
• Web Code: jcd-0315

Nombre ______________________ Hora ________

Fecha ________________



## Presentación escrita (p. 165)

**Task:** You will make a poster in Spanish with three suggestions for better health. You will need to research what are proven good eating and exercise habits.

**❶ Prewrite.** Talk to classmates, teachers, the school nurse, or your parents about good eating and exercise habits, especially for teens. Then list their ideas under the following headings to help you organize your information:

- Debes comer ______________________.
- No debes comer mucho(a) ______________________.
- Debes beber ______________________.
- No debes beber mucho(a) ______________________.
- Debes ______________________ para mantener la salud.

**❷ Draft.** Create your first draft on a separate sheet of paper. (You do not need to use posterboard for this draft.) List your ideas from the prewrite stage. Organize them in a neat or artistic way. Sketch out the visuals you want to include on the poster.

**❸ Revise.**

**A.** Someone else will check your work for the following:

_____ Have you communicated the three suggestions well?

_____ Do the visuals help with the meaning?

_____ Will the visuals make the poster attractive?

_____ Are all words spelled correctly?

_____ Are grammar and vocabulary used correctly?

**B.** Rewrite your poster using the person's suggestions.

**❹ Publish.** Your final draft will be on some sort of posterboard. You will want to carefully add any illustrations and designs you had sketched out in an earlier stage.

**❺ Evaluate.** Your teacher will tell you how your poster will be graded. Your teacher will check:

- your completion of the task
- the accuracy of your vocabulary and grammar
- your effective use of visuals

Realidades 1

Capítulo 4A

Nombre ______ Hora ______

Fecha ______

**Vocabulary Flash Cards, Sheet 1**

Write the Spanish vocabulary word below each picture. If there is a word or phrase, copy it in the space provided. Be sure to include the article for each noun.

Nombre _______________ Hora _______________

Fecha _______________

## Vocabulary Flash Cards, Sheet 2

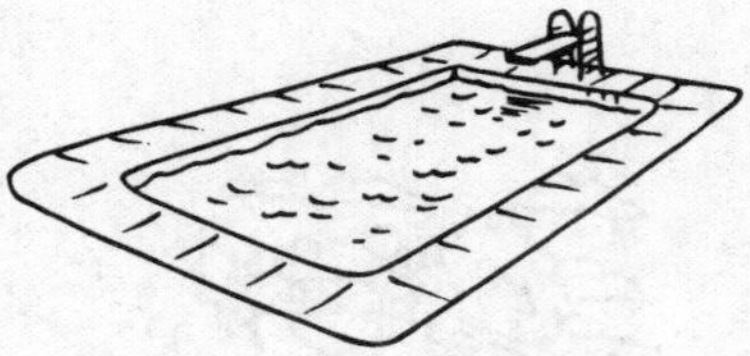

la
mezquita

la
sinagoga

el
templo

**Vocabulary Flash Cards, Sheet 3**

| | | |
|---|---|---|
| **la casa** | **Me quedo en casa.** | **¿Adónde?** |
| **en casa** | **a** | **a casa** |
| **el restaurante** | **a la, al** | **¿Con quién?** |

**Vocabulary Flash Cards, Sheet 4**

| | | |
|---|---|---|
| **con mis amigos** | **¿Cuándo?** | **los fines de semana** |
| **con mis/tus amigos** | **después** | **los lunes, los martes...** |
| **solo, sola** | **después de** | **tiempo libre** |

| | | |
|---|---|---|
| **de** | **¡No me digas!** | |
| **¿De dónde eres?** | **para** | |
| **generalmente** | | |

**Vocabulary Flash Cards, Sheet 6**

Nombre ____________ Hora ____________

Fecha ____________

**Vocabulary Check, Sheet 1**

Tear out this page. Write the English words on the lines. Fold the paper along the dotted line to see the correct answers so you can check your work.

| | |
|---|---|
| ir de compras | ____________ |
| ver una película | ____________ |
| la lección de piano | ____________ |
| la biblioteca | ____________ |
| el café | ____________ |
| el campo | ____________ |
| en casa | ____________ |
| el centro comercial | ____________ |
| el cine | ____________ |
| el gimnasio | ____________ |
| la iglesia | ____________ |
| la mezquita | ____________ |
| las montañas | ____________ |
| el parque | ____________ |
| la piscina | ____________ |
| la playa | ____________ |
| el restaurante | ____________ |

Fold In ←

Tear out this page. Write the Spanish words on the lines. Fold the paper along the dotted line to see the correct answers so you can check your work.

to go shopping ____________

to see a movie ____________

piano lesson (class) ____________

library ____________

café ____________

countryside ____________

at home ____________

mall ____________

movie theater ____________

gym ____________

church ____________

mosque ____________

mountains ____________

park ____________

swimming pool ____________

beach ____________

restaurant ____________

Fold In ←

Realidades 1 | Nombre ______ | Hora ______

Capítulo 4A | Fecha ______ | **Vocabulary Check, Sheet 3**

Tear out this page. Write the English words on the lines. Fold the paper along the dotted line to see the correct answers so you can check your work.

la sinagoga ______

el templo ______
______

el trabajo ______

solo, sola ______

¿Cuándo? ______

después ______

después (de) ______

los fines de semana ______

los lunes, los martes... ______
______

tiempo libre ______



Fold In ←

**Vocabulary Check, Sheet 4**

Tear out this page. Write the Spanish words on the lines. Fold the paper along the dotted line to see the correct answers so you can check your work.

synagogue ______________

temple, Protestant church ______________

work, job ______________

alone ______________

When? ______________

afterwards ______________

after ______________

on weekends ______________

on Mondays, on Tuesdays . . . ______________

free time ______________

Fold In ←

To hear a complete list of the vocabulary for this chapter, go to www.realidades.com and type in the Web Code jcd-0489. Then click on **Repaso del capítulo.**

# The verb *ir* (p. 180)

- The verb **ir** means "to go." It is irregular. Here are its forms.

| | | | |
|---|---|---|---|
| yo | **voy** | nosotros/nosotras | **vamos** |
| tú | **vas** | vosotros/vosotras | **vais** |
| usted/él/ella | **va** | ustedes/ellos/ellas | **van** |

- **¡Vamos!** means "Let's go!"

**A.** Choose the correct subject pronoun for each form of **ir** and circle it.

1. ( **tú** / **él** ) va
2. ( **yo** / **usted** ) voy
3. ( **ellas** / **nosotras** ) vamos
4. ( **usted** / **ustedes** ) va
5. ( **ustedes** / **él** ) van
6. ( **tú** / **yo** ) vas
7. ( **ellos** / **ella** ) van
8. ( **yo** / **ella** ) va

**B.** Now, write the correct form of **ir** next to each subject pronoun.

1. ella ______
2. ustedes ______
3. yo ______
4. nosotros ______
5. tú ______
6. él ______
7. ellos ______
8. usted ______

**C.** Complete each sentence by writing in the correct form of **ir**.

1. Yo ______ al cine para ver una película.
2. Ellas ______ al parque para correr.
3. Nosotros ______ al gimnasio para levantar pesas.
4. Tú ______ al restaurante para comer.
5. Ella ______ a la piscina para nadar.



realidades.com
• Web Code: jcd-0403

## The verb *ir* (*continued*)

- When **ir** + **a** is followed by the definite article **el, a** + **el** combines to form **al:**
  **(vamos a) + (el parque) = Vamos al parque.**

**D.** Complete each sentence by writing a form of **ir** + **al** or **a la**. Remember to use **al** when the noun after the write-on line is masculine. Use **a la** when the noun is feminine. Follow the models.

**Modelos** Ellos ___*van al*___ parque.
Ellos ___*van a la*___ oficina.

1. Silvia ______________________ casa.
2. Cristina y María ______________________ café.
3. Tú ______________________ playa.
4. Nosotros ______________________ parque.
5. Usted ______________________ campo.
6. Yo ______________________ piscina.

- To ask where someone is going, use **¿Adónde?** as in: **¿Adónde vas?**
- To answer, use forms of **ir** + **a** as in: **Voy a la oficina.**

**E.** Complete the following exchanges by finishing the second sentence with a form of **ir** and the place indicated. Follow the model.

**Modelo**

el cine

—¿Adónde vas?
—Yo ___*voy al cine*___.

1.

el parque

—¿Adónde vamos?
—Nosotros ______________________.

2.

el gimnasio

—¿Adónde van?
—Ellas ______________________.

3.

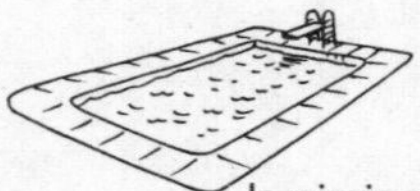
la piscina

—¿Adónde va?
—Él ______________________.

4.

la iglesia

—¿Adónde voy?
—Tú ______________________.





realidades.com
• Web Code: jcd-0403

## Asking questions (p. 184)

- Interrogatives are words that you use to ask questions. Here are some Spanish interrogatives.

| Categories | Interrogatives | | |
|---|---|---|---|
| People | **¿Quién?** | **¿Con quién?** | |
| Location | **¿Dónde?** | **¿Adónde?** | **¿De dónde?** |
| Things or actions | **¿Qué?** | **¿Cuál?** | **¿Cuántos? / ¿Cuántas?** |
| Reason | **¿Por qué?** | | |
| Time | **¿Cuándo?** | | |
| Description (how) | **¿Cómo?** | | |

- You can change a statement into a question by raising your voice at the end:

  **¿Margarita va a la biblioteca?** In this case, you do not use an interrogative.
- These kinds of questions expect the answer will be *yes* or *no*. You can add **¿verdad?** (*right?*) to the end to emphasize this: **Margarita va a la biblioteca, ¿verdad?**

**A.** Each drawing or group of drawings represents a question category in the chart above. Write the interrogatives that go with each group. Follow the model.

**Modelo**

¿ *Cuándo* ?

**1.**

______

______

______

**2.**

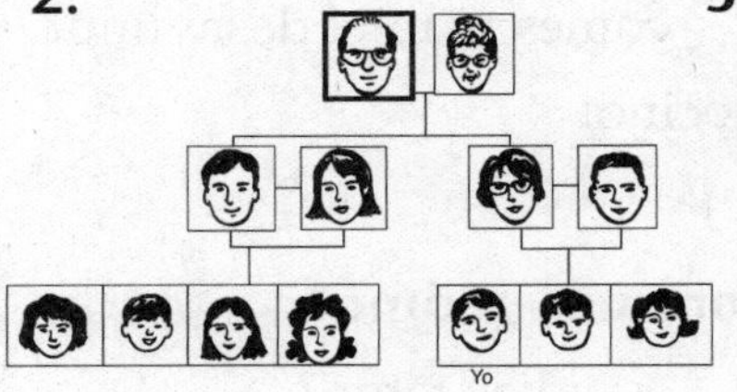


______

______

**3.**

______

______

______

______

## Asking questions (*continued*)

- In Spanish questions with interrogatives, the verb comes before the subject: **¿Adónde va Margarita?**

**B.** Look at the following groups of exchanges. Write in the correct interrogative to complete each exchange. Use the interrogatives listed for each group.

**Location: ¿Dónde? ¿Adónde?**

1. —¿__________ van Natalia y Roberto?
   —Van a la biblioteca para estudiar.
2. —¿__________ levantas pesas?
   — Levanto pesas en el gimnasio.

**People: ¿Quién? ¿Con quién?**

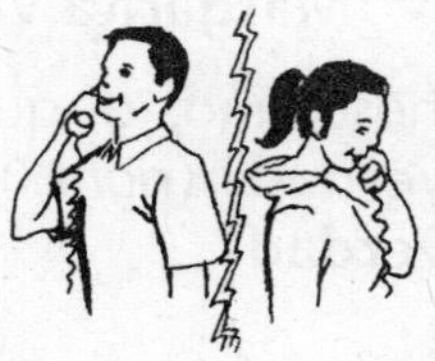

3. —¿__________ hablas mucho por teléfono?
   —Hablo mucho con mi amiga Tina. Ella es muy divertida.
4. —¿__________ es su profesor de español?
   — Es la señora Oliveros. Es muy inteligente.

**Things: ¿Qué? ¿Cuántos?**

5. —¿__________ libros hay en la biblioteca?
   —¡Hay muchos!
6. —¿__________ comes para el desayuno?
   —Como pan tostado y tocino.

**Reason and Description: ¿Por qué? ¿Cómo?**

7. —¿__________ estudias tanto?
   — Soy muy trabajadora y me gusta leer.
8. —¿__________ es la clase de matemáticas?
   — Es interesante, pero difícil.





realidades.com
• Web Code: jcd-0404

## Asking questions (*continued*)

**C.** Look at each group of phrases. Put them in order to form a question by numbering each group 1, 2, or 3. Then write them in order on the write-on line below. Follow the model. You can also look at the questions in **part B** for examples.

**Modelo** Paulina / adónde / va
3 1 2
¿ *Adónde va Paulina* ?

1. es / el profesor de español / quién

_______________________________

2. sillas / hay / cuántas

_______________________________

3. Luisa / adónde / va

_______________________________

4. cómo / ella / es

_______________________________

5. corren / dónde / ellos

_______________________________

6. con quién / habla / Margarita

_______________________________

## Lectura: Al centro comercial (pp. 188–189)

**A.** List four events that you think would take place at a special-event week in a shopping center near you.

1. ______________________ 3. ______________________
2. ______________________ 4. ______________________

**B.** According to the reading in your book, what are the dates for the event week at the Plaza del Sol? Write the answers in English below, next to the days of the week you are given.

Monday, ______________________ Friday, ______________________
Tuesday, ______________________ Saturday, ______________________
Wednesday, ______________________ Sunday, ______________________
Thursday, ______________________

**C.** Look at the word bank below. Choose which expression in English best matches with the words you are given and write it in the spaces provided.

| | | |
|---|---|---|
| **Andean music** | **Yoga class** | **Evening of jazz** |
| **Evening of tango** | **Photography show** | **Yoga performance** |

1. Música andina ______________________
2. Clase de yoga ______________________
3. Noche de jazz ______________________
4. Exposición de fotografía ______________________
5. Exhibición de yoga ______________________
6. Noche de tango ______________________

**D.** Read the description of Andean music and answer the questions that follow.

*El grupo Sol Andino toca música andina fusionada con bossa nova y jazz el lunes a las 8.00 P.M. Abierto al público.*

1. Circle the name of the group in the paragraph above.
2. What does this group fuse with its brand of Andean music?

______________________ and ______________________

3. Can the public attend this show? ______________________

## Lectura: Al centro comercial (*continued*)

**E.** Read the description of the yoga class and answer the questions that follow.

> *La práctica de yoga es todos los martes desde las 7.00 hasta las 9.00 P.M. La instructora Lucía Gómez Paloma enseña los secretos de esta disciplina. Inscríbase al teléfono 224-24-16. Vacantes limitadas.*

1. How long does the yoga class last? ______________________
2. What does the sequence of numbers 224-24-16 stand for? ______________________
3. Can anyone attend this class? ______________________
   Why or why not? ______________________

**F.** After looking through the readings in your textbook, you know that four events are

| | | | |
|---|---|---|---|
| **Música andina** | **Clase de yoga** | **Sábado flamenco** | **Clase de repostería** |

explained in detail. These events are listed below. You must choose which event goes with the descriptions you are given. Write the name of the event in the space provided.

1. ______________________ instructora Lucía Gómez Paloma
2. ______________________ guitarrista Ernesto Hermoza
3. ______________________ grupo Sol Andino
4. ______________________ la Repostería Ideal
5. ______________________ maestro Rudolfo Torres
6. ______________________ es el sábado a las 8.00 P.M.

## Presentación oral (p. 191)

**Task:** You and a partner will play the roles of a new student and a student who has been at school for awhile. This student must find out about the new student.

**A.** You will need to prepare the role of the student who has been at the school for awhile. On a separate sheet of paper, make a list of four questions you have for the new student. Then, think of a greeting to introduce yourself.

First question: Find out where the new student is from.
Second question: Find out what activities the new student likes to do.
Third question: Find out on what days of the week the student likes to do things.
Fourth question: Find out with whom the new student does these activities.

**B.** You will need to practice your conversation.

1. First, work on the greeting. See below for a model.

| | |
|---|---|
| EXPERIENCED STUDENT: | ¡Hola, amigo! Soy Ana María. ¿Cómo te llamas? |
| NEW STUDENT: | Me llamo Miguel Ángel. |

2. Now, you will need to put together your questions and answers in a conversation. Use the following as a model:

| | |
|---|---|
| EXPERIENCED STUDENT: | ¿De dónde eres, Miguel Ángel? |
| NEW STUDENT: | Soy de Barranquilla, Colombia. |
| EXPERIENCED STUDENT: | Bien. ¿Qué te gusta hacer en tu tiempo libre? |
| NEW STUDENT: | Me gusta ir al campo, nadar en el mar y caminar en las montañas. |
| EXPERIENCED STUDENT: | A mí también me gusta ir al campo. ¿Cuándo vas tú al campo? |
| NEW STUDENT: | Voy al campo los fines de semana. Me gusta caminar cuando estoy de vacaciones. |
| EXPERIENCED STUDENT: | ¿Y con quién vas al campo o a las montañas? |
| NEW STUDENT: | Voy con mi familia. |

3. Now work on a closing. Use the following as a model:

| | |
|---|---|
| EXPERIENCED STUDENT: | ¡Bueno, hasta luego Miguel Ángel! |
| NEW STUDENT: | ¡Nos vemos, Ana María! |

**C.** You will need to present your conversation. Make sure you do the following in your presentation:

_____ provide and obtain all the necessary information

_____ have no breaks in the conversation

_____ speak clearly

**Realidades 1** Nombre ______________________ Hora __________

**Capítulo 4B** Fecha ______________________ **Vocabulary Practice, Sheet 1**

Write the Spanish vocabulary word below each picture. If there is a word or phrase, copy it in the space provided. Be sure to include the article for each noun.

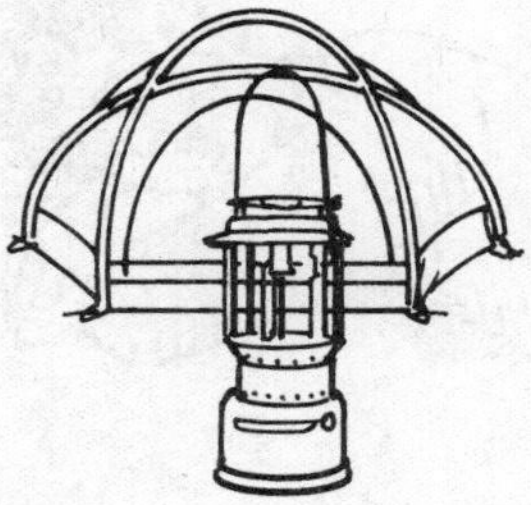

________ ________

________________

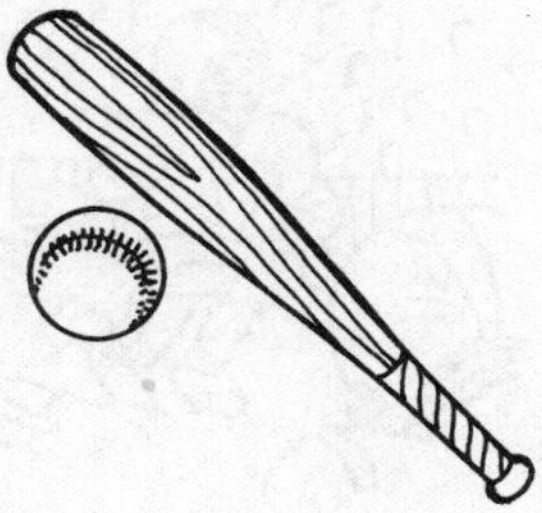

________________

________

________________

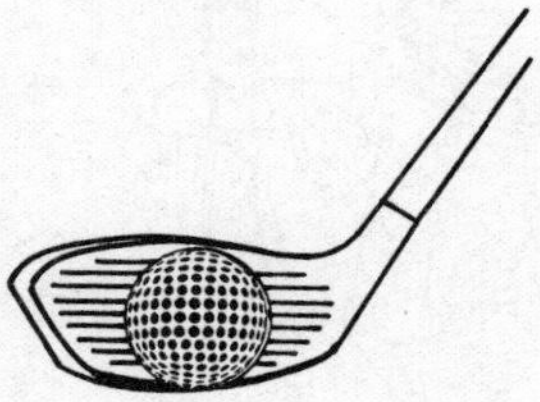

________________

________

________________

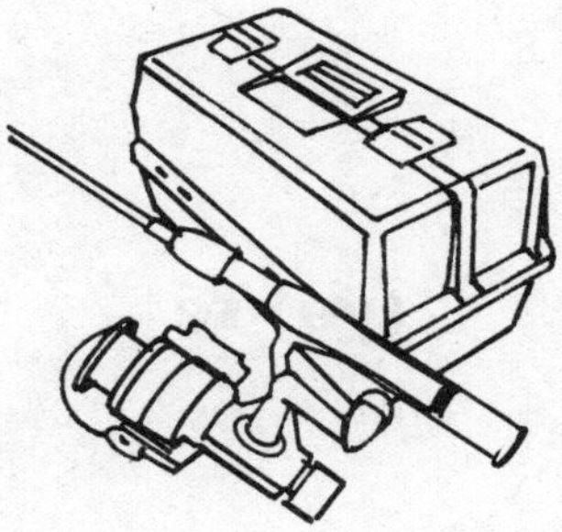

________ ________

________________

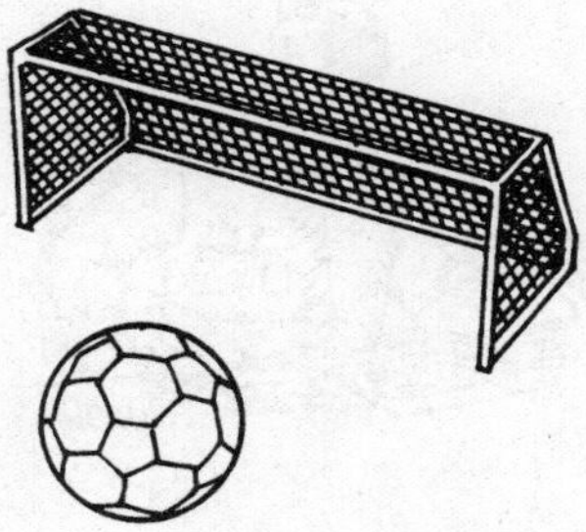

________________ ________

________________

________________ ________

________________

________________ ________

________________

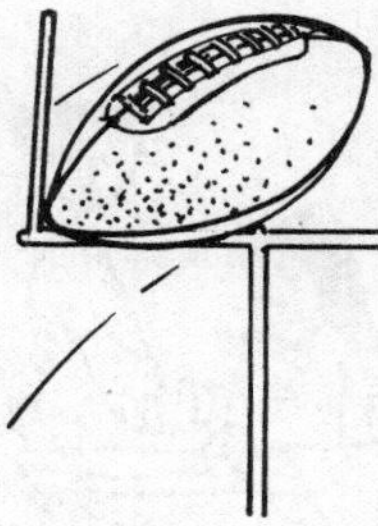

________________ ________

________________

________________ ________

________________

________

________

________

________

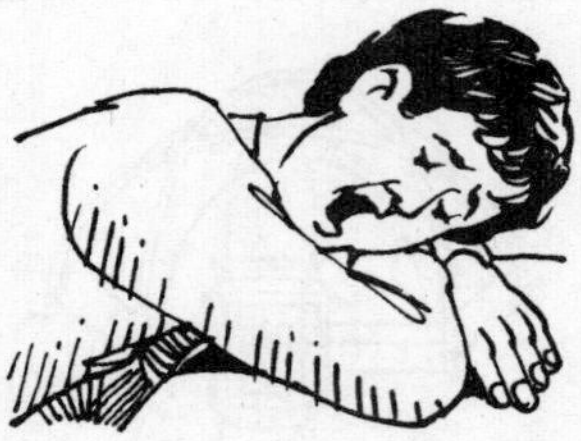

________,

________

________

________

________,

________

**(yo) sé**

________ ________

________

________

________

**(tú) sabes**

________

| | | |
|---|---|---|
| **contento, contenta**<br>________,<br>________ | **¿A qué hora?**<br>____ ____<br>________ | **de la mañana**<br>____ ____<br>________ |
| **enfermo, enferma**<br>________,<br>________ | **a la una**<br>____ ____<br>________ | **de la noche**<br>____ ____<br>________ |
| **mal**<br>________ | **a las ocho**<br>____ ____<br>________ | **de la tarde**<br>____ ____<br>________ |

| | | |
|---|---|---|
| **este fin de semana** | **conmigo** | **¡Ay! ¡Qué pena!** |
| **esta noche** | **contigo** | **¡Genial!** |
| **esta tarde** | **(yo) puedo** | **¡Qué buena idea!** |

Realidades 1

Capítulo 4B

Nombre ______________________ Hora ________

Fecha ______________________

**Vocabulary Practice, Sheet 5**

| | | |
|---|---|---|
| **¡Oye!** | **¿Te gustaría?** | **demasiado** |
| **lo siento** | **me gustaría** | **entonces** |
| **(yo) quiero** | **Tengo que...** | **un poco (de)** |

Nombre ______________________ Hora __________

Fecha ______________________

**Vocabulary Practice, Sheet 6**

| | | |
|---|---|---|
| **(tú) puedes** | **(tú) quieres** | **ir a +** ***infinitive*** |
| | | |
| | | |

Realidades 1 | Nombre ______ | Hora ______

Capítulo 4B | Fecha ______

**Vocabulary Check, Sheet 1**

Tear out this page. Write the English words on the lines. Fold the paper along the dotted line to see the correct answers so you can check your work.

el baile ______

el concierto ______

la fiesta ______

el partido ______

ir de cámping ______

ir de pesca ______

jugar al básquetbol ______

jugar al béisbol ______

jugar al fútbol ______

jugar al fútbol americano ______

jugar al golf ______

jugar al tenis ______

jugar al vóleibol ______

cansado, cansada ______

contento, contenta ______

Fold In ←

Tear out this page. Write the Spanish words on the lines. Fold the paper along the dotted line to see the correct answers so you can check your work.

dance ______

concert ______

party ______

game, match ______

to go camping ______

to go fishing ______

to play basketball ______

to play baseball ______

to play soccer ______

to play football ______

to play golf ______

to play tennis ______

to play volleyball ______

tired ______

happy ______

Fold In ←

Realidades 1 | Nombre ______ | Hora ______

Capítulo 4B | Fecha ______ | **Vocabulary Check, Sheet 3**

Tear out this page. Write the English words on the lines. Fold the paper along the dotted line to see the correct answers so you can check your work.

enfermo, enferma ______

ocupado, ocupada ______

triste ______

a la una ______

de la mañana ______

de la noche ______ ______

de la tarde ______

este fin de semana ______

esta noche ______

esta tarde ______

¡Ay! ¡Qué pena! ______

¡Genial! ______

lo siento ______

¡Qué buena idea! ______

Fold In

Tear out this page. Write the Spanish words on the lines. Fold the paper along the dotted line to see the correct answers so you can check your work.

sick ______
______

busy ______
______

sad ______

at one (o'clock) ______

in the morning ______

in the evening, at night ______

in the afternoon ______

this weekend ______
______

this evening ______

this afternoon ______

Oh! What a shame! ______

Great! ______

I'm sorry ______

What a good idea! ______

To hear a complete list of the vocabulary for this chapter, go to www.realidades.com and type in the Web Code jcd-0499. Then click on **Repaso del capítulo.**

Fold In ←

## *Ir* + *a* + infinitive (p. 206)

- You have already learned to use the verb **ir** (*to go*). To review, here are its forms, which are irregular.

| | | | |
|---|---|---|---|
| yo | **voy** | nosotros/nosotras | **vamos** |
| tú | **vas** | vosotros/vosotras | **vais** |
| usted/él/ella | **va** | ustedes/ellos/ellas | **van** |

- As you have learned, the infinitive is the basic form of the verb (**hablar, comer, leer,** etc.). It is equivalent to "to . . ." in English: *to talk, to eat, to read.*
- When you use **ir** + **a** with an infinitive, it means you or others are *going to do something* in the future. It is the same as "I am going to . . ." in English: **Voy a leer el libro. Vamos a ver la película.**

**A.** Review by writing the correct form of **ir** next to each subject pronoun.

1. tú ____
2. ellos ____
3. él ____
4. usted ____
5. ella ____
6. yo ____
7. ustedes ____
8. nosotras ____

**B.** Now complete each sentence with the correct form of **ir**.

1. Marta y Rosa ____ a estudiar esta tarde.
2. Yo ____ a jugar al tenis esta tarde.
3. Tú ____ a montar en monopatín mañana.
4. Nosotras ____ a bailar mañana.
5. Ustedes ____ a correr esta tarde.
6. Serena ____ a ir de cámping mañana.

**C.** Complete the exchanges with the correct form of **ir**.

1. LAURA: ¿Qué ____ a hacer este fin de semana?
   CARLOS: Yo ____ a jugar al golf.
2. ANA: ¿Qué ____ a hacer ustedes mañana?
   TOMÁS: Nosotros ____ a trabajar.
3. ERNESTO: ¿Qué ____ a hacer Susana hoy?
   RICARDO: Ella y yo ____ a ir al cine.



realidades.com
• Web Code: jcd-0413

## *Ir + a +* infinitive *(continued)*

**D.** Write questions with **ir + a + hacer**. Follow the models.

**Modelos** (tú) / hacer hoy

¿Qué *vas a hacer hoy* ?

(ellos) / hacer este fin de semana

¿Qué *van a hacer este fin de semana* ?

1. yo / hacer esta tarde

   ¿Qué ______________________________ ?
2. nosotros / hacer mañana

   ¿Qué ______________________________ ?
3. ustedes / hacer hoy

   ¿Qué ______________________________ ?
4. tú / hacer este fin de semana

   ¿Qué ______________________________ ?
5. ella / hacer esta mañana

   ¿Qué ______________________________ ?

**E.** Write sentences to say what the people shown are going to do tomorrow. Follow the model.

**Modelo**  Roberto

*Roberto va a jugar al béisbol.*

1.  Ana

   ______________________________
2.  Juan y José

   ______________________________
3.  tú

   ______________________________
4.  yo

   ______________________________

## The verb *jugar* (p. 208)

- **Jugar** (*to play a sport or game*) uses the regular **-ar** present tense endings.
- However, **jugar** does not use the same stem in all its forms. **Jugar** is a *stem-changing verb*. In most forms, it uses **jueg-** + the **-ar** endings. But in the **nosotros/nosotras, vosotros/vosotras** forms, it uses **jug-** + the **-ar** endings.
- Here are the forms of **jugar**:

| | | | |
|---|---|---|---|
| yo | **juego** | nosotros/nosotras | **jugamos** |
| tú | **juegas** | vosotros/vosotras | **jugáis** |
| usted/él/ella | **juega** | ustedes/ellos/ellas | **juegan** |

**A.** Circle the forms of **jugar** in each sentence. Underline the stem in each form of **jugar**.

1. Yo juego al tenis este fin de semana.
2. Ellos juegan al básquetbol esta noche.
3. Nosotros jugamos videojuegos mañana.
4. Ustedes juegan al golf este fin de semana.
5. Tú y yo jugamos al béisbol esta tarde.
6. Tú juegas al fútbol americano este fin de semana.
7. Ella juega al fútbol esta tarde.
8. Nosotras jugamos al vóleibol hoy.

**B.** Now, write the forms of **jugar** you circled in **part A**. Put them in the corresponding rows of the table. The first one has been done for you.

| Subject pronoun | Form of *jugar* |
|---|---|
| 1. yo | *juego* |
| 2. ellos | |
| 3. nosotros | |
| 4. ustedes | |
| 5. tú y yo | |
| 6. tú | |
| 7. ella | |
| 8. nosotras | |



realidades.com
• Web Code: jcd-0414

## The verb *jugar* (*continued*)

**C.** Write questions with **jugar**. Follow the model.

**Modelo** usted

*¿A qué juega?*

1. tú ____
2. nosotros ____
3. yo ____
4. ella ____
5. tú y yo ____
6. ustedes ____

**D.** Now write sentences to say what people are playing. Follow the model.

**Modelo**  Eduardo

*Eduardo juega al fútbol.*

1.  Rosa y Ana ____
2.  nosotros ____
3.  yo ____
4.  tú ____
5. 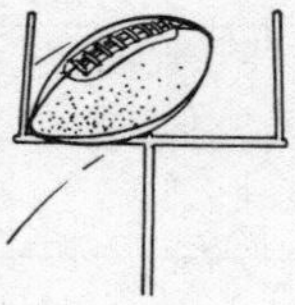 ustedes ____





realidades.com
• Web Code: jcd-0414

## Lectura: Sergio y Lorena: El futuro de golf (pp. 212–213)

**A.** A list of personal information is given about each golfer in your textbook reading. Below are several of the categories for each piece of information. Write what you think is the English word for each category below.

1. Nombre ______
2. Fecha de nacimiento ______
3. Lugar de nacimiento ______
4. Su objetivo ______
5. Profesional ______
6. Universidad ______

**B.** Look at the list of **aficiones** (*interests*) for each golfer below. Then, answer the questions that follow.

SERGIO: Real Madrid, tenis, fútbol, videojuegos
LORENA: básquetbol, tenis, bicicleta de montaña, correr, nadar, comida italiana

1. What one interest do both golfers share? ______
2. What interest does Sergio have that is not a sport? ______
3. What interest does Lorena have that is not a sport? ______

**C.** Look at the following sentences from the reading. Circle **S** if they are about Sergio and **L** if they are about Lorena.

1. **S L** Juega para el Club de Campo del Mediterráneo en Borriol.
2. **S L** Es la mejor golfista de México.
3. **S L** Su padre Víctor es golfista profesional.
4. **S L** Juega el golf desde la edad de tres años.
5. **S L** Quiere ser la golfista número uno.
6. **S L** A la edad de 17 años gana su primer torneo de profesionales.

**D.** Now, answer the questions about the two golfers from the reading. Write in either **Lorena**, **Sergio**, or **both** depending on the best answer.

1. Who was born in 1980? ______
2. Who is from Spain? ______
3. Who likes soccer? ______
4. Who likes tennis? ______
5. Who went to the University of Arizona? ______
6. Who wants to be the best golfer in the world? ______

## Presentación escrita (p. 215)

**Task:** Pretend you want to invite a friend to an upcoming special event on your calendar. You will need to write one invitation to that friend and anyone else you want to invite.

**1 Prewrite.** Think about what event you want to attend. Fill in the information below about the event.

Name of event: ______________________

When (day and time): ______________________

Where: ______________________

Who is going: ______________________

**2 Draft.** Use the information from **step 1** to write a first draft of your invitation on a separate sheet of paper. See below for a model.

> *¡Hola amigos!*
> *Quiero invitarlos a una noche de baile caribeño en la sala de reuniones de la iglesia. La fiesta va a ser de las siete de la tarde hasta las once de la noche, el viernes, el cinco de mayo.*
> *Quiero verlos a todos ustedes allí.*
> *Su amiga,*
> *Melisa*

**3 Revise.**

**A.** Read your note and check for the following:

_____ Is the spelling correct? (Consult a dictionary if you are not sure.)

_____ Did you use verbs correctly?

_____ Is all the necessary information included?

_____ Is there anything you should add or change?

**B.** Rewrite your invitation if there were any problems.

**4 Publish.** Write a final copy of your invitation, making any necessary changes. Be sure to write or type neatly, as others will need to read your writing. You may also add a border decoration.

Write the Spanish vocabulary word below each picture. If there is a word or phrase, copy it in the space provided. Be sure to include the article for each noun.

Realidades 1 | Nombre ____ | Hora ____

Capítulo 5A | Fecha ____

## Vocabulary Flash Cards, Sheet 2

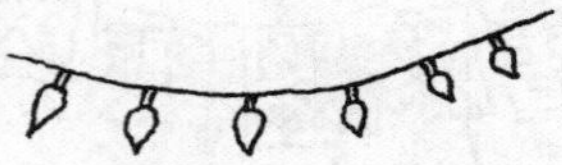

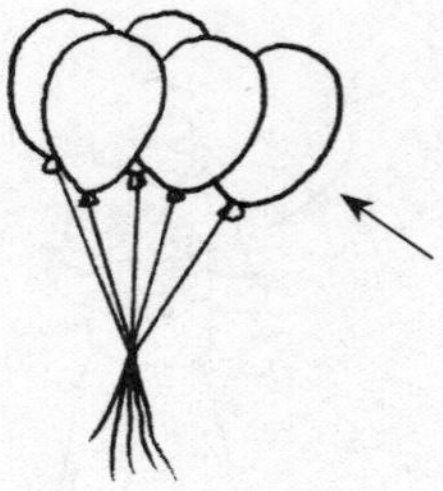

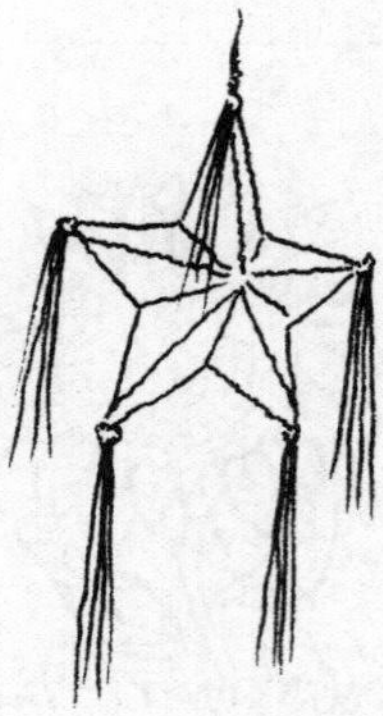

**el cumpleaños**

**el esposo**

**la esposa**

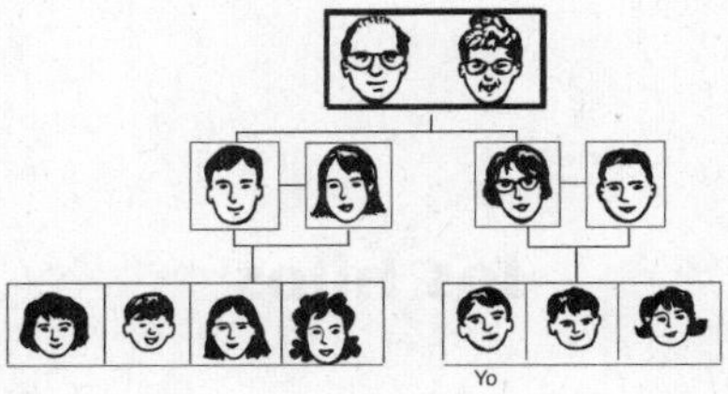


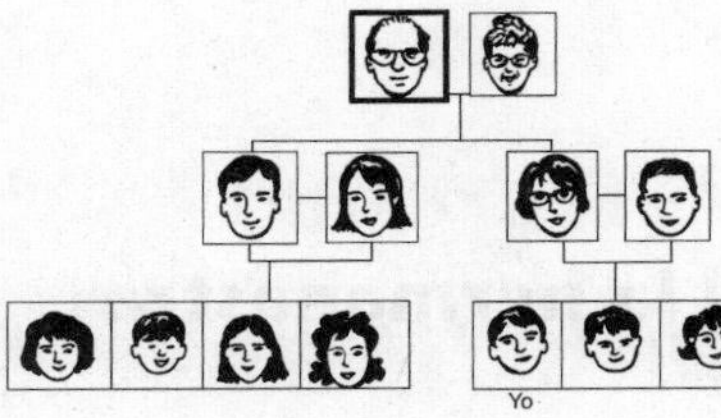


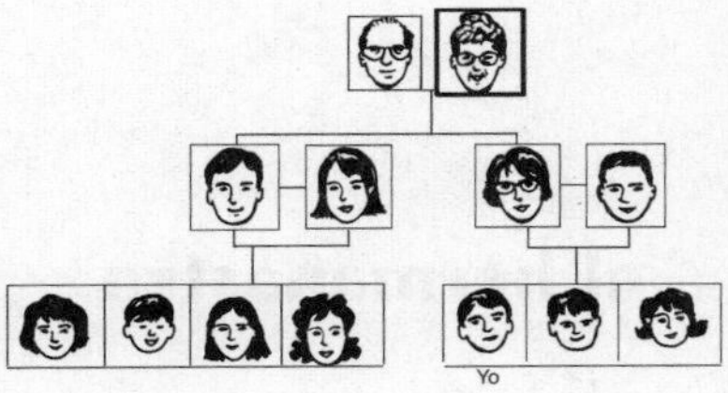


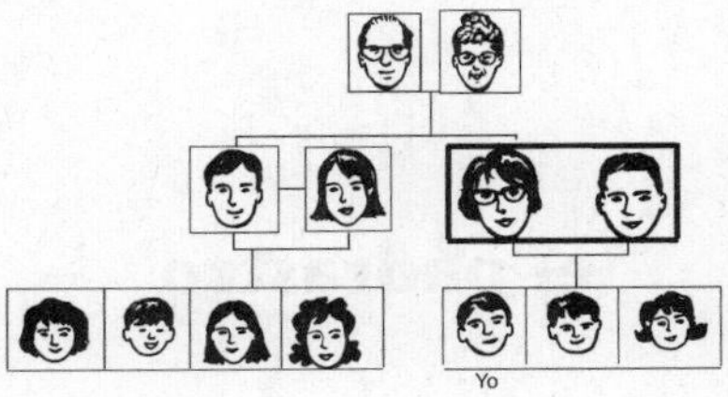


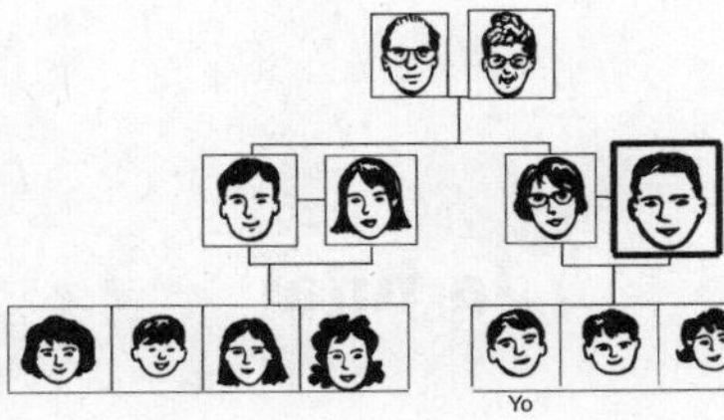


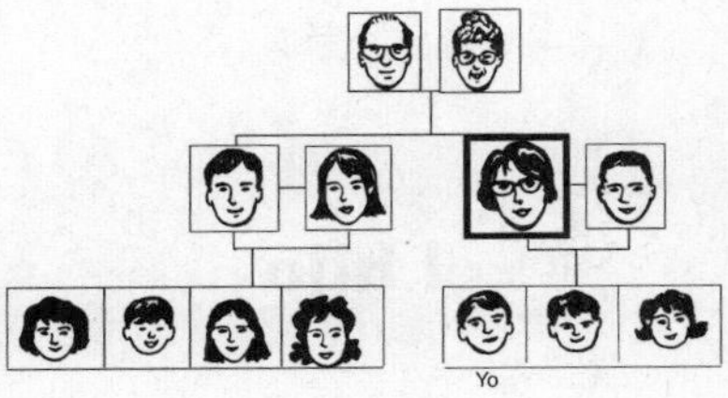

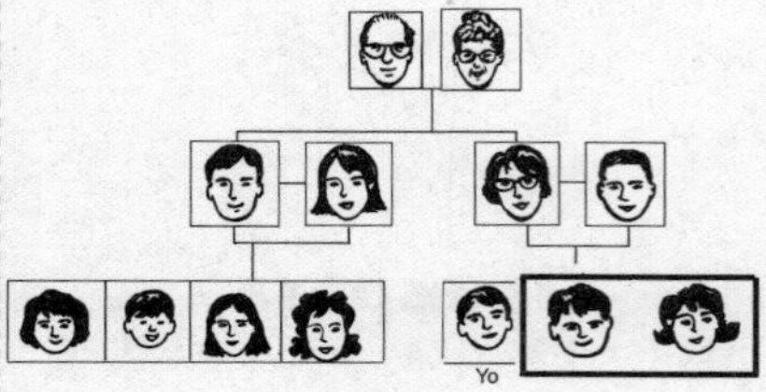


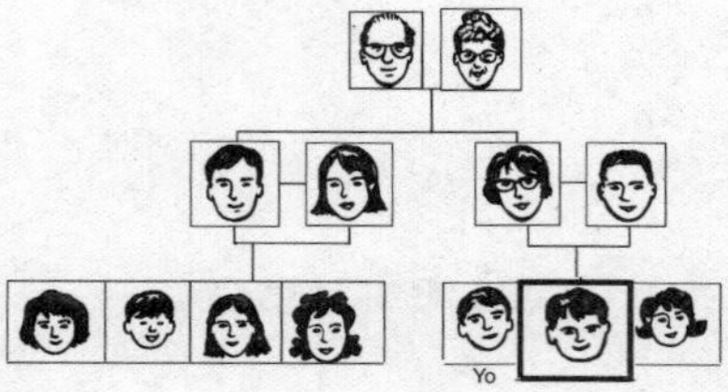


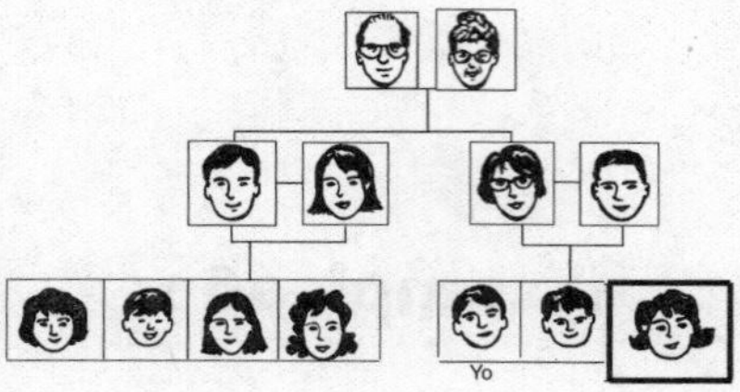


**el hermanastro**

**la hermanastra**

**los hijos**

**el hijo**

**la hija**

**el padrastro**

**la madrastra**

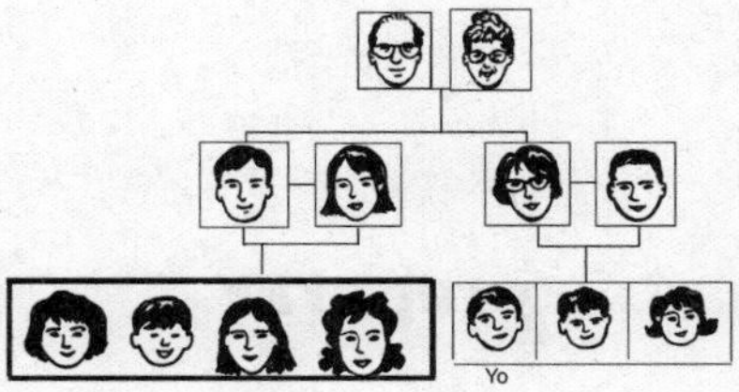


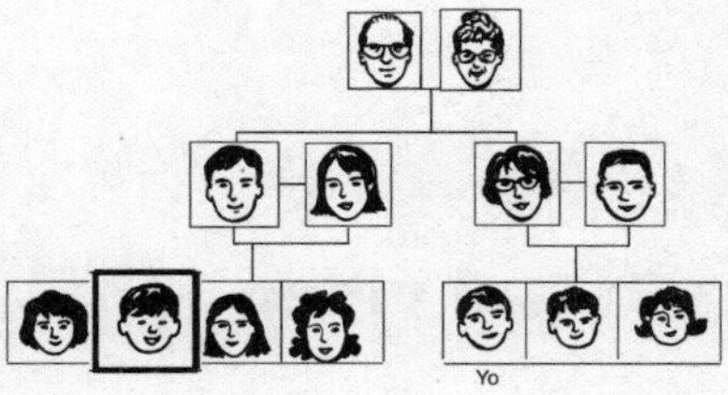


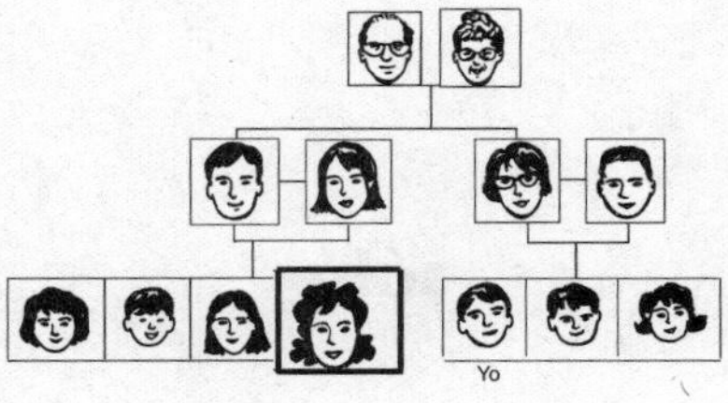


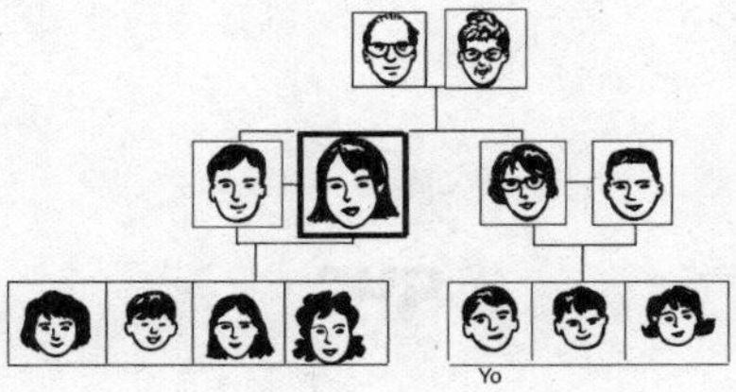


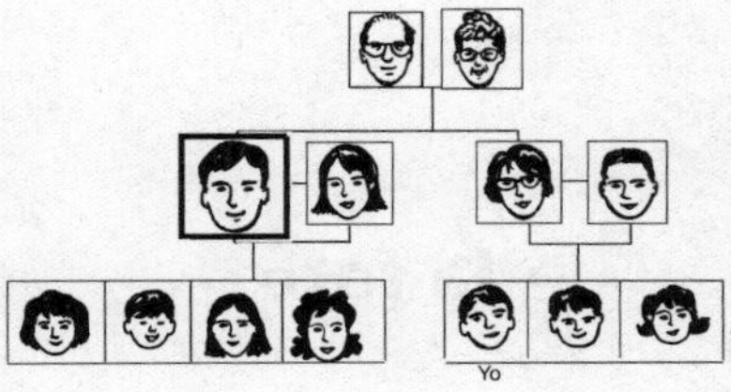


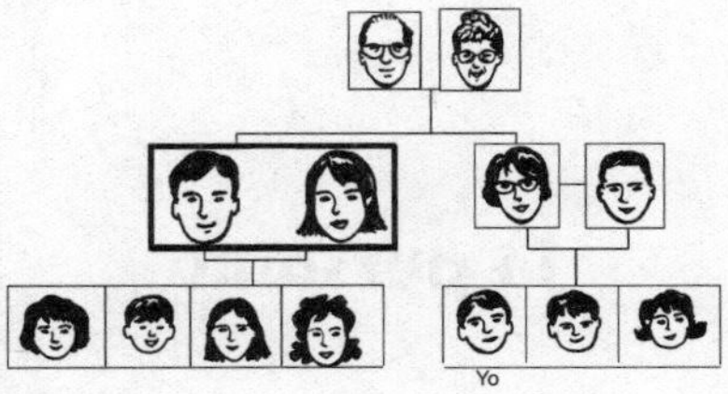


**¡Feliz cumpleaños!**

**celebrar**

Nombre ____________ Hora ____________

Fecha ____________

**Vocabulary Flash Cards, Sheet 6**

| | | |
|---|---|---|
| **el video** | **preparar** | **sacar fotos** |
| **la foto** | **que** | **sólo** |
| **mayor, mayores** | **menor, menores** | **la persona** |

Tear out this page. Write the English words on the lines. Fold the paper along the dotted line to see the correct answers so you can check your work.

el abuelo ______

la abuela ______

el hermano ______

la hermana ______

el hijo ______

la hija ______

el padre (papá) ______

la madre (mamá) ______

el primo ______

la prima ______

el tío ______

la tía ______

la persona ______

el gato ______

el perro ______

Fold In ←

Tear out this page. Write the Spanish words on the lines. Fold the paper along the dotted line to see the correct answers so you can check your work.

grandfather ______

grandmother ______

brother ______

sister ______

son ______

daughter ______

father ______

mother ______

cousin (*male*) ______

cousin (*female*) ______

uncle ______

aunt ______

person ______

cat ______

dog ______

Fold In ←

Nombre ______ Hora ______

Fecha ______

**Vocabulary Check, Sheet 3**

Tear out this page. Write the English words on the lines. Fold the paper along the dotted line to see the correct answers so you can check your work.

abrir ______

celebrar ______

decorar ______

hacer un video ______

romper ______

sacar fotos ______

la cámara ______

¡Feliz cumpleaños! ______

______

los dulces ______

la flor, *pl.* las flores ______

el globo ______

la luz, *pl.* las luces ______

el papel picado ______

______

el pastel ______

el regalo ______

Fold In ←

Nombre ______________________ Hora __________

Fecha ______________________

## Vocabulary Check, Sheet 4

Tear out this page. Write the Spanish words on the lines. Fold the paper along the dotted line to see the correct answers so you can check your work.

to open ____________________

to celebrate ____________________

to decorate ____________________

to videotape ____________________

to break ____________________

to take pictures ____________________

camera ____________________

Happy birthday! ____________________
____________________

candy ____________________

flower ____________________

balloon ____________________

light ____________________

cut-paper decorations ____________________

cake ____________________

gift, present ____________________

Fold In ←

To hear a complete list of the vocabulary for this chapter, go to www.realidades.com and type in the Web Code jcd-0589. Then click on **Repaso del capítulo.**

# The verb *tener* (p. 228)

- You have already learned some forms of the verb **tener** (*to have*): **tengo, tienes.**
- **Tener** is an irregular verb. Here are its forms.

| | | | |
|---|---|---|---|
| yo | **tengo** | nosotros/nosotras | **tenemos** |
| tú | **tienes** | vosotros/vosotras | **tenéis** |
| usted/él/ella | **tiene** | ustedes/ellos/ellas | **tienen** |

**A.** Write the correct form of **tener** next to each subject pronoun.

1. él ________________
2. usted ________________
3. ellos ________________
4. nosotras ________________
5. yo ________________
6. tú ________________

- **Tener** is used to show relationship or possession.
  **Tengo** dos hermanas. — ***I have*** *two sisters.*
  **Tienes** una bicicleta. — ***You have*** *a bicycle.*
- **Tener** is also used to express age, hunger, and thirst.
  **Tengo** catorce años. — ***I am*** *fourteen years old.*
  **Tengo** hambre. — ***I am*** *hungry.*
  **Tengo** sed. — ***I am*** *thirsty.*

**B.** Read each numbered sentence with **tener**. Then write the number of that sentence in the correct column in the chart, depending on whether **tener** is used to express possession, age, thirst/hunger, or relationship. Follow the model.

| possession | age | thirst/hunger | relationship |
|---|---|---|---|
| | # | | |

1. ¿Cuántos años tiene tu tío?
2. Nosotras tenemos diez primos.
3. ¿Tiene sed tu padre?
4. Mi hermana tiene tres años.
5. Yo tengo un regalo para mi abuela.
6. Mis primos tienen mucha hambre.

**C.** Now look at the following sentences and write in the missing forms of **tener**.

1. Mi prima Ana ________________ once años.
2. Yo ________________ un regalo para mi tía.
3. Mis hermanos ________________ mucha hambre.
4. Nosotros ________________ tres gatos.
5. ¿Cuántos años ________________ tu padre?
6. ¿ ________________ sed tu hermano?



realidades.com
• Web Code: jcd-0504

**D.** Look at the family tree. Write forms of **tener** to complete each sentence below it.

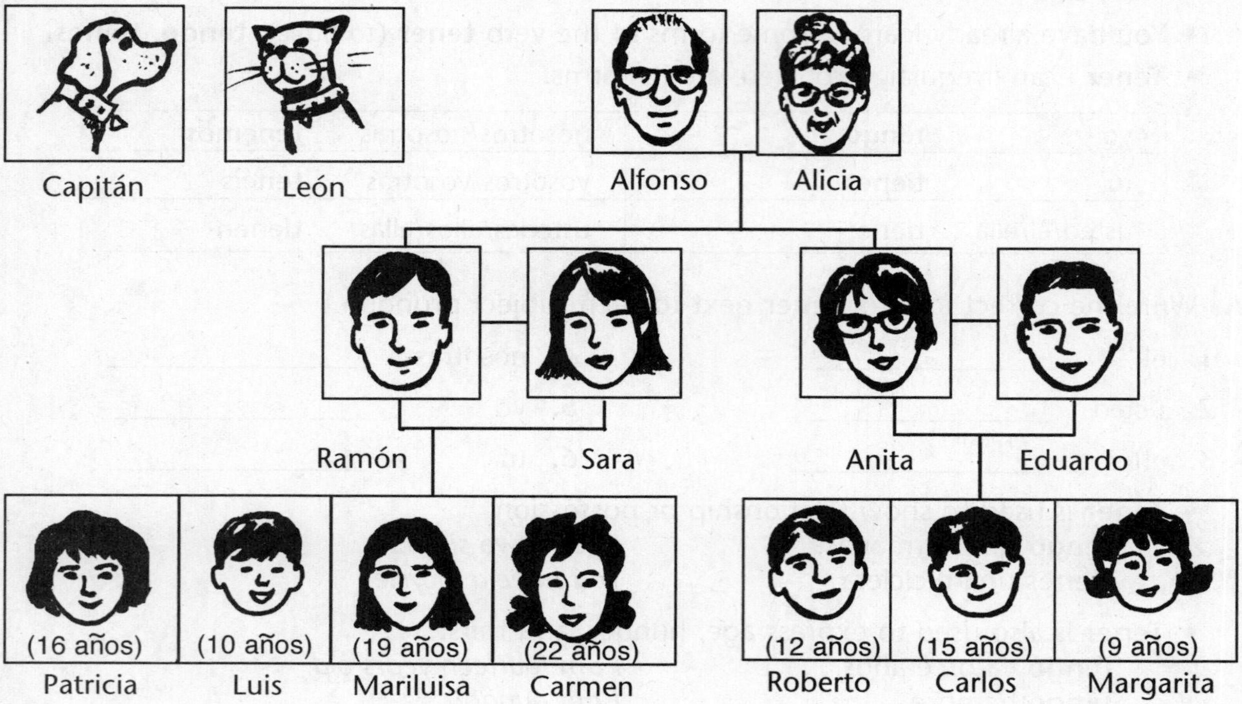


1. Patricia ______________ tres primos.
2. Alfonso y Alicia ______________ siete nietos.
3. Carlos ______________ un tío.
4. Mariluisa, tú ______________ tres hermanos.
5. Roberto y Carlos ______________ una hermana.
6. Nosotros ______________ un perro y un gato.

**E.** Now, answer the following questions in complete sentences.

1. ¿Cuántos años tienes?

   Yo ______________________________.
2. ¿Cuántos hermanos tienes?

   Yo ______________________________.
3. ¿Tienes sed?

   Sí / No, ______________________________.
4. ¿Tienes hambre?

   Sí / No, ______________________________.

## Possessive adjectives (p. 232)

- Possessive adjectives are used to indicate who owns what and to show relationships.
- In English, *my, your, his, her, our,* and *their* are possessive adjectives.

| | | | |
|---|---|---|---|
| yo | **mi/mis** | nosotros<br>nosotras | **nuestro/nuestros**<br>**nuestra/nuestras** |
| tú | **tu/tus** | vosotros<br>vosotras | **vuestro/vuestros**<br>**vuestra/vuestras** |
| usted/él/ella | **su/sus** | ustedes/ellos/ellas | **su/sus** |

- Spanish possessive adjectives, just like other adjectives, change their endings to reflect number. The **nosotros** and **nosotras** forms (**nuestro, nuestra, nuestros, nuestras**) also change to reflect gender.

**mi** herman**o** / **mis** herman**os**
**mi** hij**a** / **mis** hij**as**
**tu** flor / **tus** flor**es**

BUT:
nuestr**o** tí**o** / nuestr**os** tí**os**
nuestr**a** tí**a** / nuestr**as** tí**as**

**A.** Look at each noun. Write **S** if the noun is singular and **P** if it is plural.

1. _____ primo
2. _____ regalos
3. _____ hijas
4. _____ flor
5. _____ pastel
6. _____ tío
7. _____ globos
8. _____ familias

**B.** Now, circle the correct possessive adjective for each of the nouns from **part A**.

1. ( **mi / mis** ) primo
2. ( **su / sus** ) regalos
3. ( **tu / tus** ) hijas
4. ( **mi / mis** ) flor
5. ( **tu / tus** ) pastel
6. ( **mi / mis** ) tío
7. ( **su / sus** ) globos
8. ( **tu / tus** ) familias

**C.** Write **mi** in front of each singular noun and **mis** in front of each plural noun.

1. ________________ piñata
2. ________________ hermanos
3. ________________ regalos
4. ________________ flores



realidades.com
• Web Code: jcd-0505

## Possessive adjectives (continued)

**D.** Look at each noun. Circle **S** if it is singular and **P** if it is plural. Circle **M** if it is masculine and **F** if it is feminine. Follow the model.

**Modelo** pasteles ( S / (P) ) and ( (M) / F )

1. decoraciones ( S / P ) and ( M / F )
2. hijos ( S / P ) and ( M / F )
3. gato ( S / P ) and ( M / F )
4. flores ( S / P ) and ( M / F )
5. luz ( S / P ) and ( M / F )
6. globos ( S / P ) and ( M / F )

**E.** Below are the nouns from **part D**. Write **nuestro, nuestra, nuestros**, or **nuestras** in front of each one. Follow the model.

**Modelo** *nuestros* pasteles

1. ______ decoraciones
2. ______ hijos
3. ______ gato
4. ______ flores
5. ______ luz
6. ______ globos

**F.** Circle the correct word to complete each sentence.

1. Tenemos ( **nuestros / nuestras** ) decoraciones en el coche.
2. Voy a la fiesta con ( **mi / mis** ) abuelos.
3. Aquí tienes ( **tu / tus** ) regalo.
4. Alicia va a hacer una piñata con ( **su / sus** ) hermano.
5. ( **Nuestro / Nuestra** ) familia saca muchas fotos en las fiestas.
6. Ella va a la fiesta con ( **su / sus** ) perro.

**G.** Write the correct form of the possessive adjective indicated to complete each sentence. Follow the models.

**Modelos** nuestro: Ella es *nuestra* tía.
mi: Roberto y Luis son *mis* primos.

1. tu: Elena y Margarita son ______ hermanas.
2. mi: León es ______ perro.
3. nuestro: Ellos son ______ primos.
4. su: Adela es ______ abuela.
5. su: Adela y Hernando son ______ abuelos.
6. nuestro: Roberto es ______ hijo.
7. nuestro: Lidia y Susana son ______ tías.





realidades.com
• Web Code: jcd-0505

## Lectura: Mis padres te invitan a mi fiesta de quince años (pp. 238–239)

**A.** Part of the reading in your textbook is an invitation to a special birthday celebration. Before skimming the reading, write four pieces of information you would expect to find on an invitation to such a party.

1. ____
2. ____
3. ____
4. ____

*Felipe Rivera López*
*y Guadalupe Treviño Ibarra*
*esperan el honor de su asistencia*
*el sábado, 15 de mayo de 2004*
*para celebrar los quince años de su hija*
*María Teresa Rivera Treviño.*

**B.** Read through the text of the first part of the invitation (top right). Complete the following.

1. Circle the day of the week in the paragraph above.
2. Underline the date of the party.
3. What is the daughter's full name? ____

*Misa*
*a las cuatro de la tarde*
*Iglesia Nuestra Señora de Guadalupe*
*2374 Avenida Linda Vista, San Diego, California*
*Recepción y cena-baile a las seis de la tarde*
*Restaurante Luna*
*7373 Calle Florida, San Diego, California*

**C.** Now, read the second part of the invitation and answer the questions below.

1. Write the times that each of the following takes place:
   **(a)** the Mass ____ **(b)** the reception ____
2. What will people be doing at the reception? ____
3. At what kind of place will the reception be held? ____

**D.** Now look back at **part A**. Did you find all of the information you were looking for in the reading? Fill in the simple facts of the reception below.

For whom: ____
Time: ____
Date: ____
Location: ____



realidades.com
• Web Code: jcd-0506

## Presentación oral (p. 241)

**Task:** Pretend you are living with a host family in Chile. They want to know about your family back home. Show them photographs of two family members and talk about the people shown.

**A.** You will need to have brought in two family photos or "created" photos from an imaginary family by using pictures from a magazine. Use the chart below to organize what you want to say about each person. Follow the model and write similar information about your family members.

| Nombre | Es mi... | Edad | Actividad favorita |
|---|---|---|---|
| *Isabel* | *hermana menor* | *9 años* | *le gusta cantar* |
| | | | |
| | | | |

**B.** Since you will be presenting the information above orally, you will need to put everything into complete sentences. Read the model below to get you started. Be sure to practice speaking clearly when you read the model.

> *Se llama Isabel. Ella es mi hermana menor. Tiene nueve años. A Isabel le gusta cantar. Es muy artística.*

**C.** Fill in the spaces below with the information you gathered from **part A**. Make sure you provide all the information you listed about each person.

**Person 1:** Se llama ________________. ( **Él / Ella** ) es mi ________________.
Tiene ________________ años. A ________________ le gusta ________________.
Es ________________.

**Person 2:** Se llama ________________. ( **Él / Ella** ) es mi ________________.
Tiene ________________ años. A ________________ le gusta ________________.
Es ________________.

**D.** Practice your presentation with the photos.
Remember to:

_____ provide all the information on each family member.
_____ use complete sentences.
_____ speak clearly.

**Realidades 1** Nombre ______ Hora ______

**Capítulo 5B** Fecha ______ **Vocabulary Flash Cards, Sheet 1**

Write the Spanish vocabulary word below each picture. If there is a word or phrase, copy it in the space provided. Be sure to include the article for each noun.

## Vocabulary Flash Cards, Sheet 2

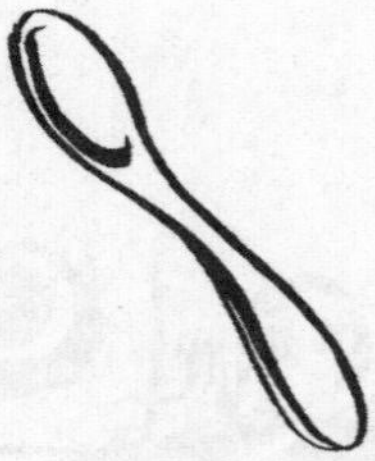

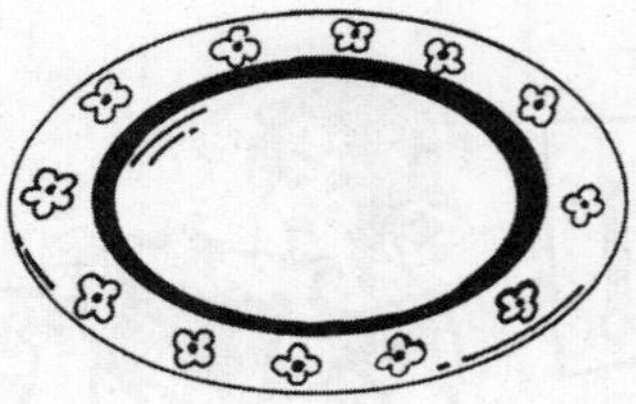

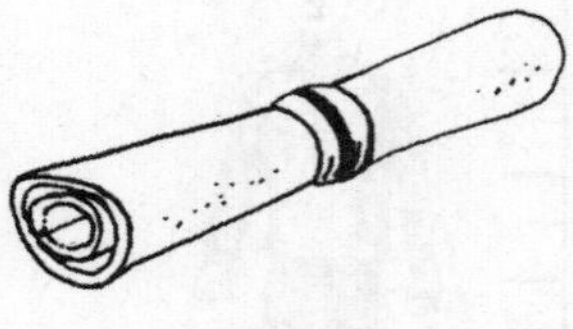

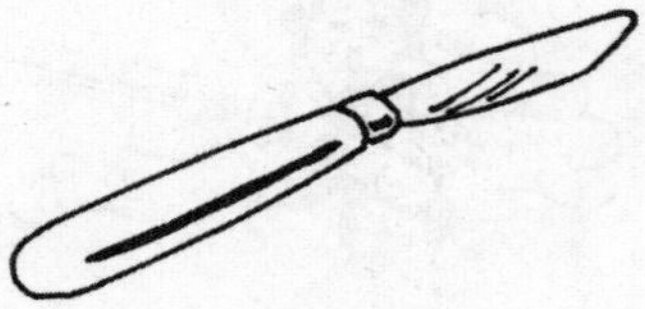

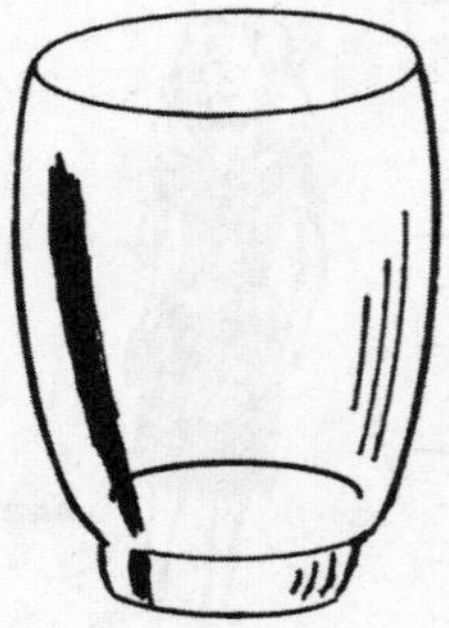

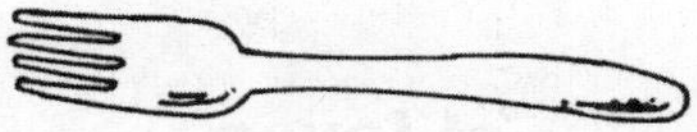

traer

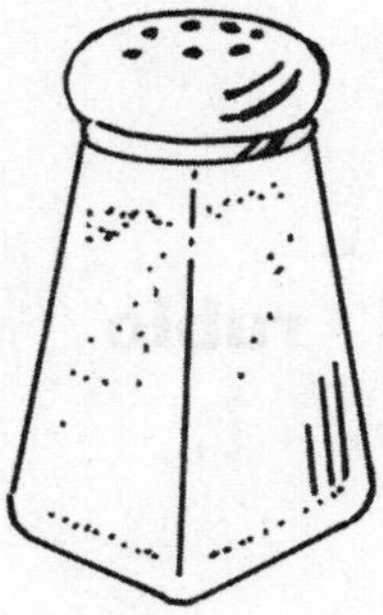

el plato principal

| | | |
|---|---|---|
| **corto, corta** ________, ________ | **guapo, guapa** ________, ________ | **el joven** ________ ________ |
| **la joven** ________ ________ | **el pelo** ________ ________ | **canoso** ________ |
| **castaño** ________ | **negro** ________ | **rubio** ________ |

Nombre ____________ Hora ____________

Fecha ____________

**Vocabulary Flash Cards, Sheet 5**

| | | |
|---|---|---|
| **pelirrojo, pelirroja**<br>____________,<br>____________ | **delicioso, deliciosa**<br>____________,<br>____________ | **desear**<br>____________ |
| **pedir**<br>____________ | **rico, rica**<br>____________,<br>____________ | **Me falta(n)...**<br>______<br>____________ |
| **Quisiera...**<br>____________ | **ahora**<br>____________ | **¿Algo más?**<br>____________<br>____________ |

Nombre ______________________ Hora ______________

Fecha ______________________

**Vocabulary Flash Cards, Sheet 6**

| | | |
|---|---|---|
| **De nada.**<br>______<br>______________ | **otro, otra**<br>______________,<br>______________ | **¿Me trae...?**<br>______<br>______________ |
| **Le traigo...**<br>______<br>______________ | **¡Qué...!**<br>______________ | **largo, larga**<br>______<br>______________ |
| **yo traigo**<br>______<br>______________ | **el joven**<br>___ __________ | **de postre**<br>___ __________ |

Nombre ____________________ Hora ____________

Fecha ____________________

**Vocabulary Check, Sheet 1**

Tear out this page. Write the English words on the lines. Fold the paper along the dotted line to see the correct answers so you can check your work.

el hombre ____________________

la mujer ____________________

corto, corta ____________________

joven ____________________

largo, larga ____________________

viejo, vieja ____________________

el pelo ____________________

canoso ____________________

castaño ____________________

negro ____________________

rubio ____________________

pelirrojo, pelirroja ____________________

desear ____________________

pedir ____________________

el plato principal ____________________

Fold In ←

Realidades 1 | Nombre ____________ | Hora ____________

Capítulo 5B | Fecha ____________ | **Vocabulary Check, Sheet 2**

Tear out this page. Write the Spanish words on the lines. Fold the paper along the dotted line to see the correct answers so you can check your work.

man ____________

woman ____________

short (length) ____________

young ____________

long ____________

old ____________

hair ____________

gray ____________

brown (chestnut) ____________

black ____________

blond ____________

red-haired ____________
____________

to want ____________

to order ____________

main dish ____________
____________

Fold In ←

Nombre ______ Hora ______

Fecha ______

**Vocabulary Check, Sheet 3**

Tear out this page. Write the English words on the lines. Fold the paper along the dotted line to see the correct answers so you can check your work.

| | |
|---|---|
| el postre | ______ |
| rico, rica | ______ |
| el azúcar | ______ |
| la cuchara | ______ |
| el cuchillo | ______ |
| la pimienta | ______ |
| el plato | ______ |
| la sal | ______ |
| la servilleta | ______ |
| la taza | ______ |
| el tenedor | ______ |
| el vaso | ______ |
| el camarero | ______ |
| la camarera | ______ |
| la cuenta | ______ |
| el menú | ______ |

Fold In ←

**Realidades 1** Nombre ______ Hora ______

**Capítulo 5B** Fecha ______ **Vocabulary Check, Sheet 4**

Tear out this page. Write the Spanish words on the lines. Fold the paper along the dotted line to see the correct answers so you can check your work.

dessert ______

rich, tasty ______

sugar ______

spoon ______

knife ______

pepper ______

plate, dish ______

salt ______

napkin ______

cup ______

fork ______

glass ______

waiter ______

waitress ______

bill ______

menu ______

To hear a complete list of the vocabulary for this chapter, go to www.realidades.com and type in the Web Code jcd-0599. Then click on **Repaso del capítulo.**

Fold In ←

## The verb *venir* (p. 256)

- The forms of **venir** are similar to the forms of **tener** that you just learned. Notice that the **yo** forms of both verbs end in **-go**.

| | | | |
|---|---|---|---|
| yo | **vengo** | nosotros/nosotras | **venimos** |
| tú | **vienes** | vosotros/vosotras | **venís** |
| usted/él/ella | **viene** | ustedes/ellos/ellas | **vienen** |

**A.** Circle all the forms of **venir** you see in this conversation.

RAÚL: ¿Vienes a la fiesta?
ANA: Si, vengo a las ocho y media.
Mis padres vienen también.
RAÚL: Muy bien. Mis amigos no vienen, pero mi hermano sí viene.
ANA: ¿Cuándo vienen?
RAÚL: Venimos a las nueve.

**B.** Now, write the forms of **venir** that you circled in **part A** in the correct row of the table. Write only one form of **venir** for each subject pronoun. The first one has been done for you.

| Subject pronoun | Form of *venir* |
|---|---|
| **1.** yo | |
| **2.** tú | *Vienes* |
| **3.** usted/él/ella | |
| **4.** nosotros | |
| **5.** ustedes/ellos/ellas | |

**C.** Complete the following conversation by circling the correct forms of **venir**.

ISABEL: ¿( **Vienes / Vienen** ) ustedes a la fiesta?
MÍA: Sí, Marcos y yo ( **vienen / venimos** ). Pero Luis no ( **vienes / viene** ).
ISABEL: ¿Por qué no ( **viene / vengo** ) Luis?
MÍA: Tiene que trabajar. ¿( **Venimos / Vienes** ) tú?
ISABEL: Sí. ( **Vengo / Vienen** ) a las ocho.
MÍA: ¡Qué bien! Nosotros ( **venimos / vienes** ) a las ocho también.

- **Venir** is used to say that someone is coming to a place or an event.

**D.** Write forms of **venir** to say when people are coming to the party.

1. Nosotras ______________ a las ocho y cuarto.
2. Tú ______________ a las nueve menos cuarto.
3. Elena y Olga ______________ a las nueve y media.
4. Yo ______________ a las ocho.
5. Marcos ______________ a las diez y cuarto.
6. Usted ______________ a las diez menos cuarto.
7. Ustedes ______________ a las diez.

**E.** This agenda shows when people have appointments. Complete each sentence to say when each person is coming. Follow the model.

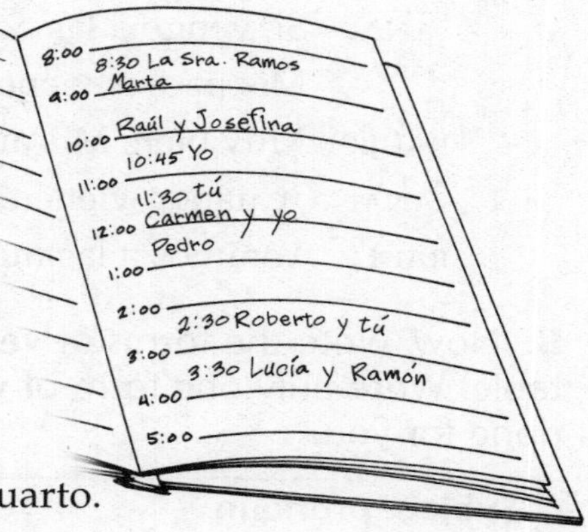


**Modelo** *La Sra. Ramos viene* a las ocho y media.

1. ________________________ a las nueve.
2. ________________________ a las diez.
3. ________________________ a las once menos cuarto.
4. ________________________ a las once y media.
5. ________________________ a las doce.
6. ________________________ a la una.
7. ________________________ a las dos y media.
8. ________________________ a las tres y media.

**F.** Answer each question by completing the sentences. Follow the model.

**Modelo** ¿A qué hora vienes a la clase de español?

Yo *vengo* a la clase de español *a las diez y media*.

1. ¿A qué hora vienes a la escuela?

   Yo ______________ a la escuela ______________.

2. ¿A qué hora vienes a la clase de español?

   Yo ______________ a la clase de español ______________.

3. ¿A qué hora vienes a casa?

   Yo ______________ a casa ______________.

## The verbs *ser* and *estar* (p. 258)

- There are two Spanish verbs that mean "to be": **ser** and **estar**.
- Review their forms in the present tense.

| ser | | | |
|---|---|---|---|
| yo | **soy** | nosotros/nosotras | **somos** |
| tú | **eres** | vosotros/vosotras | **sois** |
| usted/él/ella | **es** | ustedes/ellos/ellas | **son** |

| estar | | | |
|---|---|---|---|
| yo | **estoy** | nosotros/nosotras | **estamos** |
| tú | **estás** | vosotros/vosotras | **estáis** |
| usted/él/ella | **está** | ustedes/ellos/ellas | **están** |

**A.** Circle the form of **ser** or **estar** that is used in each sentence.

1. Mi madre es profesora.
2. Ellas son de México.
3. Las decoraciones están en mi casa.
4. Nosotras somos artísticas.
5. Yo estoy enferma.
6. Los libros están en la mesa.
7. Tú estás en la oficina.
8. Yo soy la prima de Ana.

**B.** Look at the forms of **ser** and **estar** that you circled in **part A**. Decide why **ser** or **estar** was used in each. Write the reason using the chart in the explanation on page 258 in your textbook to find the reason why **ser** or **estar** was used in each sentence. Write each reason in the right-hand side of the chart. The first one has been done for you.

| Forms of *ser* and *estar* | Reason |
|---|---|
| 1. *es* | *who a person is* |
| 2. | |
| 3. | |
| 4. | |
| 5. | |
| 6. | |
| 7. | |
| 8. | |



realidades.com
• Web Code: jcd-0514

## The verbs *ser* and *estar* (continued)

**C.** Circle the correct form of the verb **ser** in each sentence.

1. Mis padres ( **son / somos** ) profesores.
2. Yo ( **soy / eres** ) muy atrevida.
3. La comida ( **es / eres** ) de un restaurante.

**D.** Circle the correct form of the verb **estar** in each sentence.

1. Tú ( **estoy / estás** ) muy cansado hoy.
2. La computadora ( **está / estamos** ) en la oficina.
3. Nosotros ( **estamos / están** ) muy ocupados.

**E.** Circle the correct form of **ser** or **estar** in these sentences. Look back at the chart with the uses of **ser** and **estar** if you need help.

1. Mis abuelos ( **son / están** ) profesores de matemáticas.
2. Yo ( **soy / estoy** ) enfermo hoy.
3. Tú ( **eres / estás** ) en la clase de historia.
4. Tomás ( **es / está** ) de Argentina.
5. Ustedes ( **son / están** ) argentinos también.
6. Nosotras ( **somos / estamos** ) muy cansadas.
7. Los libros ( **son / están** ) muy interesantes.
8. Los libros ( **son / están** ) en la biblioteca.

**F.** Write the correct form of **ser** or **estar** to complete each sentence.

1. Tú ________________ en la oficina.
2. Nosotras ________________ muy ocupadas hoy.
3. Yo ________________ estudiante.
4. Mi padre ________________ profesor.
5. El video ________________ interesante.
6. Los videos ________________ en la biblioteca.
7. Nosotros ________________ de Guatemala.
8. Tú ________________ muy simpático.





realidades.com
• Web Code: jcd-0514

## Lectura: Una visita a Santa Fe (pp. 262–263)

**A.** The reading in your textbook is about the city of Santa Fe. What kinds of information would you expect to find in such a reading? List three ideas below.

1. ______
2. ______
3. ______

**B.** As you skim the reading you will come across some new cognates. Write the English word for each Spanish cognate listed below.

1. visita ______
2. historia ______
3. museo ______
4. típica ______
5. histórico ______
6. tradicional ______

**C.** Did you find some activities when you skimmed the reading? If not, look again to find three activities that the cousins are going to do during their visit to Santa Fe. Write the three activities in Spanish below.

1. ______
2. ______
3. ______

**D.** Now, read the paragraph below from your textbook and answer the questions in English that follow.

> *Durante los días de su visita, el Rancho va a celebrar "un fandango", un baile histórico y típico, con una cena tradicional. Toda la comida es riquísima, pero nuestro plato favorito es el chile con carne y queso. Después de comer, vamos a bailar.*

1. What is a "fandango"? ______
2. What kind of meal will they have to accompany the "fandango"?
______
3. What is their favorite dish at the restaurant? ______
4. Which comes first, the meal or dancing? ______

## Presentación escrita (p. 265)

**Task:** Pretend your town needs a Spanish-language community guide for restaurants written. Write a review of your favorite local restaurant in Spanish.

**1 Prewrite.** Compile the information you will need in order to write about your favorite restaurant. Fill in the information on the lines next to each category.

1. **nombre** ______________________
2. **descripción general** ______________________
______________________
3. **platos principales** ______________________
4. **postres** ______________________

**2 Draft.**

**A.** In order to prepare your first draft, write sentences with the information you compiled in **section 1** (**Prewrite**).

1. El restaurante se llama ______________.
2. Es un restaurante ______________ con
______________________.
3. Los ______________ son riquísimos.
4. Hay ______________, ______________ y ______________ también.

**B.** Read the model below to give you an idea of what a complete review could look like.

> *Café Beló es un café tranquilo con un ambiente intelectual donde puedes pasar el tiempo en la compañía de un buen amigo o un buen libro. Los precios son baratos. Puedes comer un sándwich, una ensalada, un postre o simplemente beber un café. Los postres son riquísimos. Un "plus" es la presentación de grupos musicales los fines de semana.*

**C.** Use the sentences you wrote in **part A** above and add anything useful from the model to construct your complete review.

**3 Revise.** Read through your review. Then you will share it with a partner. You should each check for:

_____ adjective agreement (masculine words with masculine endings, feminine words with feminine endings)
_____ correct use of verb forms
_____ correct spelling
_____ persuasiveness of your review

**Realidades 1** Nombre ____________________ Hora ____________

**Capítulo 6A** Fecha ____________________ **Vocabulary Flash Cards, Sheet 1**

Write the Spanish vocabulary word below each picture. If there is a word or phrase, copy it in the space provided. Be sure to include the article for each noun.

| | | |
|---|---|---|
| 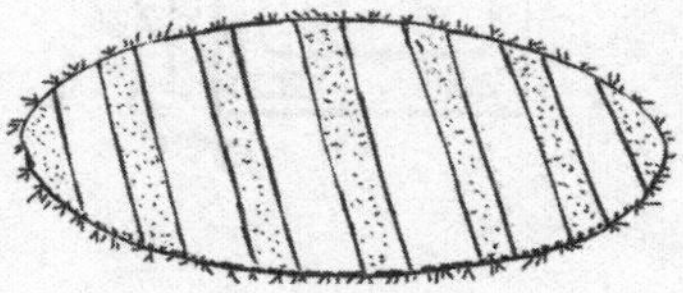 ________ ________________ |  ________ ________________ |  ________ ________________ |
|  ________ ________________ | 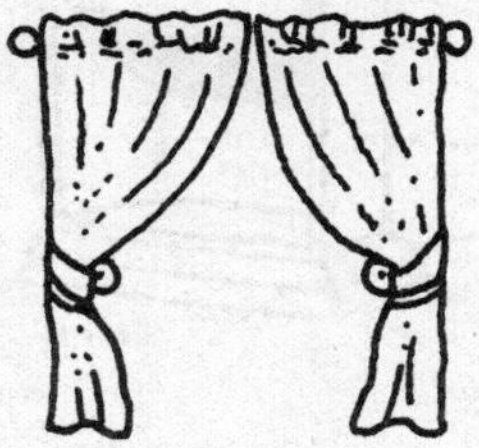 ________ ________________ |  ________ ________________ |
|  ________ ________________ |  ________ ________________ |  ________ ________________ |

**Realidades 1** Nombre ______________________ Hora ____________

**Capítulo 6A** Fecha ______________________

## Vocabulary Flash Cards, Sheet 2

| | | |
|---|---|---|
|  | 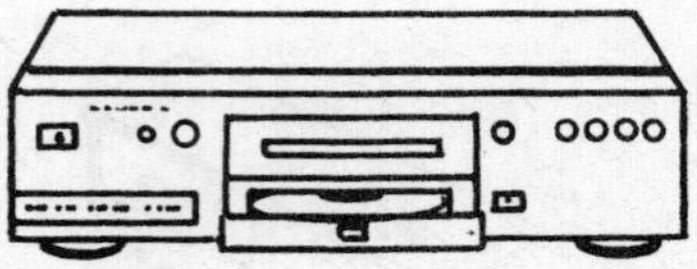 |  |
| 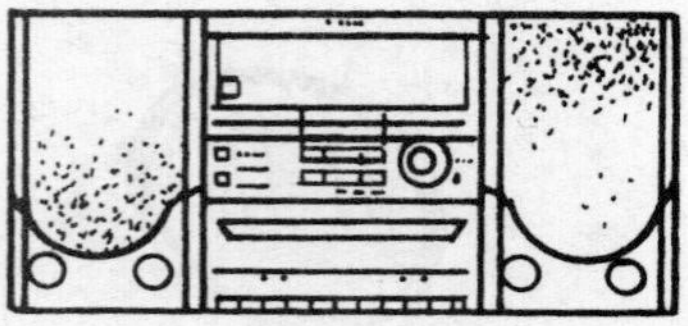 |  | 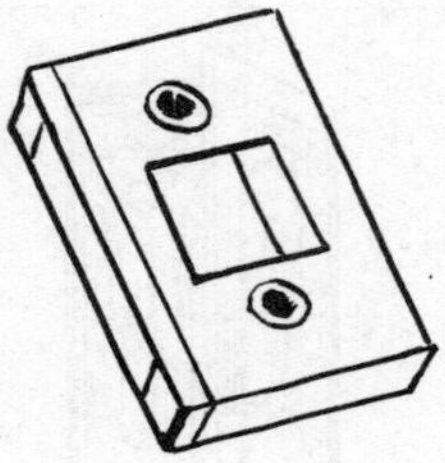 |
|  |  | 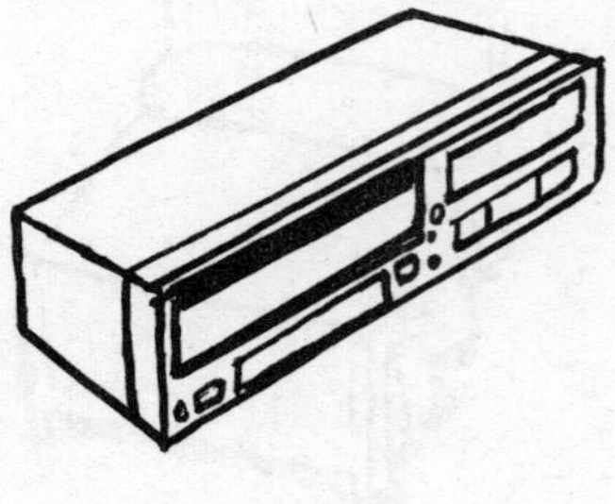 |

______________

¿De qué color...?

______ ________

______________

gris

______________

los colores

______

______________

azul

______________

marrón

______________

amarillo, amarilla

______________,

______________

blanco, blanca

______________,

______________

morado, morada

______________,

______________

| | | |
|---|---|---|
| **rojo, roja**<br>__________,<br>__________ | **anaranjado, anaranjada**<br>__________,<br>__________ | **importante**<br>__________ |
| **rosado, rosada**<br>__________,<br>__________ | **feo, fea**<br>__________,<br>__________ | **mismo, misma**<br>__________,<br>__________ |
| **verde**<br>__________ | **grande**<br>__________ | **pequeño, pequeña**<br>__________,<br>__________ |

Realidades 1 | Nombre ____ | Hora ____

Capítulo 6A | Fecha ____ | **Vocabulary Flash Cards, Sheet 5**

| | | |
|---|---|---|
| **propio, propia** | **el/la mejor** | **la cosa** |
| **a la derecha (de)** | **menos... que** | **para mí** |
| **a la izquierda (de)** | **el/la peor** | **para ti** |

| | | |
|---|---|---|
| **el dormitorio** | **la posesión** | **bonito, bonita** |
| **poder** | **los/las mejores** | **mejor(es) que** |
| **negro, negra** | **los/las peores** | **peor(es) que** |

Realidades 1 | Nombre ______ | Hora ______

Capítulo 6A | Fecha ______ | **Vocabulary Check, Sheet 1**

Tear out this page. Write the English words on the lines. Fold the paper along the dotted line to see the correct answers so you can check your work.

la alfombra ______

el armario ______

la cama ______

la cómoda ______

las cortinas ______

el cuadro ______

el despertador ______

el dormitorio ______

el espejo ______

el estante ______
______

la lámpara ______

la mesita ______

la pared ______

el equipo de sonido ______
______

el lector DVD ______

el televisor ______

la videocasetera ______

Fold In ←

Tear out this page. Write the Spanish words on the lines. Fold the paper along the dotted line to see the correct answers so you can check your work.

rug ____________________

closet ____________________

bed ____________________

dresser ____________________

curtains ____________________

painting ____________________

alarm clock ____________________

bedroom ____________________

mirror ____________________

shelf, bookshelf ____________________

lamp ____________________

night table ____________________

wall ____________________

sound (stereo) system ____________________

DVD player ____________________

television set ____________________

VCR ____________________

Fold In ←

Realidades 1 | Nombre ______ | Hora ______

Capítulo 6A | Fecha ______ | **Vocabulary Check, Sheet 3**

Tear out this page. Write the English words on the lines. Fold the paper along the dotted line to see the correct answers so you can check your work.

amarillo, amarilla ______

anaranjado, anaranjada ______

azul ______

blanco, blanca ______

gris ______

marrón ______

morado, morada ______

rojo, roja ______

rosado, rosada ______

verde ______

bonito, bonita ______

feo, fea ______

grande ______

importante ______

mismo, misma ______

pequeño, pequeña ______

Fold In ←

**Realidades 1** Nombre ______________ Hora ______

**Capítulo 6A** Fecha ______________ **Vocabulary Check, Sheet 4**

Tear out this page. Write the Spanish words on the lines. Fold the paper along the dotted line to see the correct answers so you can check your work.

yellow ______________
______________

orange ______________
______________

blue ______________

white ______________

gray ______________

brown ______________

purple ______________

red ______________

pink ______________

green ______________

pretty ______________

ugly ______________

large ______________

important ______________

same ______________

small ______________
______________

To hear a complete list of the vocabulary for this chapter, go to www.realidades.com and type in the Web Code jcd-0689. Then click on **Repaso del capítulo.**

Fold In ←

## Making comparisons (p. 278)

- Use **más** + adjective + **que** to compare two people, things, or actions:
  El libro es **más interesante que** el video.
  *The book is **more interesting than** the video.*
- Use **menos** + adjective + **que** to compare two people, things, or actions:
  Correr es **menos divertido que** montar en bicicleta.
  *Running is **less fun than** riding a bike.*

**A.** Below are six comparisons. Write a + (plus sign) next to the ones that give the idea of "greater than" or "more than." Write a – (minus sign) next to the ones that give the idea of "worse than" or "less than." Follow the models.

**Modelos** más simpático que ___+___
menos ordenada que ___–___

1. menos divertido que ______
2. más simpático que ______
3. más reservada que ______
4. más interesante que ______
5. menos paciente que ______
6. menos atrevida que ______

**B.** The sentences below are marked with a + (plus sign) or a – (minus sign). Write in **más** if there is a + and **menos** if there is a –.

1. + El perro es ______________ simpático que el gato.
2. – Luisa es ______________ artística que Beatriz.
3. – Tomás es ______________ trabajador que Marcos.
4. + La bicicleta es ______________ grande que el monopatín.

- Some adjectives have special forms for comparisons. See the chart below.

| Adjective | | Comparative | |
|---|---|---|---|
| bueno / buena | *good* | **mejor (que)** | *better than* |
| malo / mala | *bad* | **peor (que)** | *worse than* |
| viejo / vieja | *old* | **mayor (que)** | *older than* |
| joven | *young* | **menor (que)** | *younger than* |

**C.** Choose the correct comparative to complete each sentence.

1. Lorena tiene catorce años. Lidia tiene quince años. Lorena es ( **mayor** / **menor** ) que Lidia.
2. El restaurante grande es malo. El restaurante pequeño es bueno. El restaurante grande es ( **mejor** / **peor** ) que el restaurante pequeño.
3. Mi abuela tiene sesenta años. Tu abuela tiene cincuenta y ocho años. Mi abuela es ( **mayor** / **menor** ) que tu abuela.

## The superlative (p. 280)

- To say someone or something is the *most* or the *least*:

  **el / la / los / las** + noun + **más / menos** + adjective

  Es **el libro más interesante** de la biblioteca.
- To say someone or something is the *best* or the *worst*:

  **el / la / los / las + mejor(es) / peor(es)** + noun

  Es **el peor libro** de la biblioteca.

**A.** Below are eight superlative expressions. Write a + (plus sign) next to the ones that give the idea of the *most* or the *best*. Write a – (minus sign) next to the ones that give the idea of the *least* or the *worst*.

1. la lámpara más grande ______
2. la mesita más fea ______
3. el peor video ______
4. las mejores cortinas ______
5. el espejo menos feo ______
6. la alfombra menos bonita ______
7. los peores cuadros ______
8. los mejores despertadores ______

**B.** Look at each sentence and see whether it is marked with a + or a –. Write in **más** if there is a + and **menos** if there is a –.

1. + Mi tío es la persona ______________ simpática de mi familia.
2. – La cama es la ______________ grande de todas.
3. – Marzo es el mes ______________ bonito del año.
4. + Sandra es la persona ______________ divertida de la familia.

**C.** Choose the correct superlative to complete each sentence. Circle the word you have chosen.

1. Me gusta mucho nadar y montar en bicicleta. Para mí, julio es el ( **mejor / peor** ) mes del año.
2. Todos mis primos son inteligentes, pero Alberto es el ( **más / menos** ) inteligente de todos. Es muy estudioso y trabajador también.
3. Me gusta mucho esquiar. Para mí, julio es el ( **mejor / peor** ) mes del año.
4. No me gustan los libros aburridos. Tu libro es el ( **más / menos** ) aburrido de todos. Es bastante interesante.
5. Mis abuelos son muy divertidos. Son las personas ( **más / menos** ) divertidas de la familia.
6. No me gusta esta cama. Es la cama ( **más / menos** ) grande de la casa.

## Stem-changing verbs: *poder* and *dormir* (p. 284)

- **Poder** (*to be able to do something)* and **dormir** (*to sleep*) are both stem-changing verbs like **jugar**, which you learned previously. Just like **jugar**, only the **nosotros/ nosotras** and **vosotros/vosotras** forms of **poder** and **dormir** do not change their stems.
- Here are the forms of **poder** and **dormir**:

| | | | |
|---|---|---|---|
| yo | **puedo** | nosotros/nosotras | **podemos** |
| tú | **puedes** | vosotros/vosotras | **podéis** |
| usted/él/ella | **puede** | ustedes/ellos/ellas | **pueden** |

| | | | |
|---|---|---|---|
| yo | **duermo** | nosotros/nosotras | **dormimos** |
| tú | **duermes** | vosotros/vosotras | **dormís** |
| usted/él/ella | **duerme** | ustedes/ellos/ellas | **duermen** |

**A.** Circle the forms of **poder** and **dormir** in each sentence. Then underline the stem in each verb you circled. The first one has been done for you.

1. <u>Dorm</u>imos ocho horas al día.
2. ¿Puedes montar en bicicleta?
3. No puedo trabajar hoy.
4. Mis hermanos duermen mucho.
5. Podemos traer la comida.
6. Duermo mucho los fines de semana.
7. No podemos hablar francés.
8. Ud. duerme en una cama grande.

**B.** Now, write the words you circled in **part A** next to each subject pronoun below.

1. nosotros ______
2. tú ______
3. yo ______
4. ellos ______
5. nosotros ______
6. yo ______
7. nosotros ______
8. Ud. ______

**C.** Circle the correct form of **poder** or **dormir** to complete each sentence.

1. Mis amigos y yo ( **dormimos** / **duermen** ) diez horas al día.
2. Roberto no ( **puedo** / **puede** ) ir a la fiesta.
3. Ustedes ( **dormimos** / **duermen** ) en la cama más grande de la casa.
4. Tú y yo ( **puedes** / **podemos** ) traer unos discos compactos.
5. Linda y Natalia ( **duermo** / **duermen** ) en un dormitorio grande.
6. Nosotros no ( **podemos** / **puedes** ) usar el lector DVD.
7. Tú ( **dormimos** / **duermes** ) en el dormitorio con la alfombra azul.



realidades.com
• Web Code: jcd-0605

## Stem-changing verbs: *poder* and *dormir (continued)*

**D.** Complete the sentences with forms of **poder** and **dormir**. Follow the models.

**Modelos** Paco (**poder**) ir a la biblioteca.
Paco ___*puede*___ ir a la biblioteca.
Mónica (**dormir**) en el dormitorio grande.
Mónica ___*duerme*___ en el dormitorio grande.

1. Olivia (**poder**) montar en monopatín.
   Olivia ______________ montar en monopatín.
2. Javier (**dormir**) ocho horas al día.
   Javier ______________ ocho horas al día.
3. Tú (**dormir**) en un dormitorio con tu hermano.
   Tú ______________ en un dormitorio con tu hermano.
4. Yo (**poder**) usar la videocasetera.
   Yo ______________ usar la videocasetera.
5. Nosotros (**poder**) comprar unas cortinas para el dormitorio.
   Nosotros ______________ comprar unas cortinas para el dormitorio.
6. Nosotros (**dormir**) en un dormitorio pequeño.
   Nosotros ______________ en un dormitorio pequeño.
7. Ustedes (**dormir**) mucho los fines de semana.
   Ustedes ______________ mucho los fines de semana.

**E.** Write sentences about yourself and your friends using forms of **poder**. Follow the models. Use ideas from the list or other words you know.

**montar en bicicleta / esquiar / patinar / montar en monopatín / hablar español / nadar / patinar / tocar la guitarra / jugar a ¿...?**

**Modelos** Yo ___*puedo montar en bicicleta*___.
Mis amigos y yo ___*podemos nadar*___.

1. Yo ______________________________.
2. Yo no ______________________________.
3. Mis amigos y yo ______________________________.
4. Mis amigos y yo no ______________________________.





realidades.com
• Web Code: jcd-0605

## Lectura: El desastre en mi dormitorio (pp. 288–289)

**A.** Try to guess the meaning of the following cognates. If you are having difficulty, skim through the reading in your textbook to find these words in context. Write your answers in the spaces below.

1. desastre ________
2. posesiones ________
3. desorden ________
4. situación ________
5. recomendar ________
6. considerar ________

**B.** The statements below refer to one of the roommates from the reading in your textbook. The roommates' names are Rosario and Marta. After each statement, circle **M** if it describes **Marta** or **R** if it describes **Rosario**.

1. **M R** Le gusta el orden.
2. **M R** Le gusta el desorden.
3. **M R** Su color favorito es el negro.
4. **M R** Su color favorito es el amarillo.
5. **M R** Hay comida en el suelo.
6. **M R** Hay postre en el escritorio.

**C.** The second part of the reading in your textbook is the response from the advice columnist, Magdalena, to Marta's letter. Read the final piece of advice below that Magdalena gives to Rosario. Answer the questions in English that follow.

> *Si la situación no es mejor después de unas semanas, tienes que considerar la posibilidad de separar el dormitorio con una cortina. ¡Pero no debe ser una cortina ni negra ni amarilla!*

1. How long does Magdalena tell Rosario to wait before considering another possibility?

________

2. According to Magdalena, with what should Rosario separate the room?

________

3. What colors should not separate the two rooms?

________ and ________

**D.** In your own words, explain what the disaster in Rosario's bedroom is.

________

________



realidades.com
• Web Code: jcd-0606

## Presentación oral (p. 291)

**Task:** Use a photograph or drawing of a bedroom to talk about what its contents and colors tell about the personality of the owner.

**A.** Bring in a picture of a bedroom. It can be a photo, a picture cut out from a magazine, or a picture that you drew. Use the following four questions to organize your thoughts about the room. Write your answers to the questions on the line beneath each question.

1. ¿Qué hay en el dormitorio?

   ______________________________

2. ¿Cómo es el dormitorio?

   ______________________________

3. ¿De qué color es?

   ______________________________

4. ¿Qué cosas hay en las paredes?

   ______________________________

**B.** Using the information you just compiled in **part A**, answer the questions below in the spaces provided.

- En tu opinión, ¿cómo es la persona que vive (*lives*) en el dormitorio?
- ¿Qué le gusta hacer?

Es una persona ______________ porque el dormitorio ______________
______________________________.

Le gusta ______________ porque en el dormitorio hay ______________
______________________________.

**C.** Go through your presentation several times. Make sure you:

_____ support your statements with examples
_____ use complete sentences
_____ speak clearly

Realidades 1

Capítulo 6B

Nombre ______ Hora ______

Fecha ______

**Vocabulary Flash Cards, Sheet 1**

Write the Spanish vocabulary word below each picture. If there is a word or phrase, copy it in the space provided. Be sure to include the article for each noun.

**Vocabulary Flash Cards, Sheet 2**

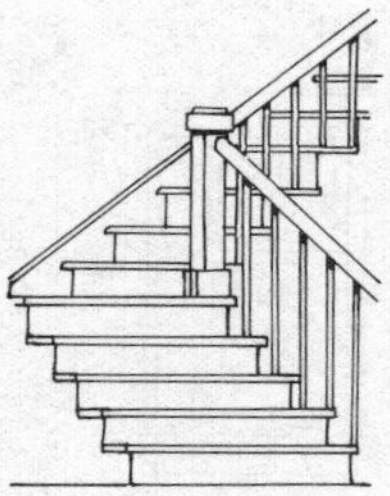

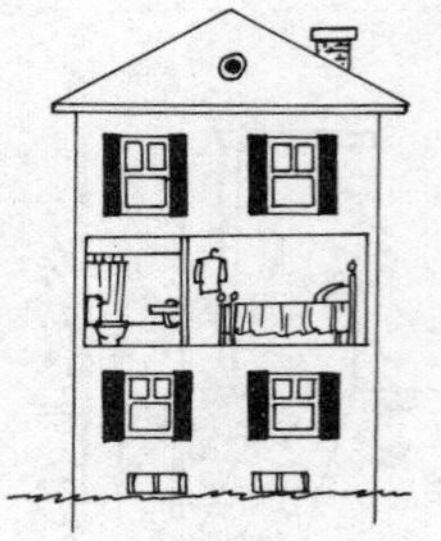

**el piso**

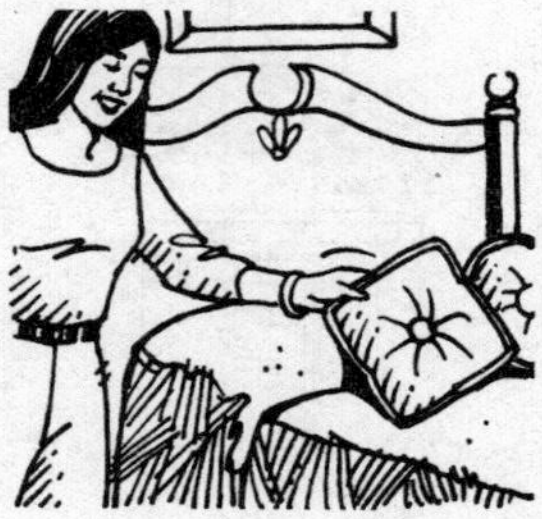

**Realidades 1** Nombre ____________ Hora ________

**Capítulo 6B** Fecha ____________

## Vocabulary Flash Cards, Sheet 3

| | | |
|---|---|---|
| **ayudar** | **cerca (de)** | **los quehaceres** |
| **dar** | **lejos (de)** | **el apartamento** |
| **poner** | **vivir** | **el cuarto** |

**Vocabulary Flash Cards, Sheet 5**

| | | |
|---|---|---|
| **sucio, sucia** | **¿Qué estás haciendo?** | **si** |
| **bastante** | **un momento** | |
| **¿Cuáles?** | **recibir** | |

Realidades 1 | Nombre ______________________ | Hora ____________

Capítulo 6B | Fecha ______________________ | **Vocabulary Flash Cards, Sheet 6**

Realidades 1 | Nombre _______________ | Hora _______

Capítulo 6B | Fecha _______________ | **Vocabulary Check, Sheet 1**

Tear out this page. Write the English words on the lines. Fold the paper along the dotted line to see the correct answers so you can check your work.

cerca (de) _______________

lejos (de) _______________

vivir _______________

el apartamento _______________

la cocina _______________

el comedor _______________

el despacho _______________

la escalera _______________

el garaje _______________

la planta baja _______________

el primer piso _______________

el segundo piso _______________

la sala _______________

el sótano _______________

arreglar el cuarto _______________

_______________

ayudar _______________

cocinar _______________

cortar el césped _______________

Fold In ←

Realidades 1 Nombre ____________ Hora ____________

Capítulo 6B Fecha ____________

## Vocabulary Check, Sheet 2

Tear out this page. Write the Spanish words on the lines. Fold the paper along the dotted line to see the correct answers so you can check your work.

close (to), near ____________

far (from) ____________

to live ____________

apartment ____________

kitchen ____________

dining room ____________

home office ____________

stairs, stairway ____________

garage ____________

ground floor ____________

second floor ____________

third floor ____________

living room ____________

basement ____________

to straighten up the room ____________ ____________

to help ____________

to cook ____________

to cut the lawn ____________

Fold In ←

**Vocabulary Check, Sheet 3**

Tear out this page. Write the English words on the lines. Fold the paper along the dotted line to see the correct answers so you can check your work.

dar de comer al perro ____________________

hacer la cama ____________________

lavar los platos ____________________

limpiar el baño ____________________
____________________

pasar la aspiradora ____________________

poner la mesa ____________________

los quehaceres ____________________

quitar el polvo ____________________

sacar la basura ____________________
____________________

limpio, limpia ____________________

sucio, sucia ____________________

bastante ____________________

el dinero ____________________

recibir ____________________

Fold In ←

Tear out this page. Write the Spanish words on the lines. Fold the paper along the dotted line to see the correct answers so you can check your work.

| | |
|---|---|
| to feed the dog | ______ ______ |
| to make the bed | ______ |
| to wash the dishes | ______ |
| to clean the bathroom | ______ |
| to vacuum | ______ ______ |
| to set the table | ______ |
| chores | ______ |
| to dust | ______ |
| to take out the trash | ______ |
| clean | ______ |
| dirty | ______ |
| enough; rather | ______ |
| money | ______ |
| to receive | ______ |

To hear a complete list of the vocabulary for this chapter, go to www.realidades.com and type in the Web Code jcd-0699. Then click on **Repaso del capítulo.**

Fold In ←

# Affirmative *tú* commands (p. 305)

- **Tú** commands are used to tell friends, family members, or peers to do something.
- **Tú** command forms are the same as the regular present-tense forms for **Ud./él/ella.**

| Infinitive | *Ud./él/ella* form | Affirmative *tú* command |
|---|---|---|
| -**ar** verb: **hablar** | habla | **¡Habla!** |
| -**er** verb: **leer** | lee | **¡Lee!** |
| -**ir** verb: **escribir** | escribe | **¡Escribe!** |

- Two verbs you have learned already, **hacer** and **poder**, have irregular affirmative **tú** command forms:

  poner → **pon** ¡**Pon** la mesa!
  hacer → **haz** ¡**Haz** la cama!

- You can tell the difference between a command form and an **Ud., él,** or **ella** verb form from the context of the sentence. A comma after the person's name indicates they are being talked to directly. Possessive adjectives can also help you decide if the person is being addressed directly (**tu**) or referred to in the third person (**su**).

  Marcos lee **su** libro. (**él** verb form)
  Marcos, lee **tu** libro. (command form)

**A.** Circle the command form in each sentence.

1. María, habla con tu hermano, por favor.
2. Tomasina, escribe tu tarea.
3. Marcos, come el almuerzo.
4. Silvia, practica la guitarra.
5. Elena, haz la cama.
6. Sandra, pon la mesa.
7. Alfonso, lee el libro.
8. Carlos, lava el coche.

**B.** Now look at each sentence. Write **C** if the verb is a command form. Write **no** if it is not a command form. Follow the models.

**Modelos** Javier estudia en su dormitorio. *no*
Javier, estudia en tu dormitorio. *C*

1. Alfonso lee el libro. _______
2. Paula, ayuda a tu madre. _______
3. Roberto escucha a su madre. _______
4. Pablo hace la tarea. _______
5. Ana, lava los platos. _______
6. Isa juega con su hermana. _______
7. David, limpia la casa. _______
8. Elena, pon la mesa. _______



realidades.com
• Web Code: jcd-0613

## Affirmative *tú* commands *(continued)*

**C.** Circle the correct form of the verb to complete each sentence.

1. ¡( **Plancha** / **Planchan** ) la ropa, por favor!
2. Gerardo, ( **prepara** / **preparas** ) la comida, por favor.
3. Alberto, ( **hace** / **haz** ) la tarea ahora.
4. Rosa, ( **pone** / **pon** ) los platos en la mesa, por favor.
5. ¡( **Lavas** / **Lava** ) el coche, por favor!
6. Linda, ( **juega** / **juegas** ) con tu hermana esta tarde.

**D.** Write the affirmative **tú** command forms to complete the following conversations. Follow the model.

**Modelo** RAÚL: Ana, **(poner)** ___*pon*___ los libros en la mesa.
ANA: Sí, pero **(tomar)** ___*toma*___ mi mochila.

1. SEBASTIÁN: Roberto, **(lavar)** __________ los platos, por favor.
ROBERTO: Claro. **(Traer)** __________ los platos sucios aquí.
2. TERESA: Susana, **(preparar)** __________ el almuerzo.
SUSANA: Sí, pero **(hablar)** __________ con mamá para ver qué necesitamos.
3. EDUARDO: Elena, **(hacer)** __________ los quehaceres.
ELENA: Claro. **(Escribir)** __________ una lista.
4. ISABEL: Margarita, **(planchar)** __________ la ropa, por favor.
MARGARITA: Claro, pero **(sacar)** __________ la plancha, por favor.

**E.** Write **tú** command forms to complete each sentence. Use verbs from the list.

| | | | |
|---|---|---|---|
| **hacer** | **lavar** | **poner** | **sacar** |

1. ¡__________ la basura!
2. ¡__________ el coche!
3. ¡__________ la mesa!
4. ¡__________ la cama!





realidades.com
• Web Code: jcd-0613

## The present progressive tense (p. 308)

- Use the present progressive tense to say what people are doing or what is happening right now.

  **Estamos lavando** el coche. *We are washing the car.*
- The present progressive tense uses forms of **estar** with the present participle.
- Review the forms of **estar**:

| | | | |
|---|---|---|---|
| yo | **estoy** | nosotros/nosotras | **estamos** |
| tú | **estás** | vosotros/vosotras | **estáis** |
| usted/él/ella | **está** | ustedes/ellos/ellas | **están** |

- You form the present participle for **-ar** verbs by removing the **-ar** ending and adding **-ando: preparar → preparando, hablar → hablando.**
- You form the present participle for **-er** and **-ir** verbs by removing the **-er** or **-ir** ending and adding **-iendo: comer → comiendo, escribir → escribiendo.**
- The forms of **estar** change to match the subject of the sentence. The present participle always stays the same, regardless of who the subject is.

  **Francisco está limpiando** la mesa. ***Francisco is cleaning** the table.*

  **Tú y yo estamos limpiando** el baño. ***We are cleaning** the bathroom.*

**A.** Look at each sentence. Underline the form of **estar.** Circle the present participle. Follow the model.

**Modelo** Enrique está lavando los platos.

1. Tú y yo estamos pasando la aspiradora.
2. Mis abuelos están cortando el césped.
3. Mi hermana está quitando el polvo en la sala.
4. Yo estoy dando de comer al perro.
5. Ustedes están sacando la basura de la cocina.
6. Tú estás poniendo la mesa con los platos limpios.
7. Ella está haciendo las camas del segundo piso.

**B.** Complete each sentence with the appropriate form of **estar**.

1. Yo ______________ poniendo la mesa.
2. Tú ______________ sacando la basura.
3. Ella ______________ lavando la ropa.
4. Nosotros ______________ preparando el almuerzo.
5. Ustedes ______________ cortando el césped.

## The present progressive tense *(continued)*

**C.** Write the present participles of the verbs shown. Follow the models. Remember to use **-ando** for **-ar** verbs and **-iendo** for **-er** and **-ir** verbs.

**Modelos** ayudar *ayudando*
hacer *haciendo*
escribir *escribiendo*

1. dar ____________
2. abrir ____________
3. comer ____________
4. romper ____________
5. sacar ____________
6. lavar ____________
7. jugar ____________
8. poner ____________

**D.** Look at the drawing. Then write forms of the present progressive (**estar** + present participle) to complete each sentence. Follow the models.

**Modelos** Graciela (**dar**) *está dando* de comer al perro.
Lola y Elia (**hablar**) *están hablando*.

1. El padre (**sacar**) ____________ la basura.
2. La madre (**cocinar**) ____________ unas hamburguesas.
3. Ana María (**cortar**) ____________ el césped.
4. Manolo y José (**lavar**) ____________ el coche.
5. Tito y Ramón (**poner**) ____________ la mesa.





realidades.com
• Web Code: jcd-0614

## Lectura: Cantaclara (pp. 312–313)

**A.** The reading in your textbook is similar to the story of Cinderella. Write four facts that you can remember about the Cinderella story in the spaces below. If you are not familiar with the story you will need to find out from someone who is.

1. ______
2. ______
3. ______
4. ______

**B.** Skim through the reading and the pictures in your textbook to find similarities between the story of Cantaclara and Cinderella. Check off any similarities in your list above.

**C.** Since you know that the story in your textbook is like the story of Cinderella, you know that Cantaclara lives with her stepmother and two stepsisters. Below is a dialogue with all four of them. Read the dialogue and answer the questions that follow.

> *–Cantaclara, saca la basura. Y después, pon la mesa –dice la madrastra.*
> *–Cantaclara, haz mi cama y limpia el baño –dice Griselda.*
> *–Haz mi cama también –dice Hortencia.*
> *–Un momento. Estoy lavando los platos ahora mismo –dice Cantaclara.*

1. Circle the names of the four people who are speaking.
2. How is a dialogue written differently in Spanish than in English?

   ______
3. Which person does NOT say she wants Cantaclara to make her bed?

   ______

**D.** Now, read what takes place at the end of the story. Answer the questions in English that follow.

> *Son las ocho de la noche. La madrastra y las dos hermanastras están en la sala y ven su programa favorito. Pero, ¿qué es esto? ¡Ven a Cantaclara en la pantalla!*
> *–Mira, mamá. ¡Es Cantaclara! –dice Hortencia.*
> *–¡Oh, no! Si Cantaclara es la nueva estrella del futuro, ¿quién va a hacer los quehaceres? –pregunta Griselda.*

1. At what time do the stepmother and stepsisters sit down to watch their favorite show? ______
2. Whom do they see on TV? ______
3. What problem does Griselda think of at the end? ______

   ______



realidades.com
• Web Code: jcd-0615

## Presentación escrita (p. 315)

**Task:** Pretend that your family is selling their house, apartment, or that you are selling an imaginary dream home. Create a flyer in Spanish to promote the sale of your home.

**1 Prewrite.** You are going to prepare an informative flyer about your home. In order to provide the most information to potential buyers, you will need to anticipate their questions. Read the potential questions below and write answers about your home in the spaces provided.

a) En general, ¿cómo es la casa o apartamento? (¿Es grande o pequeño?)

______________________________.

b) ¿De qué color es la casa o apartamento?

______________________________.

c) ¿Cuántos cuartos hay en la casa o apartamento? ¿Cuáles son?

______________________________.

d) ¿Cómo son los cuartos? (¿grandes o pequeños?)

______________________________.

e) ¿De qué color son los cuartos?

______________________________.

f) ¿Cuál es la dirección (*address*) y el precio (*price*) de la casa o apartamento?

______________________________.

**2 Draft.** Now, compile the answers you wrote above on a separate sheet of paper to create your rough draft. Organize your answers in a way that will be easy for anyone to read. Your flyer should also include illustrations and colored ink to make it more attractive to potential buyers. The first line on your flyer should read: **Se vende casa** (or **Se vende apartamento**).

**3 Revise.** Read through your ad to see that you have included all the information that a potential buyer might want. Share your draft with a partner who will check the following:

_____ Are all words spelled correctly?

_____ Is the flyer neat and attractive?

_____ Does the flyer need a visual?

_____ Is the key information provided?

_____ Does the flyer make me want to look at the property?

**4 Publish.** Write a new, final copy of your flyer making any necessary corrections or adding to it anything your partner suggested.

Realidades 1 | Nombre | Hora

Capítulo 7A | Fecha | **Vocabulary Flash Cards, Sheet 1**

Write the Spanish vocabulary word below each picture. If there is a word or phrase, copy it in the space provided. Be sure to include the article for each noun.

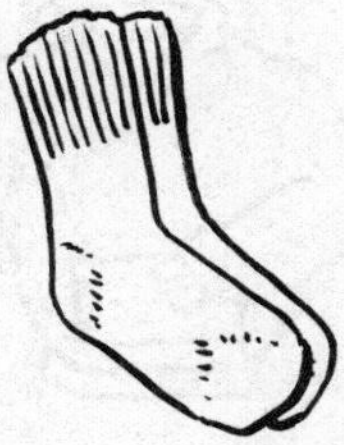

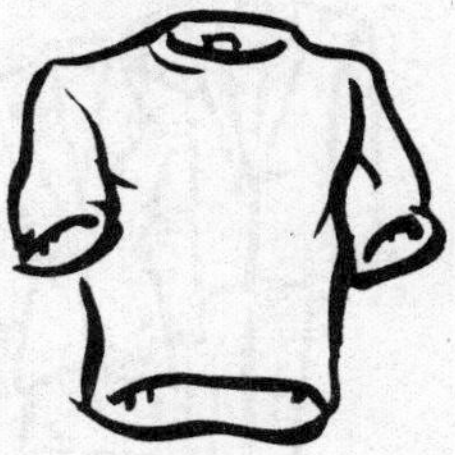

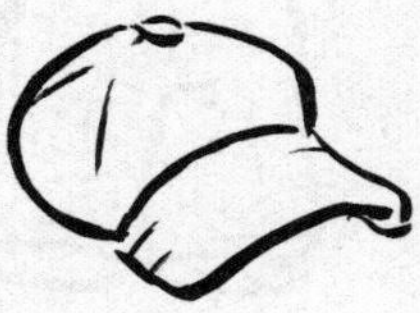

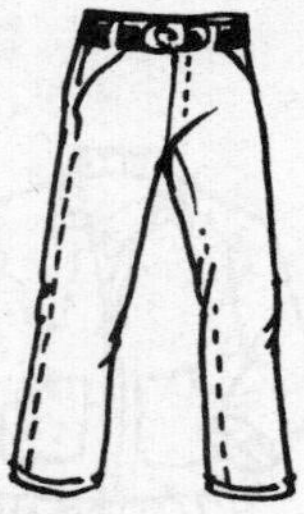

**Realidades** 1 Nombre ____________ Hora ____________

**Capítulo 7A** Fecha ____________ **Vocabulary Flash Cards, Sheet 3**

| | | |
|---|---|---|
| **buscar** |  | **la tienda** |
| **comprar** |  | **la tienda de ropa** |
| **entrar** | **¿En qué puedo servirle?** | **llevar** |

| | | |
|---|---|---|
| **nuevo, nueva** | **Me queda(n) mal.** | **¡Vamos!** |
| **¿Cómo te queda(n)?** | **quizás** | **costar** |
| **Me queda(n) bien.** | **Perdón.** | **¿Cuánto cuesta(n)...?** |

| | | |
|---|---|---|
| **el precio**<br>______<br>______ | **trescientos, trescientas**<br>______,<br>______ | **seiscientos, seiscientas**<br>______,<br>______ |
| **tanto**<br>______ | **cuatrocientos, cuatrocientas**<br>______,<br>______ | **setecientos, setecientas**<br>______,<br>______ |
| **doscientos, doscientas**<br>______,<br>______ | **quinientos, quinientas**<br>______,<br>______ | **ochocientos, ochocientas**<br>______,<br>______ |

| | | |
|---|---|---|
| **novecientos, novecientas** ______, ______ | **los dos** ______ ______ | **estos, estas** ______, ______ |
| **mil** ______ | **las dos** ______ ______ | **ese, esa** ______, ______ |
| **tener razón** ______ ______ | **este, esta** ______, ______ | **esos, esas** ______, ______ |

Realidades 1 | Nombre ______ | Hora ______

Capítulo 7A | Fecha ______ | **Vocabulary Check, Sheet 1**

Tear out this page. Write the English words on the lines. Fold the paper along the dotted line to see the correct answers so you can check your work.

buscar ______

comprar ______

el dependiente, la dependienta ______

entrar ______

la tienda de ropa ______

el abrigo ______

la blusa ______

las botas ______

los calcetines ______

la camiseta ______

la chaqueta ______

la falda ______

la gorra ______

los jeans ______

los pantalones cortos ______

la sudadera ______

el suéter ______

Fold In ←

Tear out this page. Write the Spanish words on the lines. Fold the paper along the dotted line to see the correct answers so you can check your work.

to look for ______________

to buy ______________

salesperson ______________
______________

to enter ______________

clothing store ______________

coat ______________

blouse ______________

boots ______________

socks ______________

T-shirt ______________

jacket ______________

skirt ______________

cap ______________

jeans ______________

shorts ______________
______________

sweatshirt ______________

sweater ______________

Fold In ←

Tear out this page. Write the English words on the lines. Fold the paper along the dotted line to see the correct answers so you can check your work.

el traje de baño ____________

el vestido ____________

los zapatos ____________

llevar ____________

nuevo, nueva ____________

costar ____________

el precio ____________

doscientos ____________

trescientos ____________

cuatrocientos ____________

quinientos ____________

seiscientos ____________

setecientos ____________

ochocientos ____________

novecientos ____________

mil ____________

tener razón ____________

Fold In ←

**Vocabulary Check, Sheet 4**

Tear out this page. Write the Spanish words on the lines. Fold the paper along the dotted line to see the correct answers so you can check your work.

swimsuit ____________

dress ____________

shoes ____________

to wear ____________

new ____________

to cost ____________

price ____________

two hundred ____________

three hundred ____________

four hundred ____________

five hundred ____________

six hundred ____________

seven hundred ____________

eight hundred ____________

nine hundred ____________

a thousand ____________

to be correct ____________

Fold In ←

To hear a complete list of the vocabulary for this chapter, go to www.realidades.com and type in the Web Code jcd-0789. Then click on **Repaso del capítulo.**

## Stem-changing verbs: *pensar, querer,* and *preferir* (p. 330)

- Like the other stem-changing verbs you've learned (**jugar, poder,** and **dormir**), **pensar, querer,** and **preferir** use the regular present-tense endings. These endings attach to a new stem for all forms except for the **nosotros** and **vosotros** forms, which use the existing stem.
- Here are the forms of **pensar, querer,** and **preferir.** Note that in all cases, the **e** in the stem changes to **ie.**

| | | | |
|---|---|---|---|
| yo | **pienso** | nosotros/nosotras | **pensamos** |
| tú | **piensas** | vosotros/vosotras | **pensáis** |
| usted/él/ella | **piensa** | ustedes/ellos/ellas | **piensan** |

| | | | |
|---|---|---|---|
| yo | **quiero** | nosotros/nosotras | **queremos** |
| tú | **quieres** | vosotros/vosotras | **queréis** |
| usted/él/ella | **quiere** | ustedes/ellos/ellas | **quieren** |

| | | | |
|---|---|---|---|
| yo | **prefiero** | nosotros/nosotras | **preferimos** |
| tú | **prefieres** | vosotros/vosotras | **preferís** |
| usted/él/ella | **prefiere** | ustedes/ellos/ellas | **prefieren** |

**A.** Circle the forms of **pensar, querer,** or **preferir** in each sentence. Then underline the stem in each verb you circled. The first one has been done for you.

1. <u>Prefier</u>en comprar unos zapatos.
2. Queremos ir de compras.
3. Pensamos ir a la tienda de ropa.
4. ¿Prefiere Ud. el vestido o la falda?
5. Pienso comprar una sudadera.
6. ¿Quieres hablar con la dependienta?
7. Preferimos ir a una tienda grande.
8. Quieren entrar en la tienda.

**B.** Now, write the forms of **pensar, querer,** and **preferir** that you circled in **part A** next to each subject pronoun.

1. ellos (preferir) ________
2. nosotros (querer) ________
3. nosotros (pensar) ________
4. Ud. (preferir) ________
5. yo (pensar) ________
6. tú (querer) ________
7. nosotros (preferir) ________
8. ellos (querer) ________



realidades.com
• Web Code: jcd-0704

## Stem-changing verbs *(continued)*

**C.** Circle the correct form of **pensar, querer,** or **preferir** to complete each sentence.

1. Yo ( **quiere** / **quiero** ) comprar unas botas nuevas.
2. Ella ( **prefiere** / **prefieren** ) los pantalones cortos a la falda.
3. Nosotros ( **prefieren** / **preferimos** ) ir de compras en una tienda grande.
4. Ellos ( **pienso** / **piensan** ) comprar dos abrigos nuevos.
5. Tú y yo ( **pensamos** / **piensas** ) buscar una tienda con precios buenos.
6. Ustedes ( **quieres** / **quieren** ) hablar con la dependienta.
7. Nosotros ( **queremos** / **quieres** ) entrar en la tienda de ropa.
8. Tú y yo no ( **piensan** / **pensamos** ) comprar ropa hoy.

**D.** Complete the sentences with forms of **pensar, querer,** or **preferir.** Follow the models.

**Modelos** Tú (**pensar**) comprar un suéter.
Tú *piensas* comprar un suéter.
Tú y yo (**preferir**) comprar el vestido azul.
Tú y yo *preferimos* comprar el vestido azul.

1. Elena (**pensar**) comprar una sudadera.
   Elena ____________ comprar una sudadera.
2. Sandra y yo (**querer**) ir a una tienda de ropa grande.
   Sandra y yo ____________ ir a una tienda de ropa grande.
3. Yo (**preferir**) hablar con un dependiente.
   Yo ____________ hablar con un dependiente.
4. Nosotras (**pensar**) que es un precio bueno.
   Nosotras ____________ que es un precio bueno.
5. Tú (**querer**) entrar en una tienda de ropa grande.
   Tú ____________ entrar en una tienda de ropa grande.
6. Tú y yo (**querer**) comprar unas camisetas nuevas.
   Tú y yo ____________ comprar unas camisetas nuevas.
7. Tomás y Sebastián (**preferir**) no comprar ropa hoy.
   Tomás y Sebastián ____________ no comprar ropa hoy.
8. Yo (**pensar**) comprar una gorra y un suéter.
   Yo ____________ comprar una gorra y un suéter.

## Demonstrative adjectives (p. 332)

- Demonstrative adjectives are the equivalent of ***this, that, these,*** and ***those*** in English. You use them to point out nouns: ***this hat, those shoes***.
- In Spanish, the demonstrative adjectives agree with the noun they accompany in both gender and number.

| | Close | | Farther away | |
|---|---|---|---|---|
| **Singular masculine** | **este** suéter | (*this sweater*) | **ese** suéter | (*that sweater*) |
| **Singular feminine** | **esta** falda | (*this skirt*) | **esa** falda | (*that skirt*) |
| **Plural masculine** | **estos** suéteres | (*these sweaters*) | **esos** suéteres | (*those sweaters*) |
| **Plural feminine** | **estas** faldas | (*these skirts*) | **esas** faldas | (*those skirts*) |

**A.** Circle the demonstrative adjective in each sentence below. Write **C** next to the sentence if the object referred to is *close* (**este, esta, estos, estas**). Write **F** if the object referred to is *farther away* (**ese, esa, esos, esas**).

1. Me gustan estos zapatos. ______
2. Quiero comprar esas camisetas. ______
3. ¿Prefieres esta falda? ______
4. Esa camisa es muy bonita. ______
5. No me gustan esos vestidos. ______
6. ¿Te gustan estas chaquetas? ______

**B.** Circle the correct demonstrative adjective in each sentence.

1. ¿Cómo me quedan ( **esto** / **estos** ) pantalones?
2. Me gustan ( **esas** / **esos** ) sudaderas.
3. ¿Prefieres ( **esta** / **este** ) chaqueta?
4. Pienso comprar ( **estos** / **este** ) calcetines.
5. No me gusta ( **ese** / **esa** ) abrigo.
6. ¿Cómo me queda ( **este** / **esta** ) traje?
7. ( **Eso** / **Esas** ) botas son muy bonitas.
8. ¿Vas a comprar ( **esos** / **esas** ) pantalones cortos?



realidades.com
• Web Code: jcd-0703

## Demonstrative adjectives *(continued)*

**C.** Choose the correct form of the demonstrative adjective and write it next to each noun. Follow the models.

**Close: este, esta, estos, estas**  **Farther: ese, esa, esos, esas**

**Modelos** calcetines (close): ___*estos*___ calcetines

camisa (farther): ___*esa*___ camisa

1. abrigo (farther): ____________ abrigo
2. botas (farther): ____________ botas
3. jeans (close): ____________ jeans
4. falda (close): ____________ falda
5. traje de baño (close): ____________ traje de baño
6. zapatos (farther): ____________ zapatos
7. chaquetas (farther): ____________ chaquetas
8. pantalones (close): ____________ pantalones
9. vestido (farther): ____________ vestido
10. suéter (close): ____________ suéter

**D.** In each drawing below, the item of clothing that is larger is closer to you. The one that is smaller is farther away. Write the correct demonstrative adjective to indicate the item that is marked with an arrow. Follow the model.

**Modelo**  ___*esta*___ camisa

1.  ________ pantalones
2.  ________ sudaderas
3.  ________ vestido
4.  ________ zapatos
5.  ________ abrigo





realidades.com
• Web Code: jcd-0703

# Lectura: Tradiciones de la ropa panameña (pp. 336–337)

**A.** You will find out a lot about the contents of the reading in your textbook by looking at the title and the photos. In the spaces below, write three main topics that you would expect a reading on Panamanian culture to cover.

1. ____
2. ____
3. ____

**B.** Read the paragraph below on **polleras** and answer the questions that follow in Spanish.

> *Una tradición panameña de mucho orgullo (pride) es llevar el vestido típico de las mujeres, "la pollera". Hay dos tipos de pollera, la pollera montuna y la pollera de gala, que se lleva en los festivales.*

1. Según la lectura, ¿cómo se llama el vestido típico de las mujeres en Panamá?

   ____

2. ¿Cuáles son los dos tipos de pollera?

   ____ y ____

3. ¿Cuándo se lleva la pollera de gala? ____

**C.** Look through the reading in your textbook again to find whether the following statements are true or false. Then, circle **cierto** for true or **falso** for false.

1. **cierto** **falso** Hay un Día Nacional de la Pollera en la ciudad de Las Tablas.
2. **cierto** **falso** Las Tablas es famosa por ser el mejor lugar para celebrar los carnavales.
3. **cierto** **falso** El canal de Panamá conecta el océano Pacífico con el lago Titicaca.
4. **cierto** **falso** Panamá es un istmo.
5. **cierto** **falso** El segundo tipo de ropa auténtico de Panamá que se menciona es la gorra de Panamá.

## Presentación oral (p. 339)

**Task:** You and a partner will play the roles of a customer and a salesclerk. The customer will look at various items in the store, talk with the clerk, and then decide if he or she would like to buy anything.

**A.** Work with a partner to prepare the skit. You will be the customer. You and your partner will need to discuss what type of clothing your store is selling. You will then need a name for your store and some samples of merchandise to use in your skit. You may bring in clothes or use cutouts from a magazine. Complete the following in the spaces below:

Type of clothing: ____________________

Store name: ____________________

**B.** Now, make a list below of five different expressions and questions that will help you play your role. You may want to look back in the *A primera vista* and *Videohistoria* sections in your textbook for ideas to help you get started.

1. ____________________
2. ____________________
3. ____________________
4. ____________________
5. ____________________

**C.** Work with your partner to put together and practice your presentation. Keep in mind the following things:

_____ to answer questions using complete sentences

_____ to speak clearly

_____ to keep the conversation going

_____ to finish the conversation at a logical point

**D.** When you present your skit, the clerk will begin the conversation. That means that you will need to respond as your first action. As your last action, you will need to decide whether or not to buy something. Your teacher will grade you based on the following:

- how well you keep the conversation going
- how complete your presentation is
- how well you use new and previously learned vocabulary

Nombre ____________________ Hora ____________

Fecha ____________________

**Vocabulary Flash Cards, Sheet 1**

Write the Spanish vocabulary word below each picture. If there is a word or phrase, copy it in the space provided. Be sure to include the article for each noun.

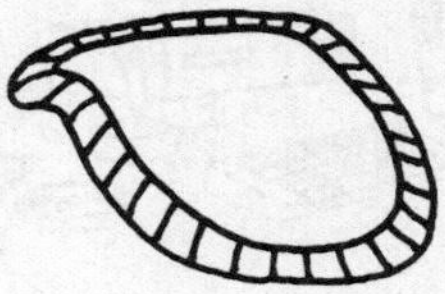

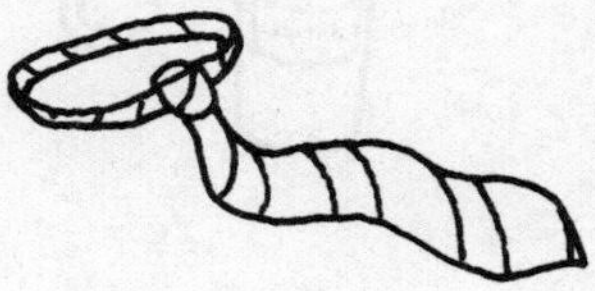

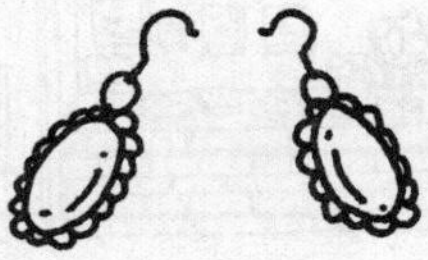

Nombre ______ Hora ______

Fecha ______

## Vocabulary Flash Cards, Sheet 2

**en la Red**

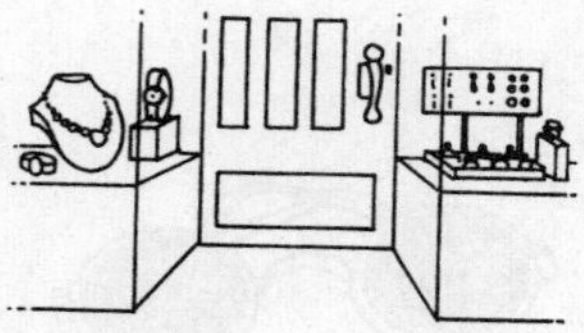

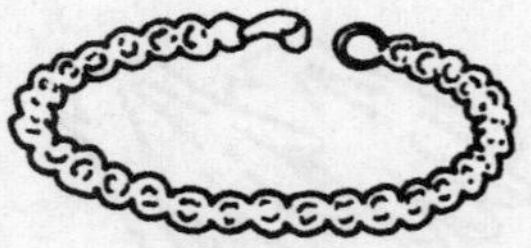

Nombre ______ Hora ______

Fecha ______

## Vocabulary Flash Cards, Sheet 3

**el novio**

**caro, cara**

**la novia**

**mirar**

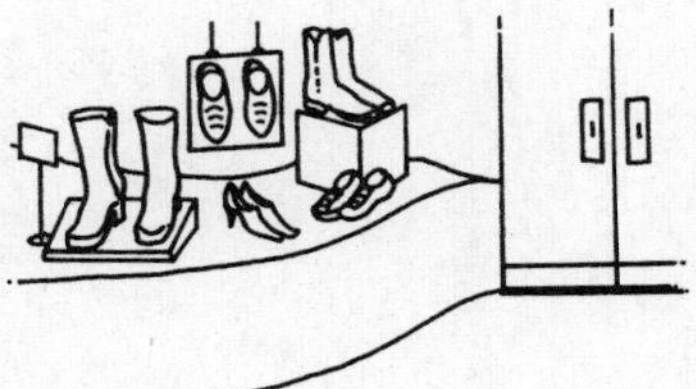

**barato, barata**

**pagar (por)**

| | | |
|---|---|---|
| **vender** | **ayer** | **hace** **+ *time expression*** |
| **anoche** | **la semana pasada** | |
| **el año pasado** | **¡Uf!** | |

Tear out this page. Write the English words on the lines. Fold the paper along the dotted line to see the correct answers so you can check your work.

el almacén ________ ________

en la Red ________

la joyería ________

la librería ________

la tienda de descuentos ________

la tienda de electrodomésticos ________ ________

la zapatería ________

el anillo ________

los anteojos de sol ________

los aretes ________

el bolso ________

la cadena ________

la cartera ________

el collar ________

la corbata ________

los guantes ________

el llavero ________

Fold In ←

Realidades 1 Nombre ____________________ Hora ____________

Capítulo 7B Fecha ____________________ **Vocabulary Check, Sheet 2**

Tear out this page. Write the Spanish words on the lines. Fold the paper along the dotted line to see the correct answers so you can check your work.

| | |
|---|---|
| department store | ____________________ |
| online | ____________________ |
| jewelry store | ____________________ |
| bookstore | ____________________ |
| discount store | ____________________ |
| household appliance store | ____________________ |
| shoe store | ____________________ |
| ring | ____________________ |
| sunglasses | ____________________ |
| earrings | ____________________ |
| purse | ____________________ |
| chain | ____________________ |
| wallet | ____________________ |
| necklace | ____________________ |
| tie | ____________________ |
| gloves | ____________________ |
| key chain | ____________________ |

Fold In ←

**Realidades 1** Nombre ________ Hora ________

**Capítulo 7B** Fecha ________ **Vocabulary Check, Sheet 3**

Tear out this page. Write the English words on the lines. Fold the paper along the dotted line to see the correct answers so you can check your work.

| | |
|---|---|
| el perfume | ________ |
| la pulsera | ________ |
| el reloj pulsera | ________ |
| el software | ________ |
| el novio | ________ |
| la novia | ________ |
| barato, barata | ________ |
| caro, cara | ________ |
| mirar | ________ |
| pagar (por) | ________ |
| vender | ________ |

Fold In ←

Nombre ______________________ Hora ____________

Fecha ______________________

**Vocabulary Check, Sheet 4**

Tear out this page. Write the Spanish words on the lines. Fold the paper along the dotted line to see the correct answers so you can check your work.

| | |
|---|---|
| perfume | ______________ |
| bracelet | ______________ |
| watch | ______________ |
| software | ______________ |
| boyfriend | ______________ |
| girlfriend | ______________ |
| inexpensive, cheap | ______________ |
| expensive | ______________ |
| to look (at) | ______________ |
| to pay (for) | ______________ |
| to sell | ______________ |

Fold In ←

To hear a complete list of the vocabulary for this chapter, go to www.realidades.com and type in the Web Code jcd-0799. Then click on **Repaso del capítulo.**

# The preterite of -*ar* verbs (p. 354)

- The preterite is a Spanish past tense that is used to talk about actions that were completed in the past: *I went to the store. I bought a jacket.*
- To form the preterite of -**ar** verbs, you take the stem of the verb (the same stem you used to form the present tense) and add the following endings:

**hablar** → **habl**- + endings

| | | | |
|---|---|---|---|
| yo | **habl<u>é</u>** | nosotros/nosotras | **habl<u>amos</u>** |
| tú | **habl<u>aste</u>** | vosotros/vosotras | **habl<u>asteis</u>** |
| usted/él/ella | **habl<u>ó</u>** | ustedes/ellos/ellas | **habl<u>aron</u>** |

- Notice the accents on the **yo** and **usted/él/ella** forms: **habl<u>é</u>, habl<u>ó</u>**.

**A.** Underline the preterite verb forms in the following conversations. **¡Ojo!** Not all the verb forms are preterite forms.

**1.** ELENA: ¿Hablaste con Enrique ayer?
ANA: Sí, hablamos por teléfono anoche. Él trabajó ayer.
ELENA: ¿Ah, sí? ¿Dónde trabaja?
ANA: Trabaja en un restaurante. Ayer lavó muchos platos y <u>limpió</u> las mesas.

**2.** MARCOS: ¿Estudiaste para el examen?
TOMÁS: Sí, estudié mucho, pero estoy nervioso.
MARCOS: Yo también. Pasé dos horas en la biblioteca.
TOMÁS: Yo estudié en casa y usé la computadora.

**B.** Now, fill in the conversations from **part A** with the missing preterite forms.

**1.** ELENA: ¿______ con Enrique ayer?
ANA: Sí, ______ por teléfono anoche. Él ______ ayer.
ELENA: ¿Ah, sí? ¿Dónde trabaja?
ANA: Trabaja en un restaurante. Ayer ______ muchos platos y ______ las mesas.

**2.** MARCOS: ¿______ para el examen?
TOMÁS: Sí, ______ mucho, pero estoy nervioso.
MARCOS: Yo también. ______ dos horas en la biblioteca.
TOMÁS: Yo ______ en casa y ______ la computadora.

## The preterite of *-ar* verbs *(continued)*

**C.** Circle the correct preterite form to complete each sentence.

1. Yo ( **caminó** / **caminé** ) por dos horas ayer.
2. Ellos ( **hablaste** / **hablaron** ) por teléfono anoche.
3. Nosotros ( **cocinamos** / **cocinaron** ) la cena.
4. Tú ( **cantaron** / **cantaste** ) en la ópera.
5. Ella ( **escuchó** / **escucharon** ) música en su dormitorio.
6. Ustedes ( **levantaron** / **levantamos** ) pesas en el gimnasio.

**D.** Write the missing preterite forms in the chart.

| | cantar | bailar | escuchar | lavar | nadar |
|---|---|---|---|---|---|
| yo | canté | | | | |
| tú | | bailaste | | | |
| Ud./él/ella | | | escuchó | | |
| nosotros/nosotras | | | | lavamos | |
| Uds./ellos/ellas | | | | | nadaron |

**E.** Write the correct preterite form of the verb indicated next to each subject pronoun. Follow the model.

**Modelo** tú (bailar) *bailaste*

1. yo (cantar) ____
2. ella (nadar) ____
3. Ud. (esquiar) ____
4. ellos (lavar) ____
5. nosotros (dibujar) ____
6. ellos (pasar) ____
7. tú (hablar) ____
8. yo (limpiar) ____

**F.** Use verbs from the list to say what you and your friends did last night.

| | | | | |
|---|---|---|---|---|
| **estudiar** | **trabajar** | **hablar por teléfono** | **bailar** | **cantar** | **cocinar** |
| **escuchar música** | **esquiar** | **lavar la ropa** | **levantar pesas** | **limpiar el baño** |

1. Anoche yo ____.
2. Yo no ____.
3. Anoche mis amigos ____.
4. Nosotros no ____.





realidades.com
• Web Code: jcd-0713

## The preterite of verbs ending in *-car* and *-gar* (p. 356)

- Verbs that end in **-car** and **-gar** use the same preterite endings as regular **-ar** verbs, except in the **yo** form.
- Here are the preterite forms of **buscar** (*to look for*) and **pagar** (*to pay*).

**c → qu**

| | | | |
|---|---|---|---|
| yo | **busqué** | nosotros/nosotras | **buscamos** |
| tú | **buscaste** | vosotros/vosotras | **buscasteis** |
| usted/él/ella | **buscó** | ustedes/ellos/ellas | **buscaron** |

**g → gu**

| | | | |
|---|---|---|---|
| yo | **pagué** | nosotros/nosotras | **pagamos** |
| tú | **pagaste** | vosotros/vosotras | **pagasteis** |
| usted/él/ella | **pagó** | ustedes/ellos/ellas | **pagaron** |

- Other verbs you know follow this pattern. **Jugar** is like **pagar (g → gu). Practicar, sacar,** and **tocar** are like **buscar (c → qu).**

**A.** Fill in the missing **yo** forms in the chart.

| | buscar | pagar | jugar | practicar | sacar | tocar |
|---|---|---|---|---|---|---|
| **yo** | | | | | | |
| **tú** | buscaste | pagaste | jugaste | practicaste | sacaste | tocaste |
| **Ud./él/ella** | buscó | pagó | jugó | practicó | sacó | tocó |
| **nosotros/nosotras** | buscamos | pagamos | jugamos | practicamos | sacamos | tocamos |
| **Uds./ellos/ellas** | buscaron | pagaron | jugaron | practicaron | sacaron | tocaron |

**B.** Write the correct forms of the verb indicated next to each subject pronoun. Follow the model.

**Modelo** (pagar): tú *pagaste*

1. (pagar): ellos ______
2. (pagar): yo ______
3. (pagar): él ______
4. (jugar): tú y yo ______
5. (jugar): yo ______
6. (jugar): Uds. ______
7. (buscar): ellos ______
8. (buscar): yo ______
9. (practicar): yo ______
10. (practicar): tú ______
11. (sacar): Ud. ______
12. (sacar): yo ______
13. (tocar): yo ______
14. (tocar): tú y yo ______



realidades.com
• Web Code: jcd-0714

## Direct object pronouns (p. 360)

- A direct object tells who or what receives the action of the verb:
  **Busco una cadena.** *I am looking for a chain.*
- In the sentence above, **cadena** is the direct object noun.
- You can use a direct object pronoun to replace a direct object noun.
- The direct object pronoun must match the noun it replaces in both gender and number:
  Compré un suéter. → **Lo** compré. (*masculine, singular*)
  Compré una falda. → **La** compré. (*feminine singular*)
  Compré unos aretes. → **Los** compré. (*masculine plural)*
  Compré unas pulseras. → **Las** compré. (*feminine plural)*
- The direct object comes *before* a verb in the present tense or the preterite tense.
  **Lo** tengo aquí. (*I have* ***it*** *here.*)
  **Lo** compré anoche. (*I bought* ***it*** *last night.*)

**A.** Underline the direct object noun in each sentence.

1. Busco unos guantes nuevos.
2. La dependienta vendió el perfume.
3. Compré dos llaveros.
4. Llevamos nuestras carteras.
5. Compramos un collar.
6. Miramos unas corbatas.
7. Buscaron una cadena.
8. Preparé el almuerzo.

**B.** Write each noun you circled in **part A** on the following lines. Write **M** or **F** next to the noun, depending on whether it is masculine or feminine. Then write **S** or **P** next to that, depending on whether the noun is singular or plural. Follow the model.

**Modelo** ___*guantes*___ ___*M, P*___

1. ______________ ________
2. ______________ ________
3. ______________ ________
4. ______________ ________
5. ______________ ________
6. ______________ ________
7. ______________ ________

**C.** Now, write the correct direct object pronoun to replace each noun you wrote in **part B.** Follow the model.

**Modelo** guantes, M, P: ___*Los*___ busqué.

1. ______________ vendió.
2. ______________ compré.
3. ______________ llevamos.
4. ______________ compramos.
5. ______________ miramos.
6. ______________ buscaron.
7. ______________ preparé.





realidades.com
• Web Code: jcd-0715

## Lectura: ¡De compras! (pp. 364–365)

**A.** The reading in your textbook is about shopping in Hispanic communities of four different U.S. cities: New York, Miami, Los Angeles, and San Antonio. Use what you know about each area of the country and make a list of three items you would expect to find in Hispanic shopping centers in each city.

1. New York
   a) ______________________
   b) ______________________
   c) ______________________
2. Miami
   a) ______________________
   b) ______________________
   c) ______________________
3. Los Angeles
   a) ______________________
   b) ______________________
   c) ______________________
4. San Antonio
   a) ______________________
   b) ______________________
   c) ______________________

**B.** Now, look at the descriptions from the reading in your textbook and decide which city is being described. Write the name of the city in the space provided. Each city will be used once.

1. ______________________ Hay bodegas que venden productos típicos cubanos.
2. ______________________ En las joyerías de la calle Olvera, venden joyas de plata: aretes, collares, anillos y mucho más.
3. ______________________ En la calle 116, venden ropa, comida típica del Caribe, discos compactos, libros y mucho más.
4. ______________________ Es esta ciudad bonita, hay tiendas de artesanías mexicanas que son fabulosas.

**C.** The narrator from the reading in your textbook buys things in each city. Some items may have been on your list in **part A**. Look at the things below that the narrator bought. Write the name of the city for each in the spaces provided.

1. ______________________ una piñata
2. ______________________ una camiseta con la bandera de Puerto Rico
3. ______________________ pasta de guayaba
4. ______________________ un sarape
5. ______________________ una pulsera bonita
6. ______________________ una blusa bordada

## Presentación escrita (p. 367)

**Task:** Write a letter to a cousin or other relative about a gift you bought for a member of your family. Let the relative know what you bought so that he or she will not buy the same item.

**1 Prewrite.** Think of a birthday gift you bought for a family member's birthday. It could be current or in the past. Answer the following questions about the gift to help organize your thoughts. Use complete sentences when you answer.

1. ¿Para quién es el regalo? ______
2. ¿Qué compraste? ______
3. ¿Dónde compraste el regalo? ______
4. ¿Por qué compraste ese regalo? ______
5. ¿Cuánto pagaste por el regalo? ______

**2 Draft.** Use the form below to write a rough draft of your letter. Include all of the information you wrote in your answers in **part 1**. Look in your textbook for a model to help you.

Querido(a) ______:
*(name of the relative you are writing to)*

Compré ______ para ______.

Lo compré en ______.

Creo que ______.

Pagué ______.

Tu ______,
*(your relationship to the person)*

______
*(your name)*

**3 Revise.** Read your letter again before you give it to a partner to review. Your teacher will check:

- how easy the letter is to understand
- how much information is included about the gift
- how appropriate the greeting and closing are
- the accuracy of the use of the preterite

**Realidades 1** Nombre ______________ Hora ______

**Capítulo 8A** Fecha ______________ **Vocabulary Flash Cards, Sheet 1**

Write the Spanish vocabulary word below each picture. If there is a word or phrase, copy it in the space provided. Be sure to include the article for each noun.

| | | |
|---|---|---|
| **la ciudad** | **el mar** | **el país** |
|  |  |  |
|  |  |  |

## Vocabulary Flash Cards, Sheet 2

el
animal

el
árbol

el
oso

la
atracción

| | | |
|---|---|---|
| **aprender (a)** |  | **tomar el sol** |
| **bucear** | **montar a caballo** | **visitar** |
| **comprar recuerdos** |  | **el lugar** |

**¿Cómo lo pasaste?**

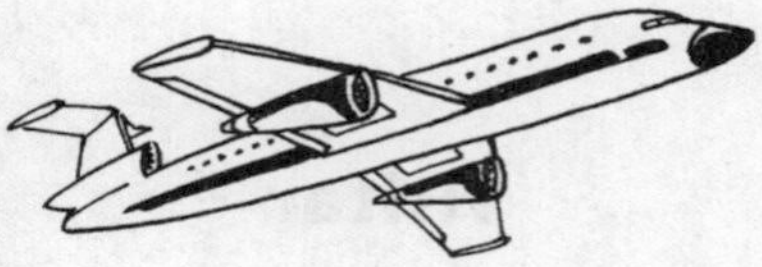

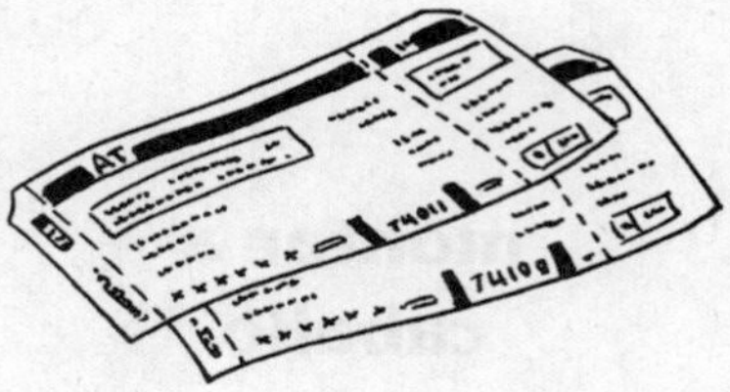

**dime**

**como**

**fantástico, fantástica**

| | | |
|---|---|---|
| **Fue un desastre.** | **ir de vacaciones** | **¿Qué te pasó?** |
| **el hotel** | **Me gustó.** | **regresar** |
| **impresionante** | **¿Qué hiciste?** | **salir** |

| | | |
|---|---|---|
| **¿Te gustó?** ______ ______ | **¿Viste...?** ______ | **durante** ______ |
| **tremendo, tremenda** ______, ______ | **viajar** ______ | **tarde** ______ |
| **vi** ______ | **el viaje** ______ ______ | **temprano** ______ |

Realidades 1 | Nombre ______ | Hora ______

Capítulo 8A | Fecha ______ | **Vocabulary Check, Sheet 1**

Tear out this page. Write the English words on the lines. Fold the paper along the dotted line to see the correct answers so you can check your work.

la ciudad ______

el estadio ______

el lago ______

el mar ______

el monumento ______

el museo ______

el país ______

el parque de diversiones ______

el parque nacional ______

la obra de teatro ______

el zoológico ______

el árbol ______

el mono ______

el oso ______

el pájaro ______

aprender (a) ______

Fold In ←

**Realidades 1** Nombre ______________ Hora ______

**Capítulo 8A** Fecha ______________ **Vocabulary Check, Sheet 2**

Tear out this page. Write the Spanish words on the lines. Fold the paper along the dotted line to see the correct answers so you can check your work.

city ______________

stadium ______________

lake ______________

sea ______________

monument ______________

museum ______________

country ______________

amusement park ______________

national park ______________

play ______________

zoo ______________

tree ______________

monkey ______________

bear ______________

bird ______________

to learn ______________

Fold In ←

Tear out this page. Write the English words on the lines. Fold the paper along the dotted line to see the correct answers so you can check your work.

bucear ______________

recuerdos ______________

descansar ______________

montar a caballo ______________

pasear en bote ______________

tomar el sol ______________

el autobús ______________

el avión ______________

el barco ______________

el tren ______________

ir de vacaciones ______________

regresar ______________

salir ______________

viajar ______________

el viaje ______________

Fold In ←

Realidades 1 | Nombre ______ | Hora ______

Capítulo 8A | Fecha ______ | **Vocabulary Check, Sheet 4**

Tear out this page. Write the Spanish words on the lines. Fold the paper along the dotted line to see the correct answers so you can check your work.

| | |
|---|---|
| to scuba dive/ snorkel | ______ |
| souvenirs | ______ |
| to rest, to relax | ______ |
| to ride horseback | ______ |
| to go boating | ______ |
| to sunbathe | ______ |
| bus | ______ |
| airplane | ______ |
| boat, ship | ______ |
| train | ______ |
| to go on vacation | ______ |
| to return | ______ |
| to leave, to get out | ______ |
| to travel | ______ |
| trip | ______ |

To hear a complete list of the vocabulary for this chapter, go to www.realidades.com and type in the Web Code jcd-0889. Then click on **Repaso del capítulo.**

Fold In ←

# The preterite of *-er* and *-ir* verbs (p. 383)

- Regular **-er** and **-ir** verbs have their own set of preterite (past-tense) endings, just as they do in the present tense.
- The preterite endings for regular **-er** and **-ir** verbs are exactly the same.

| **comer → com- + endings** | | | |
|---|---|---|---|
| yo | **comí** | nosotros/nosotras | **comimos** |
| tú | **comiste** | vosotros/vosotras | **comisteis** |
| usted/él/ella | **comió** | ustedes/ellos/ellas | **comieron** |

| **escribir → escrib- + endings** | | | |
|---|---|---|---|
| yo | **escribí** | nosotros/nosotras | **escribimos** |
| tú | **escribiste** | vosotros/vosotras | **escribisteis** |
| usted/él/ella | **escribió** | ustedes/ellos/ellas | **escribieron** |

- Like regular **-ar** verbs in the preterite, regular **-er** and **-ir** verbs have an accent at the end of the **yo** and **usted/él/ella** forms: **comí, escribió.**

**A.** Write the missing preterite forms in the chart.

| | **comer** | **escribir** | **aprender** | **salir** | **correr** |
|---|---|---|---|---|---|
| **yo** | comí | | | | |
| **tú** | | escribiste | | | |
| **Ud./él/ella** | | | aprendió | | |
| **nosotros/nosotras** | | | | salimos | |
| **Uds./ellos/ellas** | | | | | corrieron |

**B.** Circle the correct preterite form to complete each sentence.

1. Sofía ( **comí** / **comió** ) en un restaurante mexicano.
2. Ellos ( **escribimos** / **escribieron** ) una tarjeta a sus abuelos.
3. Tú ( **aprendiste** / **aprendió** ) a hablar español.
4. Yo ( **salí** / **saliste** ) para el trabajo.
5. Tú y yo ( **corrieron** / **corrimos** ) en el parque anoche.
6. Marta y Marcos ( **comió** / **comieron** ) el almuerzo en la cafetería.
7. Yo ( **aprendí** / **aprendió** ) a montar en monopatín.
8. Usted ( **salió** / **salieron** ) después de las clases.



realidades.com
• Web Code: jcd-0803

# The preterite of *-er* and *-ir* verbs *(continued)*

**C.** Complete the following sentences with the correct form of the verb in parentheses. Follow the model.

**Modelo** Tú (**comer**) *comiste* en la cafetería.

1. Nosotros (**escribir**) ______ unas tarjetas.
2. Tú (**aprender**) ______ a esquiar.
3. Yo (**correr**) ______ en el parque.
4. Ellos (**salir**) ______ de la escuela a las tres.
5. Ud. (**comer**) ______ una hamburguesa.
6. Nosotros (**ver**) ______ un video anoche.
7. Ustedes (**compartir**) ______ una pizza.
8. Tú y yo (**aprender**) ______ a montar en monopatín.
9. Yo (**vivir**) ______ en un apartamento.
10. Ella (**comprender**) ______ la lección de ayer.

**D.** Use verbs from the list to say what you and your friends did last week.

| | | | |
|---|---|---|---|
| **aprender a** | **comer** | **compartir** | **escribir** |
| **ver** | **salir de** | **salir con** | **correr** |

1. Yo no ______.
2. Yo no ______.
3. Mis amigos y yo ______.
4. Mis amigos y yo no ______.





realidades.com
• Web Code: jcd-0803

## The preterite of *ir* (p. 385)

- **Ir** (*to go*) is an irregular verb in the present tense. It is also irregular in the preterite tense. Here are the preterite forms of **ir**.

| | | | |
|---|---|---|---|
| yo | **fui** | nosotros/nosotras | **fuimos** |
| tú | **fuiste** | vosotros/vosotras | **fuisteis** |
| usted/él/ella | **fue** | ustedes/ellos/ellas | **fueron** |

- The preterite forms of **ir** are the same as the preterite forms of the verb **ser** (*to be*). You can tell which verb is meant by the meaning of the sentence.

  Marcos **fue** a Nueva York. — *Marcos **went** to New York.*

  **Fue** un viaje fabuloso. — ***It was** a fabulous trip.*

**A.** Add the correct ending onto the preterite stem of **ir** to create its complete preterite form. Then rewrite the complete form. Follow the model.

**Modelo** yo fu*i* *fui*

1. yo fu_____ __________
2. tú fu_____ __________
3. ella fu_____ __________
4. nosotros fu_____ __________
5. ellos fu_____ __________
6. ustedes fu_____ __________

**B.** Circle the correct form of **ir** to complete each sentence.

1. Yo ( **fue** / **fui** ) a la tienda de ropa.
2. Ellos ( **fueron** / **fuiste** ) al estadio de béisbol.
3. Tú ( **fueron** / **fuiste** ) a un parque nacional.
4. Nosotros ( **fuimos** / **fueron** ) al parque de diversiones.
5. Ud. ( **fui** / **fue** ) al teatro.
6. Uds. ( **fuiste** / **fueron** ) a la ciudad para comprar ropa.
7. Tú y yo ( **fuimos** / **fuiste** ) al mar para bucear.

**C.** Complete each sentence by writing in the correct form of **ir**.

1. Yo __________ a un lugar muy bonito.
2. Tú __________ al estadio de fútbol americano.
3. Ella __________ al lago para pasear en bote.
4. Nosotros __________ a la playa para tomar el sol.
5. Ellos __________ al teatro para ver una obra de teatro.
6. Ud. __________ al monumento en el parque nacional.



realidades.com
• Web Code: jcd-0804

## The personal *a* (p. 387)

- You have learned to identify the direct object of a sentence. The direct object tells who or what receives the action of the verb.

  Compré un anillo. *I bought a ring.*
  Vi una obra de teatro. *I saw a play.*

- When the direct object is a person, a group of people, or a pet, you use **a** in front of the direct object. This use of the personal **a** has no equivalent in English and is not translated.

  Vi un video. *I saw a video.*
  Vi **a** mi abuela. *I saw my grandmother.*
  Vi **a** mi perro León. *I saw my dog León.*

**A.** Underline the direct object in each sentence.

1. Vi un video.
2. Escribo una carta.
3. Visitaron a su familia.
4. Comimos una pizza.
5. Compraste una corbata.
6. Buscamos a nuestro perro.

**B.** Now, go look at each sentence from **part A** and write **P** next to those that refer to people or pets.

1. Vi un video. _____
2. Escribo una carta. _____
3. Visitaron a su familia. _____
4. Comimos una pizza. _____
5. Compraste una corbata. _____
6. Buscamos a nuestro perro. _____

**C.** Look at the sentences above in **part B** that you labeled with a **P**. Circle the personal **a** in each of those sentences.

**D.** Look at each sentence. If it requires a personal **a**, circle the **a** in parentheses. If it does not require a personal **a**, cross out the **a** in parentheses.

1. Compramos ( a ) un traje de baño y unos anteojos de sol.
2. Yo vi ( a ) un monumento grande en el parque nacional.
3. Escribimos muchas tarjetas ( a ) nuestros primos.
4. Visité ( a ) mi familia durante las vacaciones.
5. Lavaron ( a ) su perro Fifí.
6. Buscamos ( a ) una tienda de ropa buena.
7. Compré ( a ) un boleto de avión ayer.
8. Busqué ( a ) mi hermano menor en el parque de atracciones.





realidades.com
• Web Code: jcd-0805

## Lectura: Álbum de mi viaje a Perú (pp. 390–391)

**A.** Sometimes you can use clues from the context of what you are reading to help discover the meaning of the word. Try to find the meaning of the five words listed below by using context clues from the reading in your textbook. Write in the English equivalent of each word in the space provided.

1. antigua ________________
2. impresionantes ________________
3. altura ________________
4. construyeron ________________
5. nivel ________________

**B.** The reading in your textbook is a journal entry from a trip to Perú by the author Sofía Porrúa. Each day that she writes in the journal, she is in a different location. Choose the location from the word bank and write it next to the day to which it corresponds.

| | | | | |
|---|---|---|---|---|
| **Cuzco** | **Machu Picchu** | **sobre las líneas de Nazca** | **en el lago Titicaca** | **Lima** |

1. domingo, 25 de julio ________________
2. miércoles, 28 de julio ________________
3. jueves, 29 de julio ________________
4. sábado, 31 de julio ________________
5. miércoles, 4 de agosto ________________

**C.** In the first log entry, Sofía mentions her two companions, Beto and Carmen. Read the passage below about these two friends and answer the questions that follow.

> *Beto está sacando muchas fotos con su cámara digital. Carmen está dibujando todo lo que ve. Las montañas son fantásticas.*

1. Sofía is capturing the trip by keeping a journal. How is Beto capturing the trip?
________________ And Carmen? ________________
2. What is Beto using to capture the trip? ________________
What do you think Carmen is using? ________________

## Presentación oral (p. 393)

**Task:** You will talk about a trip you took. It can be a real or an imaginary trip. Use photographs or drawings to make your talk more interesting.

**A.** Think about the specifics of your trip. Answer the questions below in Spanish with as much detail as you can think of. Use complete sentences.

1. ¿Cuándo fuiste de viaje? ____________________
2. ¿Qué hiciste en tu viaje? ____________________
3. ¿Qué lugares visitaste? ____________________
4. ¿A quiénes viste? ____________________
5. ¿Compraste algo? __________ ¿Qué compraste? __________

**B.** You will need to create a visual presentation to go along with your talk. You can bring in actual photos or you can create drawings of a trip. Organize and attach your drawings or photos to a piece of posterboard. A good way to do this would be to put them in order of when they happened, going from the top to the bottom of the page.

**C.** Read the following model before you write up the script for your talk. Notice that you should add how you felt about the trip at the end.

> *En marzo de este año, fui a Florida para visitar a mi abuelita y a mis primos. Tomamos el sol en la playa y nadamos mucho. Aprendí a bucear y vi animales muy interesantes en el mar. Me gusta mucho Florida. Es un lugar fantástico. El viaje fue muy divertido.*

**D.** Now, write what you are going to say about your trip on the lines below. Remember to refer back to your photos or drawings.

____________________

____________________

____________________

____________________

**Realidades 1** Nombre ______ Hora ______

**Capítulo 8B** Fecha ______ **Vocabulary Flash Cards, Sheet 1**

Write the Spanish vocabulary word below each picture. If there is a word or phrase, copy it in the space provided. Be sure to include the article for each noun.

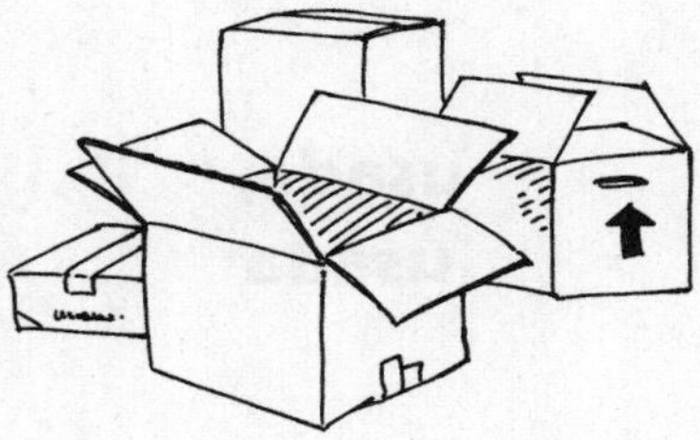

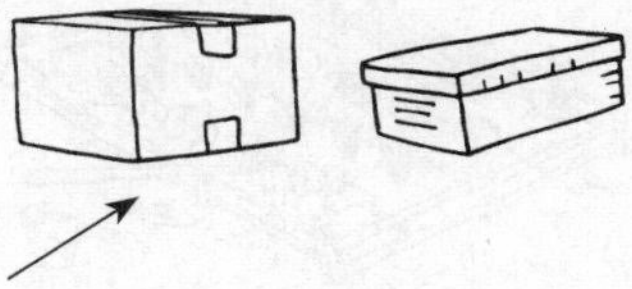

| | | |
|---|---|---|
| **llevar** | **usado, usada** |  |
| **recoger** | **reciclar** | **la comunidad** |
| **separar** | **el barrio** |  |

la anciana

la gente

el anciano

los demás

| | | |
|---|---|---|
|  | **la niña** |  |
| **los niños** | **pobre** | **el trabajo voluntario** |
| **el niño** | **el problema** | **el voluntario, la voluntaria** |

| | | |
|---|---|---|
| **a menudo** | **la experiencia** | **inolvidable** |
| **decidir** | **Hay que...** | **¿Qué más?** |
| **Es necesario.** | **increíble** | **la vez** |

| | | |
|---|---|---|
| **otra vez** | | |
| **decir** | | |
| | | |

Realidades 1 | Nombre _______ | Hora _______

Capítulo 8B | Fecha _______ | **Vocabulary Check, Sheet 1**

Tear out this page. Write the English words on the lines. Fold the paper along the dotted line to see the correct answers so you can check your work.

| | |
|---|---|
| la bolsa | _______ |
| la botella | _______ |
| la caja | _______ |
| el cartón | _______ |
| el centro de reciclaje | _______ |
| la lata | _______ |
| llevar | _______ |
| el periódico | _______ |
| el plástico | _______ |
| reciclar | _______ |
| recoger | _______ |
| separar | _______ |
| usado, usada | _______ |
| el vidrio | _______ |
| el barrio | _______ |
| la calle | _______ |
| la comunidad | _______ |

Fold In ←

Realidades 1

Capítulo 8B

Nombre ______________________ Hora ______________

Fecha ______________________

**Vocabulary Check, Sheet 2**

Tear out this page. Write the Spanish words on the lines. Fold the paper along the dotted line to see the correct answers so you can check your work.

| | |
|---|---|
| bag, sack | ______________ |
| bottle | ______________ |
| box | ______________ |
| cardboard | ______________ |
| recycling center | ______________ |
| can | ______________ |
| to take; to carry | ______________ |
| newspaper | ______________ |
| plastic | ______________ |
| to recycle | ______________ |
| to collect; to gather | ______________ |
| to separate | ______________ |
| used | ______________ |
| glass | ______________ |
| neighborhood | ______________ |
| street, road | ______________ |
| community | ______________ |

Fold In ←

Realidades 1 Nombre _______________ Hora _______________

Capítulo 8B Fecha _______________ **Vocabulary Check, Sheet 3**

Tear out this page. Write the English words on the lines. Fold the paper along the dotted line to see the correct answers so you can check your work.

| | |
|---|---|
| el jardín | ______________ |
| el río | ______________ |
| los ancianos | ______________ |
| el campamento | ______________ |
| los demás | ______________ |
| la escuela primaria | ______________ |
| la gente | ______________ |
| el juguete | ______________ |
| los niños | ______________ |
| pobre | ______________ |
| el proyecto de construcción | ______________ |
| el trabajo voluntario | ______________ |

Fold In ←

**Vocabulary Check, Sheet 4**

Tear out this page. Write the Spanish words on the lines. Fold the paper along the dotted line to see the correct answers so you can check your work.

| | |
|---|---|
| garden, yard | ______ |
| river | ______ |
| older people | ______ |
| camp | ______ |
| others | ______ |
| primary school | ______ |
| people | ______ |
| toy | ______ |
| children | ______ |
| poor | ______ |
| construction project | ______ |
| volunteer work | ______ |

Fold In ←

To hear a complete list of the vocabulary for this chapter, go to www.realidades.com and type in the Web Code jcd-0899. Then click on **Repaso del capítulo**.

# The present tense of *decir* (p. 408)

- **Decir** (*to say, to tell*) is irregular in the present tense. Here are its forms:

| | | | |
|---|---|---|---|
| yo | **digo** | nosotros/nosotras | **decimos** |
| tú | **dices** | vosotros/vosotras | **decís** |
| usted/él/ella | **dice** | ustedes/ellos/ellas | **dicen** |

- Notice that all the forms have an **i** in the stem except for the **nosotros/nosotras** and **vosotros/vosotras** forms (**decimos, decís**).

**A.** Write the correct forms of **decir** in the chart.

| | | | |
|---|---|---|---|
| yo | | nosotros/nosotras | |
| tú | | vosotros/vosotras | decís |
| Ud./él/ella | | Uds./ellos/ellas | |

**B.** Circle the correct forms of **decir** to complete each sentence.

1. Mis abuelos ( **dicen** / **dice** ) que el parque es bonito.
2. Yo ( **dices** / **digo** ) que es un video interesante.
3. Tú ( **dices** / **dicen** ) que el restaurante es bueno.
4. Ellos ( **dice** / **dicen** ) que la profesora es inteligente.
5. Nosotros ( **dicen** / **decimos** ) que el parque de diversiones es fantástico.
6. Ustedes ( **digo** / **dicen** ) que es divertido bucear.
7. Tú y yo ( **dices** / **decimos** ) que nos gusta pasear en bote.

**C.** Write complete sentences to find out what the people indicated say about a museum. Follow the model.

**Modelo** Inés / decir que es fantástico

*Inés dice que es fantástico.*

1. tú / decir que es aburrido ____________
2. yo / decir que es interesante ____________
3. ellos / decir que es divertido ____________
4. nosotros / decir que es grande ____________
5. Ud. / decir que es impresionante ____________



realidades.com
• Web Code: jcd-0813

## Indirect object pronouns (p. 410)

- An indirect object tells to whom or for whom an action is performed. In order to identify an indirect object, take the verb in the sentence and ask "For whom?" or "To whom?"

  **Te** traigo un recuerdo. — *I bring **you** a souvenir.*
  *"To whom do I bring a souvenir?"* — *"To **you**."*

- Indirect object pronouns must agree with the person they refer to.

| | Singular | | Plural |
|---|---|---|---|
| **(yo)** | **me** (to/for) me | **(nosotros)** | **nos** (to/for) us |
| **(tú)** | **te** (to/for) you (familiar) | **(vosotros)** | **os** (to/for) you |
| **(Ud./él/ella)** | **le** (to/for) you (formal), him, her | **(Uds./ellos/ellas)** | **les** (to/for) you (formal), them |

- Like direct object pronouns, indirect object pronouns go before a conjugated verb.

  **Te** compré una tarjeta. — *I bought **you** a card.*

- When there is an infinitive with a conjugated verb, the indirect object pronoun can attach to the end of the infinitive or go before the conjugated verb.

  **Me** van a comprar una camiseta. — *They are going to buy **me** a T-shirt.*
  Van a compra**rme** una camiseta. — *They are going to buy **me** a T-shirt.*

**A.** Underline the indirect object pronoun in each sentence.

1. Te escribí una tarjeta.
2. Me trae un vaso de agua.
3. Le ayudo con la tarea.
4. Nos dan regalos.
5. Les compramos una camiseta.
6. Le llevamos unos libros.

**B.** Circle the correct indirect object pronoun. Follow the model.

**Modelo** tú: ( **Te** / **Le** ) damos un boleto de avión.

1. yo: ( **Me** / **Nos** ) ayudan con la tarea.
2. tú: ( **Te** / **Les** ) llevo un regalo.
3. ella: ( **Le** / **Les** ) escribo una tarjeta.
4. nosotros: ( **Nos** / **Les** ) compraron unos zapatos.
5. ellos: ( **Le** / **Les** ) trae un vaso de agua.
6. él: ( **Le** / **Me** ) lavo el coche.
7. tú: ( **Me** / **Te** ) damos unas flores.
8. tú y yo: ( **Me** / **Nos** ) traen un recuerdo de las vacaciones.





realidades.com
• Web Code: jcd-0815

## Indirect object pronouns *(continued)*

**C.** Write the correct indirect object pronoun in each sentence. Follow the model.

**Modelo** yo: *Me* traen el periódico.

1. yo: ______ ayudan a limpiar el baño.
2. tú: ______ compran una sudadera.
3. él: ______ dan una bicicleta nueva.
4. nosotros: ______ traen unas cajas de cartón.
5. Ud.: ______ escriben una tarjeta.
6. ellos: ______ compro unos platos.
7. tú y yo: ______ traen una pizza grande.
8. Uds.: ______ compro un boleto de avión.
9. yo: ______ traen un vaso de jugo.
10. tú: ______ dan unos juguetes.

**D.** Write sentences to say to whom Susana is telling the truth. Follow the model.

**Modelo** yo *Susana me dice la verdad.*

1. tú ______
2. él ______
3. nosotros ______
4. ellos ______
5. ella ______
6. tú y yo ______
7. ustedes ______



realidades.com
• Web Code: jcd-0815

# The preterite of *hacer* and *dar* (p. 412)

- The verbs **hacer** (*to make, to do*) and **dar** (*to give*) are irregular in the preterite.

**hacer**

| | | | |
|---|---|---|---|
| yo | **hice** | nosotros/nosotras | **hicimos** |
| tú | **hiciste** | vosotros/vosotras | **hicisteis** |
| usted/él/ella | **hizo** | ustedes/ellos/ellas | **hicieron** |

| | | | |
|---|---|---|---|
| yo | **di** | nosotros/nosotras | **dimos** |
| tú | **diste** | vosotros/vosotras | **disteis** |
| usted/él/ella | **dio** | ustedes/ellos/ellas | **dieron** |

- These verbs have no accent marks in the preterite forms.
- Notice the change from **c** to **z** in the **usted/él/ella** form of **hacer: hizo.**

**A.** Write the missing forms of **hacer** and **dar** in the chart.

| | hacer | dar |
|---|---|---|
| **yo** | hice | |
| **tú** | | diste |
| **Ud./él/ella** | | dio |
| **nosotros/nosotras** | hicimos | |
| **Uds./ellos/ellas** | | dieron |

**B.** Circle the correct forms of **hacer** and **dar** for each subject pronoun.

1. tú ( **diste / dio** ), ( **hizo / hiciste** )
2. yo ( **dio / di** ), ( **hice / hicimos** )
3. tú y yo ( **dimos / diste** ), ( **hizo / hicimos** )
4. ellas ( **di / dieron** ), ( **hice / hicieron** )
5. él ( **diste / dio** ), ( **hizo / hice** )
6. Ud. ( **di / dio** ), ( **hizo / hiciste** )

**C.** Complete each sentence with the correct form of the verb indicated. Follow the model. The boldfaced word is the subject of the sentence.

**Modelo** **Ella** me (dar) *dio* un libro.

1. **Tú** me (dar) ____________ un regalo bonito.
2. **Ellos** me (hacer) ____________ un suéter fantástico.
3. **Nosotros** te (dar) ____________ unos discos compactos.
4. **Ud.** me (hacer) ____________ un pastel sabroso.





realidades.com
• Web Code: jcd-0814

## Lectura: Hábitat para la Humanidad Internacional (pp. 416–417)

**A.** Recognizing cognates has helped you understand many of the readings in your textbook. The reading on Habitat for Humanity is no exception. Look at the words below and write their English equivalents in the spaces provided.

1. organización ______
2. internacional ______
3. comunidades ______
4. donaciones ______
5. privadas ______
6. miembros ______

**B.** Answer the following questions in Spanish in order to understand the main idea of the reading in your textbook.

1. ¿Qué es Hábitat y qué hace? Hábitat es una ______ ______.
2. ¿Cuál es el objetivo de Hábitat? Su objetivo es ______ ______.
3. ¿Cuántos proyectos en total tiene Hábitat en el mundo? Hábitat tiene ______ ______.

**C.** Now, read the following passage to get more specific information about a typical Habitat project. Answer the questions that follow.

> *Según Hábitat, las personas pobres tienen que ayudar a construir sus casas. Es una manera positiva de ayudar a los demás. Hábitat les da los materiales de construcción y los trabajadores voluntarios.*

1. According to Habitat, who has to help build the houses? ______ ______
2. Who gives these people materials? ______ ______
3. Who else helps build the houses? ______ ______
4. Why do you think Habitat has such success? ______ ______ ______

## Presentación escrita (p. 419)

**Task:** Imagine that you have to organize a clean-up campaign for a park, recreation center, school playground, or other place in your community. Make a poster announcing the project and inviting students to participate.

**1 Prewrite.** Answer the following questions about your project:

**a)** ¿Qué van a limpiar ustedes?

______________________________

**b)** ¿Dónde está el lugar?

______________________________

**c)** ¿Qué tienen que hacer para preparar a limpiar?

______________________________

**d)** ¿Qué día van a trabajar?

______________________________

**e)** ¿Cuántas horas van a trabajar?

______________________________

**f)** ¿Quién(es) puede(n) participar?

______________________________

**2 Draft.** Your answers to the questions above will determine what you say in your rough draft. Write your answers on a separate sheet of paper and organize them so that they will be easy to read and understand. You should also include any drawings, photos, or useful magazine cutouts you can find as part of your poster.

**3 Revise.** Check your rough draft to make sure it is what you want. Your partner will check your work. Look on page 419 of your textbook to see what he or she will check.

**4 Publish.** Take your partner's suggestions and do the changes necessary to make your poster as complete and effective as you can. Since you are now working on your final draft, your writing should be neat and your presentation should be on a clean poster. Your work may be presented in the classroom or even on the walls elsewhere in school, so make it look attractive!

Write the Spanish vocabulary word below each picture. If there is a word or phrase, copy it in the space provided. Be sure to include the article for each noun.

**el canal**

Realidades 1

Nombre ______________________ Hora ______

Capítulo 9A

Fecha ______________________

## Vocabulary Flash Cards, Sheet 2

**la actriz**

| | | |
|---|---|---|
| **cómico, cómica**<br>_______________,<br>_______________ | **infantil**<br>_______________ | **violento, violenta**<br>_______________,<br>_______________ |
| **emocionante**<br>_______________ | **realista**<br>_______________ | **me aburre(n)**<br>________<br>_______________ |
| **fascinante**<br>_______________ | **tonto, tonta**<br>_______________,<br>_______________ | **me interesa(n)**<br>________<br>_______________ |

| | | |
|---|---|---|
| **dar** | **terminar** | **medio, media** |
| **durar** | **más de** | **¿Qué clase de...?** |
| **empezar** | **menos de** | **acabar de** |

| | | |
|---|---|---|
| **aburrir** | **faltar** | **antes de** |
| **doler** | **interesar** | **casi** |
| **encantar** | **quedar** | **¿De veras?** |

| | | |
|---|---|---|
| **especialmente** | **ya** | |
| **por eso** | | |
| **sobre** | | |

Tear out this page. Write the English words on the lines. Fold the paper along the dotted line to see the correct answers so you can check your work.

el canal ______

el programa de concursos ______

el programa de dibujos animados ______

el programa deportivo ______

el programa de entrevistas ______

el programa de la vida real ______

el programa de noticias ______

el programa educativo ______

el programa musical ______

la telenovela ______

la comedia ______

el drama ______

la película de ciencia ficción ______

Fold In ←

Realidades 1 | Nombre ______ | Hora ______

Capítulo 9A | Fecha ______ | **Vocabulary Check, Sheet 2**

Tear out this page. Write the English words on the lines. Fold the paper along the dotted line to see the correct answers so you can check your work.

channel ______

game show ______

cartoon show ______

sports show ______

interview show ______

reality program ______

news program ______

educational program ______

musical program ______

soap opera ______

comedy ______

drama ______

science fiction movie ______

Fold In ←

Tear out this page. Write the English words on the lines. Fold the paper along the dotted line to see the correct answers so you can check your work.

la película de horror ______

la película policíaca ______

la película romántica ______

emocionante ______

fascinante ______

infantil ______

tonto, tonta ______

violento, violenta ______

el actor ______

la actriz ______

dar ______

durar ______

empezar ______

terminar ______

Fold In ←

Tear out this page. Write the English words on the lines. Fold the paper along the dotted line to see the correct answers so you can check your work.

horror movie ______________________

crime movie, mystery ______________________

romantic movie ______________________

touching ______________________

fascinating ______________________

for children; childish ______________________

silly, stupid ______________________

violent ______________________

actor ______________________

actress ______________________

to show ______________________

to last ______________________

to begin ______________________

to end ______________________

Fold In ←

To hear a complete list of the vocabulary for this chapter, go to www.realidades.com and type in the Web Code jcd-0989. Then click on **Repaso del capítulo.**

## *Acabar de* + infinitive (p. 434)

- Use present-tense forms of **acabar** with an infinitive to say that you and others have just finished doing something.

  **Acabo de tomar** una siesta. *I just took a nap.*

  **Acabamos de patinar.** *We just went skating.*

- Here are the present-tense forms of **acabar**, which is a regular **-ar** verb.

| | | | |
|---|---|---|---|
| yo | **acabo** | nosotros/nosotras | **acabamos** |
| tú | **acabas** | vosotros/vosotras | **acabáis** |
| usted/él/ella | **acaba** | ustedes/ellos/ellas | **acaban** |

**A.** Write the correct forms of **acabar** in the chart.

| | | | |
|---|---|---|---|
| yo | | nosotros/nosotras | |
| tú | | vosotros/vosotras | acabáis |
| Ud./él/ella | | Uds./ellos/ellas | |

**B.** Circle the correct form of **acabar** to complete each sentence.

1. Yo ( **acaba** / **acabo** ) de ver un programa de la vida real.
2. Tú ( **acabas** / **acabamos** ) de ir al cine.
3. Ellos ( **acaban** / **acaba** ) de ver un video.
4. Tú y yo ( **acabas** / **acabamos** ) de cambiar el canal.
5. Usted ( **acabo** / **acaba** ) de ver una película policíaca.
6. Nosotros ( **acabas** / **acabamos** ) de hablar de las comedias.
7. Ustedes ( **acabamos** / **acaban** ) de comprar un lector DVD.

**C.** Complete each sentence with an activity you recently finished. Use the activities from **part B** above for ideas.

1. Yo acabo de ____________________________.
2. Mis amigos y yo acabamos de ____________________________.
3. Mi profesor (profesora) acaba de ____________________________.
4. Los estudiantes de la escuela acaban de ____________________________.



realidades.com
• Web Code: jcd-0903

## *Acabar de* + infinitive *(continued)*

**D.** Complete the following conversations with the correct forms of **acabar**.

ADELA: Mis amigos y yo __________ de ver una película de horror.
ANA: ¿Sí? ¡Qué casualidad! Yo también __________ de ver una película de horror.
LUIS: ¿Tú __________ de ver las noticias?
MARCOS: Sí. ¿Y ustedes?
LUIS: Nosotros __________ de ver un programa de concursos.

**E.** Create complete sentences. Follow the model.

**Modelo** Alejandra / acabar de / sacar la basura
*Alejandra acaba de sacar la basura.*

1. Natalia / acabar de / dar de comer al gato
__________
2. yo / acabar de / lavar los platos
__________
3. ellos / acabar de / quitar la mesa
__________
4. tú y yo / acabar de / cortar el césped
__________
5. tú / acabar de / limpiar el baño
__________
6. Ud. / acabar de / pasar la aspiradora
__________

**F.** Complete each sentence with forms of **acabar de** to say what you and other people you know recently did.

1. Yo __________.
2. Mi familia __________.
3. Mis amigos y yo __________.
4. Los estudiantes de la escuela __________.





realidades.com
• Web Code: jcd-0903

## *Gustar* and similar verbs (p. 436)

- **Gustar** (*to please*) is different from other verbs you've learned. It is only used in its *third person forms*: **gusta** and **gustan**.
- **Gustar** is used with *indirect object pronouns* (**me, te, le, nos,** and **les**).
- **Gustar** agrees with the *subject* of the sentence, which is the object or objects that are pleasing to someone.

  indirect object pronoun + **gusta** + singular subject:

  Me **gusta** esa **comedia**. *I like that comedy. (That comedy pleases me.)*

  indirect object pronoun + **gustan** + plural subject:

  Nos **gustan** los **dramas**. *We like dramas. (Dramas please us.)*
- Some other verbs are similar to **gustar:**

| | |
|---|---|
| **aburrir (aburre/aburren)** (*to bore*): | Me **aburre** ese **programa**.<br>Me **aburren** las **telenovelas**. |
| **doler (duele/duelen)** (*to hurt*): | Te **duele** la **mano**.<br>Te **duelen** los **pies**. |
| **encantar (encanta/encantan)** (*to like a lot*): | Nos **encanta** el **teatro**.<br>Nos **encantan** los **museos**. |
| **faltar (falta/faltan)** (*to lack, to be missing*): | Les **falta** un **vaso**.<br>Les **faltan** los **anteojos**. |
| **interesar (interesa/interesan)** (*to interest*): | Me **interesa** la **literatura**.<br>Me **interesan** las **ciencias**. |
| **quedar (queda/quedan)** (*to fit*): | Te **queda** bien el **vestido**.<br>Te **quedan** bien los **zapatos**. |

**A.** Look at each sentence. Circle the subject and underline the form of **gustar**. Follow the model.

**Modelo** Te gustan los programas de noticias. P

1. Me gustan los programas de entrevista. _____
2. Nos gusta la telenovela nueva. _____
3. ¿Te gusta el canal de deportes? _____
4. Les gustan los programas de dibujos animados. _____
5. Le gustan los programas de la vida real. _____
6. Nos gusta el programa musical en el canal 27. _____

**B.** Now, go back to the sentences in **part A** and write an **S** if they are singular (**gusta** + singular subject) or a **P** if they are plural (**gustan** + plural subject).



realidades.com
• Web Code: jcd-0904

## *Gustar* and similar verbs *(continued)*

**C.** Circle the correct form of **gustar** to complete each sentence.

1. Nos ( **gusta** / **gustan** ) las ciudades grandes.
2. Te ( **gusta** / **gustan** ) los parques nacionales.
3. Les ( **gusta** / **gustan** ) el teatro.
4. Me ( **gusta** / **gustan** ) el parque de diversiones.
5. Le ( **gusta** / **gustan** ) los animales.

**D.** Write the correct form of **gustar** to complete each sentence.

1. Nos ____________ los jeans.
2. Les ____________ los zapatos.
3. Le ____________ la gorra.
4. Me ____________ el traje.
5. Te ____________ las botas.
6. Les ____________ el suéter.

**E.** These sentences use verbs that are similar to **gustar**. Circle the correct form for each verb.

1. Nos ( **encanta** / **encantan** ) las tiendas de ropa.
2. Me ( **aburre** / **aburren** ) los programas de la vida real.
3. Te ( **duele** / **duelen** ) los pies.
4. Les ( **interesa** / **interesan** ) los programas de noticias.
5. Le ( **falta** / **faltan** ) un cuchillo.
6. Me ( **queda** / **quedan** ) bien la falda.

**F.** Now write **a** or **an** to complete each of the following verbs.

1. Me encant_____ los programas de concursos.
2. Te interes_____ la nueva telenovela.
3. Nos falt_____ un vaso.
4. Me qued_____ bien la sudadera.

**G.** Write **e** or **en** to complete each of the following verbs.

1. Le aburr_____ los programas educativos.
2. Me duel_____ la cabeza.
3. Nos aburr_____ ese libro.
4. Te duel_____ el estómago.





realidades.com
• Web Code: jcd-0904

## Lectura: Una semana sin televisión (pp. 440–441)

**A.** Read through the reading in your textbook without stopping to look up words in a dictionary. On a separate sheet of paper, make a list of any words you don't know. Then, answer the following questions about the reading in Spanish. If you have trouble with any of the words, look them up while you answer the questions.

1. ¿Qué dos cosas hacen los niños estadounidenses más que cualquier otra cosa?

   ____________ y ____________

2. Según los estudios, ¿cuáles son tres resultados malos del ver demasiado la televisión?

   ____________, ____________ y

   ____________

3. ¿Qué hacen millones de personas durante el mes de abril?

   ____________.

**B.** Read through the reading in your textbook once more. If there are words or phrases you still do not understand, look them up in a dictionary. Now, answer the questions below circling **C** for **cierto** (*true*) and **F** for **falso** (*false*).

1. C F Según la lectura, los niños comen más que cualquier otra cosa, a excepción de dormir.
2. C F Ver demasiado la televisión puede resultar en un exceso de peso.
3. C F En cuatro horas de dibujos animados el sábado por la mañana, los niños pueden ver más de 200 anuncios sobre los deportes.
4. C F Hay estudios que dicen que los niños que ven demasiado la tele pueden tener más probabilidad de ser violentos y agresivos de adultos.
5. C F Para muchas familias en varios países una semana sin televisión les da la oportunidad de hacer cosas interesantes en vez de ver la tele.

**C.** You may have a discussion about the benefits and drawbacks of watching TV. Think of which argument you want to support. Then write three reasons in Spanish for why you feel this way. You can use information from the reading in your textbook or from personal experience.

**Razón 1:** ____________

**Razón 2:** ____________

**Razón 3:** ____________



realidades.com
• Web Code: jcd-0905

## Presentación oral (p. 443)

**Task:** You are going to write a review of a movie or television show that was on your school's closed-circuit TV system. Prepare a summary of the movie or show.

**A.** Choose a movie or show to talk about. Fill in the chart with the information about your show or movie.

| | |
|---|---|
| **Nombre** | |
| **Clase de película o programa** | |
| **Actor/Actores** | |
| **Actriz/Actrices** | |
| **Cómo es** | |
| **Cuánto tiempo dura** | |
| **Para quiénes es** | |

**B.** Collect visuals to go along with your presentation. They could be ads or photos from a newspaper or magazine, such as a TV guide, or you could download pictures from the Internet. Make a poster with all of the items you collect.

**C.** Use the notes you took in **part A** to prepare your presentation. Write out complete sentences for each topic in the spaces below.

1. ______________________________.
2. ______________________________.
3. ______________________________.
4. ______________________________.
5. ______________________________.
6. ______________________________.
7. ______________________________.

**D.** Now, put together your finished poster and your sentences and practice your presentation. Remember to:

_____ speak clearly

_____ use complete sentences

_____ provide all key information about the movie or show

Write the Spanish vocabulary word below each picture. If there is a word or phrase, copy it in the space provided. Be sure to include the article for each noun.

| | | |
|---|---|---|
|  ________ ________ <br> ________ | **enviar** <br> ________ | **buscar** <br> ________ |
| 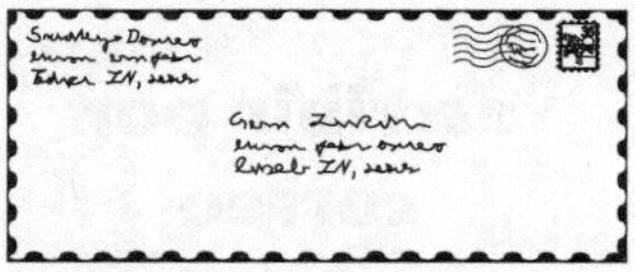 ________ <br> ________ |  ________ <br> ________ |  ________ ________ <br> ________ |
| **comunicarse** <br> ________ | **bajar** <br> ________ | **la canción** <br> ________ <br> ________ |

| | | |
|---|---|---|
| la composición | el curso | el documento |
|  | 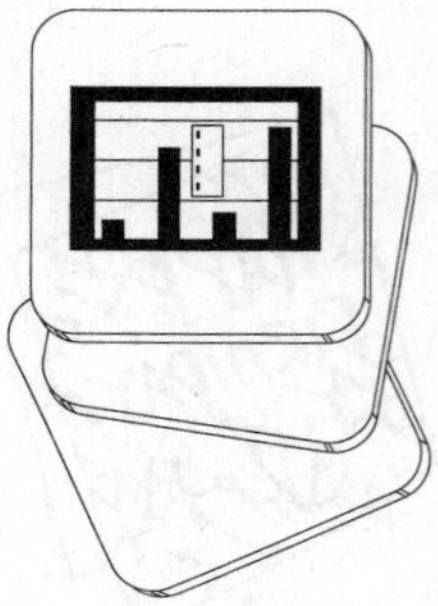 | escribir por correo electrónico |
| crear | 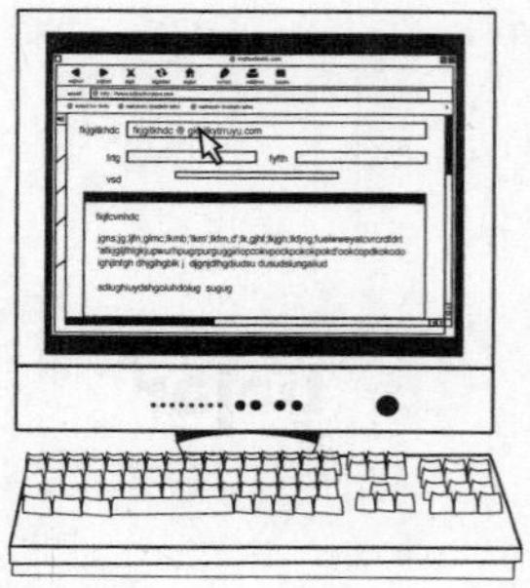 | estar en línea |

el
informe

los
gráficos

el
laboratorio

la
presentación

la
información

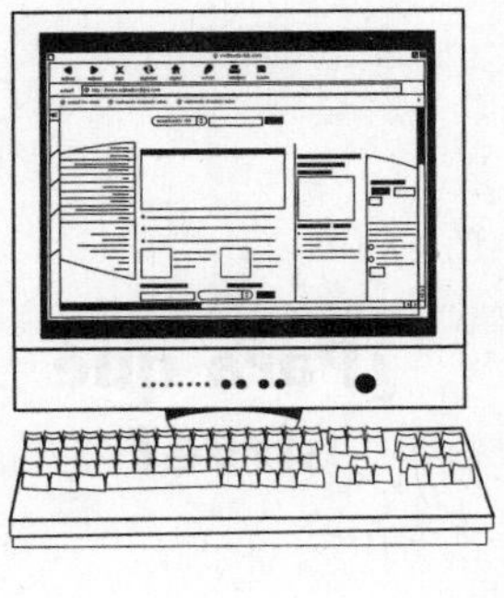

| | | |
|---|---|---|
| **visitar salones de chat** | **¿Qué te parece?** | **tener miedo (de)** |
| **complicado, complicada** | **rápidamente** | **conocer** |
| **¿Para qué sirve?** | **Sirve para...** | **saber** |

Realidades 1 | Nombre ______ | Hora ______

Capítulo 9B | Fecha ______ | **Vocabulary Check, Sheet 1**

Tear out this page. Write the English words on the lines. Fold the paper along the dotted line to see the correct answers so you can check your work.

cara a cara ______

la carta ______

comunicarse ______

enviar ______

la tarjeta ______

bajar ______

buscar ______

la cámara digital ______

la canción ______

la composición ______

la computadora portátil ______

crear ______

el curso ______

la diapositiva ______

la dirección electrónica ______

el documento ______

Fold In ←

Nombre _______________ Hora _______________

Fecha _______________

**Vocabulary Check, Sheet 2**

Tear out this page. Write the Spanish words on the lines. Fold the paper along the dotted line to see the correct answers so you can check your work.

| | |
|---|---|
| face-to-face | _______________ |
| letter | _______________ |
| to communicate (with) | _______________ |
| to send | _______________ |
| card | _______________ |
| to download | _______________ |
| to search (for) | _______________ |
| digital camera | _______________ |
| song | _______________ |
| composition | _______________ |
| laptop computer | _______________ |
| to create | _______________ |
| course | _______________ |
| slide | _______________ |
| e-mail address | _______________ |
| document | _______________ |

Fold In ←

Tear out this page. Write the English words on the lines. Fold the paper along the dotted line to see the correct answers so you can check your work.

escribir por correo electrónico ______

estar en línea ______

grabar un disco compacto ______

los gráficos ______

la información ______

el informe ______

el laboratorio ______

navegar en la Red ______

la presentación ______

el sitio Web ______

visitar salones de chat ______

Fold In ←

**Vocabulary Check, Sheet 4**

Tear out this page. Write the Spanish words on the lines. Fold the paper along the dotted line to see the correct answers so you can check your work.

| | |
|---|---|
| to send an e-mail message | ______ |
| to be online | ______ |
| to burn a CD | ______ |
| graphics | ______ |
| information | ______ |
| report | ______ |
| laboratory | ______ |
| to surf the Web | ______ |
| presentation | ______ |
| Web site | ______ |
| to visit chat rooms | ______ |

Fold In ←

To hear a complete list of the vocabulary for this chapter, go to www.realidades.com and type in the Web Code jcd-0999. Then click on **Repaso del capítulo**.

Realidades 1 | Nombre ____ | Hora ____

Capítulo 9B | Fecha ____ | Guided Practice Activities 9B-1

# The present tense of *pedir* and *servir* (p. 458)

- You have learned other verbs with stem changes in the present tense (**pensar, querer, preferir**), where the stem changes from **e** to **ie**.
- **Pedir** (to *ask for*) and **servir** (*to serve, or to be useful for*) are also stem-changing verbs in the present tense, but their stem changes from **e** to **i**.
- Here are the present tense forms of **pedir** and **servir**. Notice that the **nosotros/nosotras** and **vosotros/vosotras** forms do not change their stem.

| | | | |
|---|---|---|---|
| yo | **pido** | nosotros/nosotras | **pedimos** |
| tú | **pides** | vosotros/vosotras | **pedís** |
| usted/él/ella | **pide** | ustedes/ellos/ellas | **piden** |

| | | | |
|---|---|---|---|
| yo | **sirvo** | nosotros/nosotras | **servimos** |
| tú | **sirves** | vosotros/vosotras | **servís** |
| usted/él/ella | **sirve** | ustedes/ellos/ellas | **sirven** |

**A.** Complete the chart with the correct forms of **pedir** and **servir**.

| | pedir | servir |
|---|---|---|
| **yo** | pido | |
| **tú** | | sirves |
| **Ud./él/ella** | | |
| **nosotros/nosotras** | | |
| **Uds./ellos/ellas** | | |

**B.** Write **e** or **i** in the blank to complete each verb form.

1. yo p_____do
2. tú s_____rves
3. nosotros s_____rvimos
4. ellos p_____den
5. Ud. s_____rve
6. ellos s_____rven
7. nosotros p_____dimos
8. ella s_____rve
9. yo s_____rvo
10. tú p_____des



realidades.com
• Web Code: jcd-0913

Nombre _______________ Hora _______

Fecha _______________ **Guided Practice Activities 9B-2**

## The present tense of *pedir* and *servir (continued)*

**C.** Circle the correct form of **pedir** or **servir** to complete each sentence.

1. Tú ( **sirve** / **sirves** ) café con leche y unas galletas.
2. Yo ( **pido** / **pedimos** ) una hamburguesa con papas fritas para el almuerzo.
3. Nosotros ( **pido** / **pedimos** ) un jugo de naranja.
4. Este libro ( **sirves** / **sirve** ) para aprender química.
5. Ellos ( **pedimos** / **piden** ) un tenedor limpio.
6. Todos los domingos mi madre ( **sirve** / **sirven** ) pescado para la cena.
7. Tú y yo ( **pido** / **pedimos** ) ayuda con la computadora.
8. Las computadoras ( **sirven** / **servimos** ) para conectar los sitios Web.

**D.** Write the correct form of the verb in the blank. Follow the model.

**Modelo** Yo siempre (**pedir**) ___*pido*___ yogur para el desayuno.

1. Mis amigos (**servir**) _______________ café con el postre.
2. Nosotros siempre (**pedir**) _______________ café con leche.
3. Las computadoras (**servir**) _______________ para navegar la Red.
4. Tú y yo (**servir**) _______________ jugo de naranja con una ensalada de frutas.
5. Tú siempre (**pedir**) _______________ pizza para la cena.
6. Mis hermanos siempre (**pedir**) _______________ huevos para el desayuno.

**E.** Complete the following sentences in a logical manner. Follow the models for ideas.

**Modelos** Los bolígrafos (**servir**) ___*sirven para escribir*___.

En el restaurante mexicano, yo siempre (**pedir**) ___*pido enchiladas*___.

1. Mi computadora (**servir**) _______________

   _______________.
2. Para el desayuno, yo siempre (**pedir**) _______________

   _______________.
3. Para el almuerzo, la cafetería siempre (**servir**) _______________

   _______________.
4. Cuando vamos a un restaurante, mis amigos y yo (**pedir**) _______________

   _______________.

## *Saber* and *conocer* (p. 460)

- Both these verbs are irregular in the **yo** form only. Here are their present-tense forms.

| | | | |
|---|---|---|---|
| yo | **sé** | nosotros/nosotras | **sabemos** |
| tú | **sabes** | vosotros/vosotras | **sabéis** |
| usted/él/ella | **sabe** | ustedes/ellos/ellas | **saben** |

| | | | |
|---|---|---|---|
| yo | **conozco** | nosotros/nosotras | **conocemos** |
| tú | **conoces** | vosotros/vosotras | **conocéis** |
| usted/él/ella | **conoce** | ustedes/ellos/ellas | **conocen** |

**A.** Write the missing forms of **saber** and **conocer** in the chart.

| | saber | conocer |
|---|---|---|
| **yo** | sé | |
| **tú** | | |
| **Ud./él/ella** | | |
| **nosotros/nosotras** | | conocemos |
| **Uds./ellos/ellas** | | |

- Both **saber** and **conocer** mean *to know.*
- **Saber** means *to know how to do something* or *to know a fact*:
  Ella **sabe patinar.** *She **knows how to skate.***
  Él **sabe la respuesta.** *He **knows the answer.***
- **Conocer** means *to know a person* or *to be familiar with a place or thing.* Remember to use the personal **a** with **conocer** when it is used with a person.
  Ella **conoce Madrid.** *She **knows (is familiar with) Madrid.***
  Él **conoce a Miguel.** *He **knows Miguel.***

**B.** Look at each person, place, or thing. Write **S** if you would use **saber** or **C** if you would use **conocer**. Follow the model.

**Modelo** *S* las matemáticas

1. _____ la profesora de español
2. _____ nadar
3. _____ tocar la guitarra
4. _____ Tokyo
5. _____ Britney Spears
6. _____ la respuesta correcta

## *Saber* and *conocer* (continued)

**C.** Circle the correct verb form of **conocer** in each sentence.

1. Yo ( **conoce** / **conozco** ) una tienda muy buena para comprar ropa.
2. Ellos ( **conoces** / **conocen** ) muy bien la ciudad de Nueva York.
3. Ella ( **conoce** / **conozco** ) a todos los estudiantes de la clase.
4. Tú y yo ( **conocemos** / **conozco** ) la música de Carlos Santana.

**D.** Circle the correct form of **saber** in each sentence.

1. Nosotros ( **saben** / **sabemos** ) hablar español.
2. Yo ( **sabe** / **sé** ) la respuesta correcta.
3. Tú ( **sabes** / **sabe** ) dónde está la clase de matemáticas.
4. Ud. ( **sabes** / **sabe** ) esquiar y nadar.

**E.** Complete each sentence with a form of **saber** or **conocer**. Circle the correct verb form according to the context.

1. Tú y yo ( **sabemos** / **conocemos** ) tocar el piano.
2. Ellas ( **saben** / **conocen** ) dónde están las llaves.
3. Yo ( **sé** / **conozco** ) al presidente de los Estados Unidos.
4. Tú ( **sabes** / **conoces** ) bien la ciudad de Chicago.
5. Ud. ( **sabe** / **conoce** ) usar la computadora nueva.
6. Nosotros ( **sabemos** / **conocemos** ) el nombre de una canción en español.
7. Tú ( **sabes** / **conoces** ) a todos los estudiantes de la clase.
8. Uds. ( **saben** / **conocen** ) a la estudiante nueva.

**F.** Complete the following sentences. Use ideas from the activities above or other words you know. Follow the model.

**Modelo** Yo (saber) *sé montar en bicicleta*.

1. Yo (saber) ______________________________.
2. Yo no (saber) ______________________________.
3. Yo (conocer) ______________________________.
4. Yo no (conocer) ______________________________.





realidades.com
• Web Code: jcd-0914

## Lectura: La invasión del ciberspanglish (pp. 464–465)

**A.** The article in your textbook talks about the influence of computers on language. What computer terms can you think of in English? Write ten words or phrases that are commonly used when talking about the computer or the Internet. The first two have been done for you.

1. *surf the Web*
2. *to download*
3. ______
4. ______
5. ______
6. ______
7. ______
8. ______
9. ______
10. ______

**B.** Did you find words in the reading similar to those on your list? You may have found the *ciberspanglish* words as well as the more correct Spanish terms for each word. Look on the chart in your reading and find the *ciberspanglish* and Spanish words for each.

| | Ciberspanglish | Español |
|---|---|---|
| 1. to chat | | |
| 2. to reboot | | |
| 3. to program | | |
| 4. clip art | | |
| 5. to print | | |

**C.** Which list has the longer words in **part B**? Read the excerpts from the reading in your textbook. Then, write in English why some people want to use *ciberspanglish* terms and why some people prefer to use Spanish terms for computer-related words.

> A algunas personas no les gusta nada este nuevo "idioma". Piensan que el español es suficientemente rico para poder traducir los términos del inglés. Hay otros que dicen que no hay problemas con mezclar los idiomas para comunicarse mejor. Piensan que el "ciberspanglish" es más fácil y lógico porque los términos técnicos vienen del inglés y expresarlos en español es bastante complicado.

1. It is better to use Spanish because ______.
2. It is better to use *ciberspanglish* because ______.

# Presentación escrita (p. 467)

**Task:** Pretend that your parents think you spend too much time at the computer. Write an e-mail to a friend in Mexico defending your computer use.

❶ **Prewrite.** Fill in the chart below. In the first column, write in Spanish three ways you use the computer. In the second column, write the benefit (**ventaja**) to you. Use the first example as a guide.

| Cómo uso la computadora | La ventaja |
|---|---|
| *Busco información para mis clases, en Internet.* | *Aprendo mucho y es muy interesante.* |
| | |
| | |
| | |

❷ **Draft.** Use the information from the chart to write your e-mail.

❸ **Revise.** Before you have a partner review your work, check for spelling, accent marks, correct vocabulary use, and verb forms. Your partner will review the following:

_____ Is the paragraph easy to read and understand?

_____ Does the paragraph provide good reasons and support your position?

_____ Is there anything that you could add to give more information?

_____ Is there anything that you could change to make it clearer?

_____ Are there any errors that you missed?

❹ **Publish.** Rewrite the e-mail making any change suggested by your partner or by changing anything you didn't like.

❺ **Evaluation.** Your teacher will grade you on the following:

- the amount of information provided
- how well you presented each reason and its benefit
- your use of vocabulary and accuracy of spelling and grammar

**Realidades 1** Nombre ______ Hora ______

Fecha ______ **Vocabulary Flash Cards,**

| | | |
|---|---|---|
| | | |
| | | |
| | | |

Realidades 1 Nombre Hora

Fecha

## Vocabulary Flash Cards

| | | |
|---|---|---|
| | | |
| | | |

Nombre Hora

Fecha

**Vocabulary Flash Cards,**

| | | |
|---|---|---|
| | | |
| | | |
| | | |

| | | |
|---|---|---|
| | | |
| | | |
| | | |

Nombre ______________________ Hora ________

Fecha ______________________

## Vocabulary Flash Cards

| | | |
|---|---|---|
| | | |
| | | |
| | | |

Nombre

Hora

Fecha

Vocabulary Flash Cards

Nombre ____________________ Hora ____________

Fecha ____________________

## Vocabulary Flash Cards

| | | |
|---|---|---|
| | | |
| | | |
| | | |

| | | |
|---|---|---|
| | | |
| | | |
| | | |

Realidades 1 | Nombre | Hora

Fecha | **Vocabulary Flash Cards**

| | | |
|---|---|---|
| | | |
| | | |
| | | |

Nombre Hora

Fecha

## Vocabulary Flash Cards

| | | |
|---|---|---|
| | | |
| | | |
| | | |

Nombre Hora

Fecha

**Vocabulary Flash Cards**

Prentice Hall **Realidades 1**

# Leveled Vocabulary and Grammar Workbook

## Core Practice

PEARSON

Boston, Massachusetts Chandler, Arizona Glenview, Illinois Upper Saddle River, New Jersey

ISBN-13: 978-0-13-369268-6
ISBN-10: 0-13-369268-X
25 17

PEARSON

# Table of Contents

Nombre ______ Hora ______

Fecha ______

## ¿Cómo te llamas?

It is the first day of school in Madrid, and students are getting to know each other. Complete the dialogues by circling the appropriate words and phrases.

1. **A:** ¡Hola! (Hasta luego. / ¿Cómo te llamas?)

   **B:** Me llamo Rubén. ¿Y tú?

   **A:** Me llamo Antonio.

   **B:** (Mucho gusto. / Bien, gracias.)

   **A:** Igualmente, Rubén.

2. It is 9:00 in the morning.

   **A:** (¡Buenas tardes! / ¡Buenos días!) ¿Cómo te llamas?

   **B:** Buenos días. Me llamo Rosalía. ¿Cómo te llamas tú?

   **A:** Me llamo Enrique. (¿Cómo estás, Rosalía? / Gracias, Rosalía.)

   **B:** Muy bien, gracias. ¿Y tú?

   **A:** (Encantado. / Bien.)

   **B:** Adiós, Enrique.

   **A:** (¡Sí! / ¡Nos vemos!)

3. It is now 2:00 P.M.

   **A:** ¡Buenas tardes, Sr. Gómez!

   **B:** (¡Buenas noches! / ¡Buenas tardes!) ¿Cómo te llamas?

   **A:** Me llamo Margarita.

   **B:** Mucho gusto, Margarita.

   **A:** (Buenos días. / Encantada.) ¡Adiós, Sr. Gómez!

   **B:** (¡Hasta luego! / ¡Bien!)



realidades.com
• Web Code: jcd-0001

## ¿Eres formal o informal?

**A.** Circle the phrases below that can be used to talk to teachers. Underline the phrases that can be used to talk to other students. Some phrases may be both circled and underlined.

| | | | |
|---|---|---|---|
| ¡Hola! | ¿Cómo está Ud.? | Mucho gusto. | ¿Qué tal? |
| Buenos días. | ¿Cómo estás? | ¿Y usted? | ¡Hasta luego! |
| ¡Nos vemos! | Buenos días, señor. | Estoy bien. | ¿Y tú? |

**B.** Circle **Ud.** or **tú** to indicate how you would address the person being spoken to.

1. "Hola, Sr. Gómez." **Ud.** **Tú**
2. "¿Qué tal, Luis?" **Ud.** **Tú**
3. "¿Cómo estás, Paco?" **Ud.** **Tú**
4. "¡Buenos días, profesor!" **Ud.** **Tú**
5. "Adiós, señora." **Ud.** **Tú**

**C.** Number the following phrases from 1–5 to create a logical conversation. Number 1 should indicate the first thing that was said, and 5 should indicate the last thing that was said.

_______ Bien, gracias, ¿y Ud.?

_______ ¡Hasta luego!

_______ Buenas tardes.

_______ ¡Buenas tardes! ¿Cómo está Ud.?

_______ Muy bien. ¡Adiós!

Nombre ______________________ Hora ______

Fecha ______________________ Core Practice **P–3**

## Por favor

Your Spanish teacher has asked you to learn some basic classroom commands. Write the letter of the appropriate phrase next to the picture it corresponds to.

1. ______

2. ______

3. ______

4. ______

5. ______

**A.** Saquen una hoja de papel.
**B.** Siéntense, por favor.
**C.** Repitan, por favor.
**D.** ¡Silencio, por favor!
**E.** Levántense, por favor.

Realidades 1 Nombre ________ Hora ________

Para empezar Fecha ________ Core Practice **P–4**

**En la escuela**

## Los números

**A.** Here are some simple math problems. First, fill in each blank with the correct number. Then, find the Spanish word for that number in the word search to the right.

1. 7 × 8 = ________
2. 50, 40, ________ , 20, 10 . . .
3. 75 + 7 = ________
4. 55, 60, 65, ________ , 75, 80 . . .
5. 97, 98, 99, ________ . . .
6. 24 ÷ 2 = ________
7. 72, 60, ________ , 36, 24 . . .

| | | | | | | | | | | | | | |
|---|---|---|---|---|---|---|---|---|---|---|---|---|---|
| O | C | H | E | N | T | A | Y | D | O | S | L | C | T |
| M | O | J | X | U | E | Y | S | W | H | U | S | S | R |
| O | G | X | L | E | G | I | L | E | C | E | H | M | E |
| G | U | N | V | C | T | B | C | R | T | U | C | G | I |
| O | H | C | O | Y | A | T | N | E | R | A | U | C | N |
| T | T | C | C | V | A | T | N | W | L | Y | F | W | T |
| M | B | K | W | C | E | T | U | Y | O | N | L | O | A |
| E | F | Q | F | Q | A | N | B | Y | F | K | R | L | V |
| H | C | E | E | A | Y | R | T | D | M | W | D | A | W |
| C | I | N | C | U | E | N | T | A | Y | S | E | I | S |
| R | E | C | O | J | I | W | C | J | Y | G | Q | U | Q |
| U | L | J | D | I | U | D | G | V | X | D | D | K | G |

**B.** As exchange students, you and your classmates are finding it hard to get used to the time difference. Below are some statements about time differences in various U.S and Spanish-speaking cities. Write in the times that correspond to each. Follow the model.

**Modelo** 10:30 10:30 Cuando son las diez y media en Chicago, son las diez y media en Panamá.

1. ___:___ ___:___ Cuando es la una y media en Washington, D.C., son las dos y media en Buenos Aires.

2. ___:___ ___:___ Cuando son las doce y cuarto en la Ciudad de México, es la una y cuarto en San Juan.

3. ___:___ ___:___ Cuando son las diez en Nueva York, son las diez en La Habana.

4. ___:___ ___:___ Cuando son las seis y cuarto en San Francisco, son las ocho y cuarto en Lima.

5. ___:___ ___:___ Cuando son las dos de la mañana (*A.M.*) en Madrid, son las siete de la tarde (*P.M.*) en Bogotá.





realidades.com
• Web Code: jcd-0002

Nombre ______________________ Hora ____________

Fecha ______________________ Core Practice **P–5**

## El cuerpo

**A.** You are watching your neighbor's toddler Anita for a few hours after school. She is playing with her **muñequita** (*doll*) Chula and is practicing words to identify body parts. Help her by drawing lines to connect her doll's body parts with their correct names.

el ojo

la boca

el dedo

el estómago

la nariz

la mano

el pie

la cabeza

la pierna

**B.** Now write three sentences using the phrase **me duele** and body parts.

1. ______________________________

2. ______________________________

3. ______________________________

## Combinaciones

**A.** Write the correct article (**el** or **la**, or both) before each of the items below.

| | |
|---|---|
| **1.** _______ bolígrafo | **6.** _______ carpeta |
| **2.** _______ lápiz | **7.** _______ profesor |
| **3.** _______ sala de clases | **8.** _______ estudiante |
| **4.** _______ profesora | **9.** _______ pupitre |
| **5.** _______ cuaderno | **10.** _______ hoja de papel |

**B.** To make sure that there are enough school supplies for everyone, your teacher has asked you to help take inventory. Complete each sentence by writing the name and number of each item pictured. Follow the model.

**Modelo** veinticinco No hay un *libro*. Hay *25* ____________.

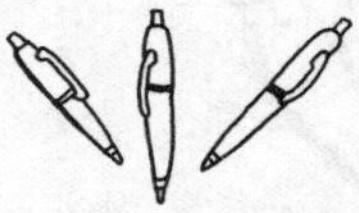

**1.** sesenta y siete No hay un ____________. Hay ____________.

**2.** cien No hay una ____________. Hay ____________.

**3.** veintidos No hay un ____________. Hay ____________.

**4.** diecinueve No hay un ____________. Hay ____________.

**5.** treinta y seis No hay un ____________. Hay ____________.

## El calendario

February has just ended on a leap year. Because of this, Pepe is completely lost in planning out March. Help him get his days straight by using the calendar. Follow the model.

| lunes | martes | miércoles | jueves | viernes | sábado | domingo |
|---|---|---|---|---|---|---|
| | | | | 1 | 2 | 3 |
| 4 | 5 | 6 | 7 | 8 | 9 | 10 |
| 11 | 12 | 13 | 14 | 15 | 16 | 17 |
| 18 | 19 | 20 | 21 | 22 | 23 | 24 |
| 25 | 26 | 27 | 28 | 29 | 30 | 31 |

**Modelo** TÚ: Hoy es el cinco de marzo.
PEPE: ¿Es jueves?
TÚ: No, es martes.

1. TÚ: Hoy es el treinta de marzo.
   PEPE: ¿Es lunes?
   TÚ: ____________________

2. TÚ: Hoy es el trece de marzo.
   PEPE: ¿Es domingo?
   TÚ: ____________________

3. TÚ: Hoy es el veintiuno de marzo.
   PEPE: ¿Es domingo?
   TÚ: ____________________

4. TÚ: Hoy es el once de marzo.
   PEPE: ¿Es miércoles?
   TÚ: ____________________

5. TÚ: Hoy es el primero de marzo.
   PEPE: ¿Es martes?
   TÚ: ____________________

6. TÚ: Hoy es el doce de marzo.
   PEPE: ¿Es sábado?
   TÚ: ____________________

7. TÚ: Hoy es el veinticuatro de marzo.
   PEPE: ¿Es viernes?
   TÚ: ____________________

8. TÚ: Hoy es el diecisiete de marzo.
   PEPE: ¿Es lunes?
   TÚ: ____________________

## La fecha

**A.** Write out the following dates in Spanish. The first one is done for you.

**Día/Mes**

2/12 *el dos de diciembre*

9/3 ______

5/7 ______

4/9 ______

8/11 ______

1/1 ______

> **¿Recuerdas?**
>
> Remember that when writing the date in Spanish, the day precedes the month.
>
> - 19/12 = el 19 de diciembre = December 19
> - 27/3 = el 27 de marzo = March 27

**B.** Now, answer the following questions about dates in complete sentences.

1. ¿Cuál es la fecha de hoy?

______

2. ¿El Día de San Valentín es el trece de enero?

______

3. ¿Cuál es la fecha del Año Nuevo?

______

4. ¿La Navidad (*Christmas*) es el 25 de noviembre?

______

5. ¿Cuál es la fecha del Día de San Patricio?

______

6. ¿Cuál es la fecha del Día de la Independencia?

______

7. ¿Cuál es la fecha de mañana?

______

Nombre ____________________ Hora ____________

Fecha ____________________ Core Practice **P–9**

## ¿Qué tiempo hace?

You and several Spanish-speaking exchange students are discussing the weather of your home countries.

**A.** Fill in the chart with the missing information for the area in which you live.

| Meses | Estación | Tiempo |
|---|---|---|
| diciembre<br>enero<br>________ | ________ | ________ |
| marzo<br>________<br>________ | ________ | ________ |
| junio<br>________<br>________ | el verano | ________ |
| ________<br>________<br>noviembre | ________ | hace viento, hace sol |

**B.** Complete the dialogues below with information from the chart.

1. PROFESORA: ¿Qué tiempo hace en julio?
   ESTUDIANTE: ____________________
2. PROFESORA: ¿En enero hace calor?
   ESTUDIANTE: ____________________
3. PROFESORA: ¿En qué meses hace frío?
   ESTUDIANTE: ____________________
4. PROFESORA: ¿Qué tiempo hace en el verano?
   ESTUDIANTE: ____________________
5. PROFESORA: ¿Nieva en agosto?
   ESTUDIANTE: ____________________

realidades.com
• Web Code: jcd-0006

## Repaso

Fill in the crossword puzzle with the Spanish translation of the English words given below.

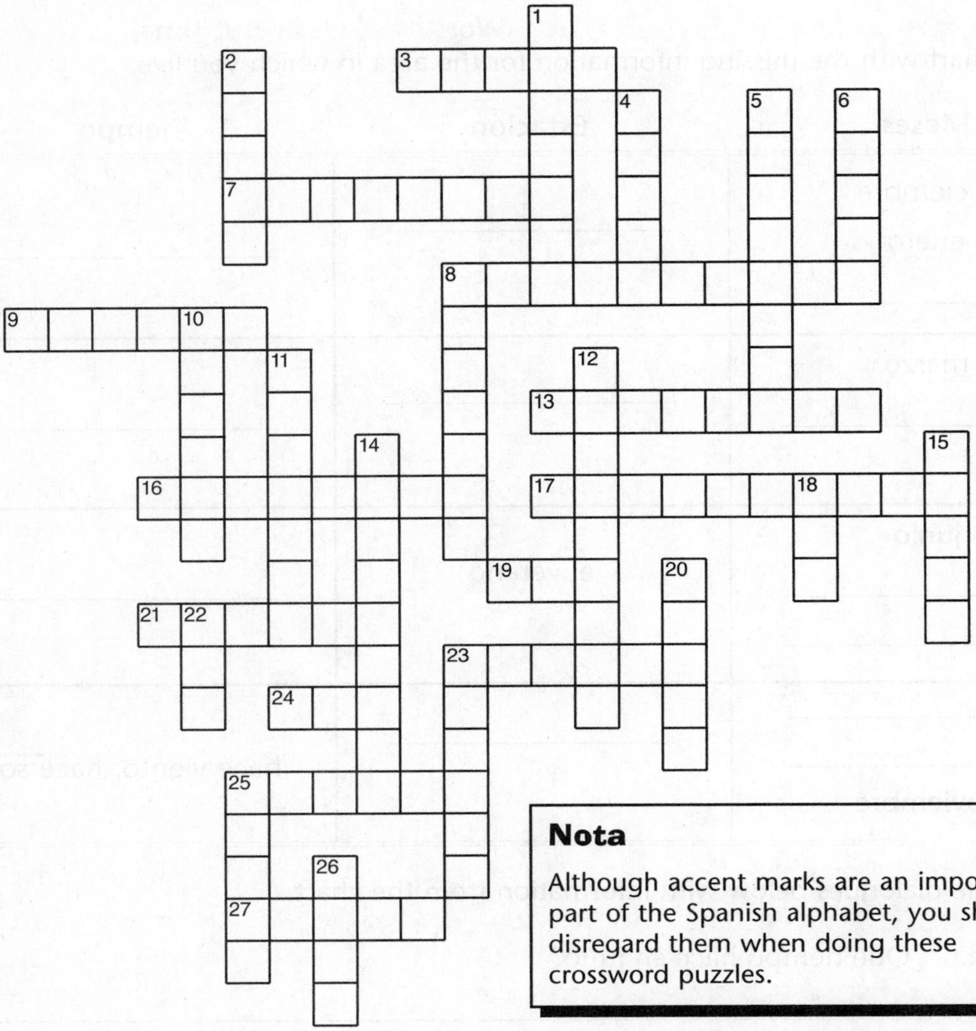

**Nota**

Although accent marks are an important part of the Spanish alphabet, you should disregard them when doing these crossword puzzles.

**Across**

3. pencil
7. season
8. See you later!
9. it is raining
13. it is cold
16. winter
17. September
19. day
21. head
23. madam, Mrs.
24. foot
25. week
27. fall

**Down**

1. Friday
2. Monday
4. it is snowing
5. male teacher
6. January
8. it is sunny
10. summer
11. desk
12. it is hot
14. spring
15. the date
18. month
20. arm
22. year
23. Saturday
25. sir, Mr.
26. Hello

Nombre ______________________ Hora ______

Fecha ______________________ Core Practice **P–11**

# Organizer

## I. Vocabulary

**Greetings and good-byes**

______________________
______________________
______________________
______________________
______________________

**Words to talk about time**

______________________
______________________
______________________
______________________
______________________

**Classroom objects**

______________________
______________________
______________________
______________________
______________________
______________________
______________________

**Phrases to talk about names**

______________________
______________________

**Forms of address (Formal)**

______________________
______________________
______________________

**Forms of address (Informal)**

______________________

**Body parts**

______________________
______________________
______________________
______________________
______________________
______________________
______________________
______________________

**Phrases to ask and tell how you feel**

______________________
______________________
______________________
______________________

realidades.com
• Web Code: jcd-0007

**Days of the week**

_______________
_______________
_______________
_______________
_______________
_______________
_______________

**Months of the year**

_______________
_______________
_______________
_______________
_______________
_______________
_______________
_______________
_______________
_______________
_______________
_______________

**Seasons**

_______________
_______________
_______________
_______________

**Weather expressions**

_______________
_______________
_______________
_______________
_______________
_______________

## II. Grammar

1. The word *the* is a definite article in English. The singular definite articles in Spanish are ________ and ________, as in ________ **libro** and ________ **carpeta**.

2. Most nouns ending with ________ are masculine. Most nouns ending with ________ are feminine.





realidades.com
• Web Code: jcd-0007

## La pregunta perfecta

Complete each sentence using the word or phrase that best describes the picture.

1.  ¿Te gusta ____________?

2.  A mí me gusta ____________.

3.  ¿Te gusta ____________?

4.  No me gusta ____________. ¿Y a ti?

5.  Pues, me gusta mucho ____________.

6.  Sí, me gusta mucho ____________.

7.  ¿Te gusta mucho ____________?

8.  Me gusta ____________.

9.  ¡Me gusta mucho ____________!

10.  No, ¡no me gusta nada ____________!

## ¿A ti también?

Several friends are talking at the bus stop about what they like and do not like to do. Based on the pictures, write the activity that the first person likes or does not like to do. Then, complete the second person's response. Make sure to use **también** or **tampoco** when expressing agreement and disagreement.

1. 

ENRIQUE: A mí me gusta mucho ____________.
¿A ti te gusta?

DOLORES: Sí, ____________.

2. 

PABLO: Me gusta ____________.
¿A ti te gusta?

MARTA: No, ____________.

3. 

JAIME: No me gusta ____________.
¿A ti te gusta?

JULIO: No, ____________.

4. 

MARÍA: Me gusta ____________.
¿A ti te gusta?

JULIA: No ____________.

5. 

CARMEN: No me gusta nada ____________.
¿A ti te gusta?

JOSEFINA: Sí, ____________.

6. 

ROBERTO: Me gusta ____________.
¿A ti te gusta?

PEDRO: Sí, ____________.





realidades.com
• Web Code: jcd-0101

Nombre ______ Hora ______

Fecha ______



## ¿Te gusta o no te gusta?

You are talking to some new students about the things that they like to do. Using the drawings and the model below, complete the following mini-conversations.

**Modelo**

— ¿Te gusta *hablar por teléfono?*
— *Sí, me gusta mucho.*

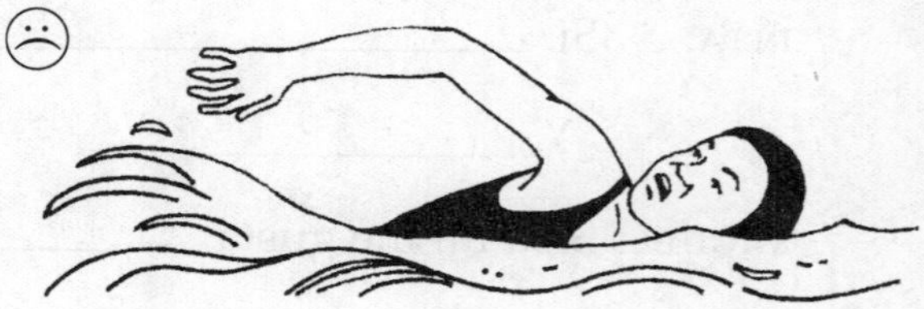

— ¿Te gusta *nadar?*
— *No, no me gusta nada.*

1. — ¿Te gusta ______?
— ______.

2. — ¿Te gusta ______?
— ______.

3. — ¿Te gusta ______?
— ______.

4. — ¿Te gusta ______?
— ______.

5. — ¿Te gusta ______?
— ______.

6. — ¿Te gusta ______?
— ______.



realidades.com
• Web Code: jcd-0102

## ¿Qué te gusta hacer?

Complete the dialogues below to find out what activities these friends like and dislike.

1. MIGUEL: ¿Te gusta ir a la escuela?

RITA: Sí. ______ mucho ir a la escuela.

¿Y ______?

MIGUEL: Sí, a mí me gusta ______ también. No me gusta

______ ver la tele ______ jugar videojuegos.

RITA: ______ tampoco.

2. JUAN: No ______ patinar.

PAULA: ______ tampoco. Me gusta leer revistas.

JUAN: ¿ ______ más, trabajar o ______

______?

PAULA: ______ hablar por teléfono.

JUAN: Sí. A mí ______.

3. AMELIA: A mí ______ pasar tiempo con mis amigos.

CARLOS: A mí me gusta ______ también.

AMELIA: ¿Te gusta trabajar?

CARLOS: No, ______.

AMELIA: ______ tampoco.

Nombre ______ Hora ______

Fecha ______

## El infinitivo

Decide what infinitive each picture represents. Then, based on its ending, write the verb in the appropriate column. Use the model as a guide.

| | | -ar | -er | -ir |
|---|---|---|---|---|
| **Modelo** |  | *patinar* | | |
| 1. |  | | | |
| 2. |  | | | |
| 3. |  | | | |
| 4. |  | | | |
| 5. |  | | | |
| 6. |  | | | |
| 7. |  | | | |
| 8. |  | | | |



realidades.com
• Web Code: jcd-0103

## Las actividades en común

Cristina is feeling very negative. Using the pictures to help you, write Cristina's negative responses to Lola's questions. Use the model to help you.

**Modelo**

LOLA: *¿Te gusta patinar?*

CRISTINA: *No, no me gusta nada patinar.*

1. 

LOLA: ____________________

CRISTINA: ____________________

2. 

LOLA: ____________________

CRISTINA: ____________________

3. 

LOLA: ____________________

CRISTINA: ____________________

4. 

LOLA: ____________________

CRISTINA: ____________________

5. 

LOLA: ____________________

CRISTINA: ____________________





realidades.com
• Web Code: jcd-0104

## La conversación completa

At lunch, you overhear a conversation between Sara and Graciela, who are trying to decide what they would like to do after school today. Since it is noisy in the cafeteria, you miss some of what they say. Read the conversation through to get the gist, then fill in the missing lines with what the friends probably said.

GRACIELA: ¿Qué te gusta hacer?

SARA: ______________________.

GRACIELA: ¿Nadar? Pero es el invierno. ¡Hace frío!

SARA: Sí. Pues, también ______________________.

GRACIELA: Pero hoy es martes y no hay programas buenos en la tele.

SARA: Pues, ¿qué ______________ hacer a ti?

GRACIELA: ______________________.

SARA: ¡Uf! Hay un problema. No me gusta ni jugar videojuegos ni usar la computadora.

GRACIELA: Hmm . . . ¿______________________?

SARA: No, ______________ nada patinar.

GRACIELA: ¿Te gusta bailar o cantar?

SARA: No, ______________________.

GRACIELA: Pues, ¿qué ______________________, Sara?

SARA: ______________ hablar por teléfono.

GRACIELA: ¡A mí también! ¿Cuál es tu número de teléfono?



realidades.com
• Web Code: jcd-0105

Realidades 1 | Nombre ______ | Hora ______

Capítulo 1A | Fecha ______ | Core Practice **1A–8**

## Repaso

Fill in the crossword puzzle below with the actions indicated by the pictures.

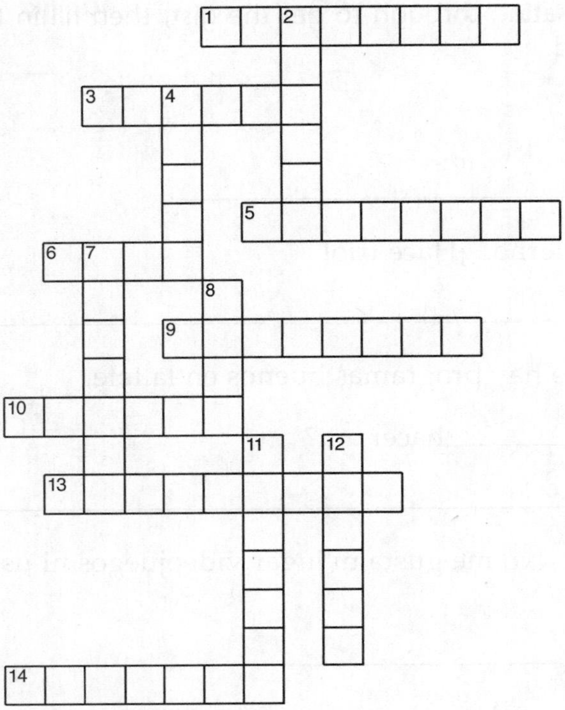

**Across** ______

1.

3.

5.

6.

9.

10.

13.

14.

**Down** ______

2.

4.

7.

8.

11.

12.

Nombre ______________________ Hora ________

Fecha ______________________ Core Practice **1A–9**

# Organizer

## I. Vocabulary

**Activities I like to do**

______________________
______________________
______________________
______________________
______________________
______________________

**Activities I may not like to do**

______________________
______________________
______________________
______________________
______________________
______________________

**Words to say what I like to do**

______________________
______________________
______________________

**Words to say what I don't like to do**

______________________
______________________
______________________

**Words to ask what others like to do**

______________________
______________________
______________________
______________________

## II. Grammar

1. The infinitive in English is expressed by writing the word ____________ before a verb. In Spanish the infinitive is expressed by the verb endings ____________, ____________, and ____________.
2. In order to say that something doesn't happen in Spanish, use the word ____________ before the verb.
3. Use the word ____________________ to agree with someone who likes something. Use the word ____________________ to agree with someone who dislikes something.
4. If you do not like either of two choices, use the word ______________.

realidades.com
• Web Code: jcd-0107

## ¿Cómo es?

At school you see many different types of people. Describe each person you see in the picture by writing the appropriate adjective on the corresponding blank.

## Un juego de descripción

Each picture below represents a personality trait. Unscramble the word to identify each trait. Write down the trait, and then circle the picture that corresponds to the unscrambled word.

1.  ísiattcar ____________________

2. 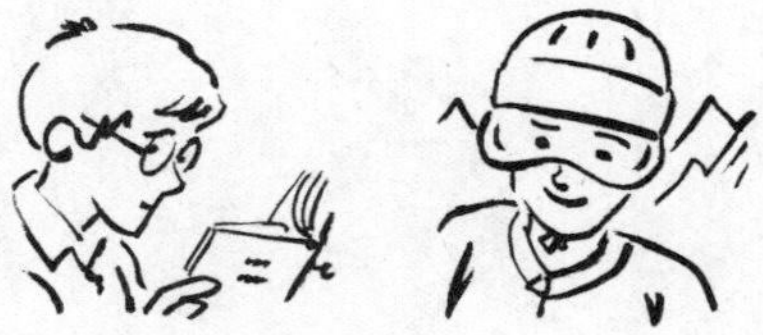 rvoidate ____________________

3.  ddonaesdreo ____________________

4.  jadartobaar ____________________

5.  iacoarsg ____________________

6.  zeerosap ____________________

7. 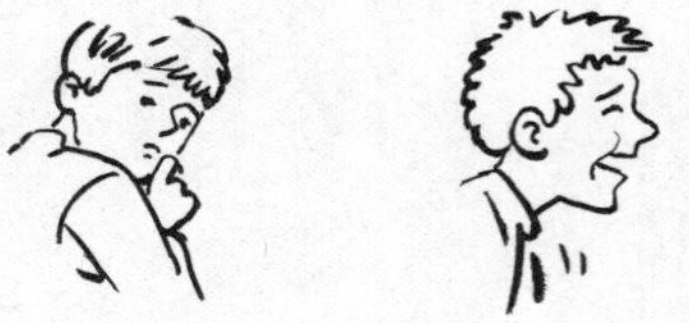 vesrdoaer ____________________

8. 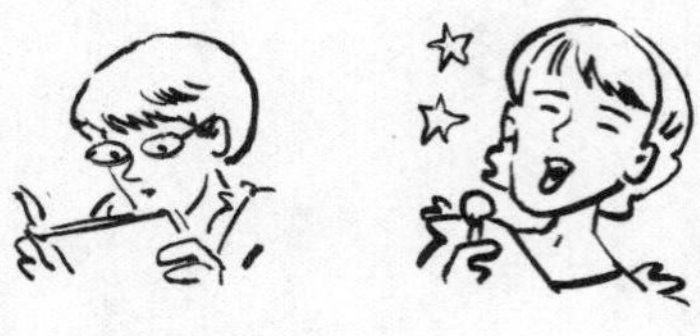 utoiesdas ____________________



realidades.com
• Web Code: jcd-0111

## ¿Cómo eres?

Tito is interviewing Jorge and Ana, two new students from Costa Rica. Tito's questions are written below, but most of Jorge's and Ana's answers are missing. Complete their answers, using the model to help you.

**Modelo** TITO: Ana, ¿eres perezosa?

ANA: No, *no soy perezosa*.

1. TITO: Jorge, ¿eres talentoso?

   JORGE: Sí, ______________________.

2. TITO: Ana, ¿eres estudiosa?

   ANA: Sí, ______________________.

3. TITO: Jorge, ¿eres desordenado?

   JORGE: No, ______________________.

4. TITO: Ana, ¿eres deportista?

   ANA: No, ______________________.

5. TITO: Jorge, ¿eres sociable?

   JORGE: Sí, ______________________.

6. TITO: Ana, ¿eres paciente?

   ANA: No, ______________________.

7. TITO: Jorge, ¿eres inteligente?

   JORGE: Sí, ______________________.

8. TITO: Ana, ¿eres artística?

   ANA: No, ______________________.





realidades.com
• Web Code: jcd-0112

## ¿Qué les gusta?

Based on what each person likes to do, write a description of him or her. Follow the model.

**Modelo** A Roberto le gusta esquiar.

*Roberto es atrevido.*

1. A Esteban le gusta tocar la guitarra.
______
2. A Pedro le gusta hablar por teléfono.
______
3. A Claudia le gusta practicar deportes.
______
4. A Teresa le gusta estudiar.
______
5. A Luz no le gusta trabajar.
______
6. A Manuela le gusta ir a la escuela.
______
7. A Carmen le gusta pasar tiempo con amigos.
______
8. A Lucía le gusta dibujar.
______

## Me gusta . . .

Some new exchange students at your school are introducing themselves. Using the model as a guide, fill in the blanks in their statements with the actions and adjectives suggested by the pictures. Do not forget to use the correct (masculine or feminine) form of the adjective.

**Modelo** 

A mí *me gusta leer*.
Yo *soy inteligente*.

1. 

A mí ________________.
Yo ________________.

2. 

A mí ________________.
Yo ________________.

3. 

A mí ________________.
Yo ________________.

4. 

A mí ________________.
Yo ________________.

5. 

A mí ________________.
Yo ________________.

6. 

A mí ________________.
Yo ________________.



realidades.com
• Web Code: jcd-0114

## ¿Un o una?

**A.** Look at the drawings below and decide if they represent masculine or feminine words. Then, label the item in the space provided. Don't forget to use the appropriate indefinite article (**un** or **una**).

**Modelo**  *un profesor*

1.  _______________
2. 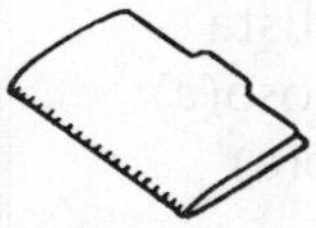 _______________
3.  _______________
4.  _______________
5.  _______________
6.  _______________

**B.** Now, look at the drawings below and describe each person. Make sure to use all the words from the word bank. Don't forget to use the correct definite article (**el** or **la**) and to make the adjectives agree with the nouns.

| | | | | | |
|---|---|---|---|---|---|
| estudiante | familia | chico | chica | profesor | profesora |

**Modelo**  *La estudiante es trabajadora.*

1.  _______________
2.  _______________
3.  _______________
4.  _______________
5.  _______________
6.  _______________

realidades.com
• Web Code: jcd-0113

## Oraciones completas

Choose sentence parts from each of the word banks below, then put them in the correct order to form complete sentences. Follow the model.

| | |
|---|---|
| **Subjects:**<br>Marta Yo<br>El Sr. Brown Rolando<br>La Srta. Moloy Tú | **Verbs:**<br>es soy eres |
| **Indefinite articles + nouns:**<br>un estudiante una estudiante<br>un chico un profesor<br>una chica una profesora | **Adjectives:**<br>reservado(a) deportista<br>inteligente estudioso(a)<br>perezoso(a) bueno(a) |

**Modelo** *Yo soy un chico estudioso.*

1. ____
2. ____
3. ____
4. ____
5. ____
6. ____
7. ____
8. ____
9. ____
10. ____





realidades.com • Web Code: jcd-0115

Realidades 1 | Nombre ____ Hora ____

Capítulo 1B | Fecha ____ Core Practice **1B–8**

## Repaso

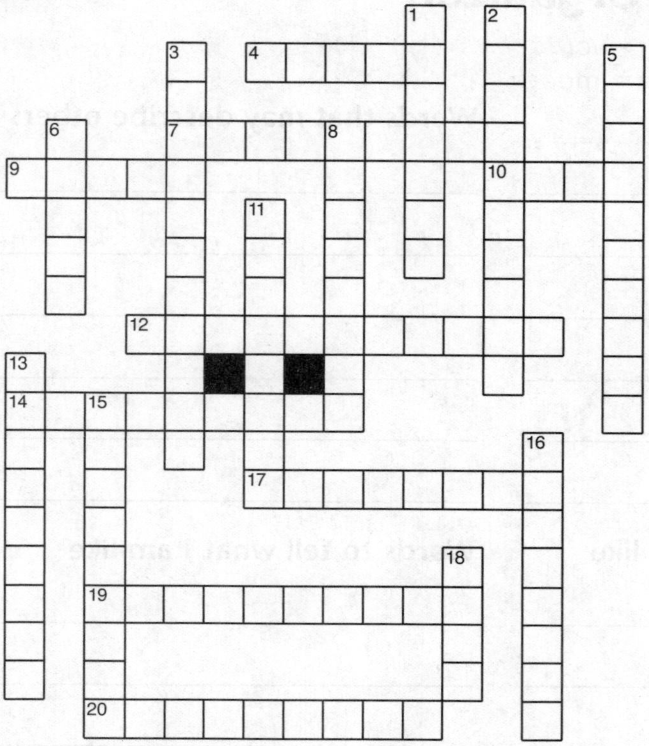

### Across

4. 

7. *nice, friendly*

9. no es malo, es ____

10. ¿ ____ se llama?

12. 

14. 

17. 

19. 

20. 

### Down

1. según mi ____
2. no paciente
3. no ordenado
5. Un chico/una chica que practica deportes es ____.
6. *I like:* "Me ____."

8. 

11. No es trabajador. Es ____.

13. 

15. 

16. Le gusta pasar tiempo con amigos. Es ____.

18. —¿Cómo ____?
—Soy sociable.

# Organizer

## I. Vocabulary

| Words that describe me | Words that may describe others |
| --- | --- |
| ______ | ______ |
| ______ | ______ |
| ______ | ______ |
| ______ | ______ |
| ______ | ______ |
| ______ | ______ |

| Words to ask what someone is like | Words to tell what I am like |
| --- | --- |
| ______ | ______ |
| ______ | ______ |
| ______ | ______ |
| ______ | ______ |

## II. Grammar

1. Most feminine adjectives end with the letter ______. Most masculine adjectives end with the letter ______.

2. Adjectives that can be either masculine or feminine may end with the letters ______ (as in the word ______) or the letter ______ (as in the word ______).

3. The two singular definite articles are ______ and ______.
   The two singular indefinite articles are ______ and ______.

4. In Spanish, adjectives come (before/after) the nouns they describe.





realidades.com
• Web Code: jcd-0117

## Las clases

**A.** Write the name of the item, and the school subject for which you might use it, in the appropriate column below.

| ¿Qué es? | | ¿Para qué clase? |
|---|---|---|
| 1. ______ |  | 1. ______ |
| 2. ______ |  | 2. ______ |
| 3. ______ |  | 3. ______ |
| 4. ______ |  | 4. ______ |
| 5. ______ |  | 5. ______ |
| 6. ______ |  | 6. ______ |

**B.** Now, unscramble the letters in each word below to find out what classes you have today and what you need to bring to school.

1. éilsgn: la clase de ______
2. trea: la clase de ______
3. ncoridcoiia: el ______
4. zlpiá: el ______
5. aduclcralao: la ______
6. ngtíalceoo: la clase de ______
7. birol: el ______
8. lpsñoea: la clase de ______
9. cámtmeistaa: la clase de ______
10. rteaa: la ______



realidades.com
• Web Code: jcd-0201

## El horario

You have just received your class schedule. Using the model as a guide, write sentences to describe which classes you have and when you have them.

### Horario

| Hora | Clase |
|---|---|
| 1 | inglés |
| 2 | matemáticas |
| 3 | arte |
| 4 | ciencias sociales |
| 5 | el almuerzo |
| 6 | tecnología |
| 7 | español |
| 8 | educación física |
| 9 | ciencias naturales |

**Modelo** Tengo *la clase de inglés* en *la primera hora*.

1. Tengo ____ en ____.
2. Tengo ____ en ____.
3. Tengo ____ en ____.
4. Tengo ____ en ____.
5. Tengo ____ en ____.
6. Tengo ____ en ____.
7. Tengo ____ en ____.
8. Tengo ____ en ____.



realidades.com • Web Code: jcd-0201

Nombre ______________________ Hora ____________

Fecha ______________________ Core Practice **2A–3**

## ¿Cómo son las clases?

Your friend Marcos is curious about which classes you like and which ones you don't like. Answer his questions using adjectives that you have learned in this chapter. Follow the model.

**Modelo** ¿Te gusta la clase de matemáticas?

Sí, *es interesante* ______.

1. — ¿Te gusta la clase de tecnología?
   — Sí, ______________________.
2. — ¿Te gusta la clase de español?
   — Sí, ______________________.
3. — ¿Te gusta la clase de matemáticas?
   — No, ______________________.
4. — ¿Te gusta la clase de ciencias sociales?
   — Sí, ______________________.
5. — ¿Te gusta la clase de ciencias naturales?
   — No, ______________________.
6. — ¿Te gusta la clase de educación física?
   — No, ______________________.
7. — ¿Te gusta la clase de inglés?
   — Sí, ______________________.
8. — ¿Te gusta la clase de arte?
   — Sí, ______________________.



realidades.com
• Web Code: jcd-0202

## ¿Qué necesitas?

You are getting ready for school, and your mother wants to make sure you have everything. Answer her questions according to the model.

**Modelo** MAMÁ: ¿Tienes la tarea?
TÚ: Sí, *tengo la tarea*.

1. MAMÁ: ¿Tienes un libro?
   TÚ: Sí, ______________________.
2. MAMÁ: ¿Necesitas una calculadora?
   TÚ: No, ______________________.
3. MAMÁ: ¿Tienes una carpeta de argollas para la clase de matemáticas?
   TÚ: No, ______________________.
4. MAMÁ: ¿Necesitas un diccionario para la clase de español?
   TÚ: Sí, ______________________.
5. MAMÁ: ¿Tienes el cuaderno para la clase de arte?
   TÚ: No, ______________________.
6. MAMÁ: ¿Tienes un lápiz?
   TÚ: Sí, ______________________.
7. MAMÁ: ¿Necesitas el horario?
   TÚ: No, ______________________.
8. MAMÁ: ¿Tienes un bolígrafo?
   TÚ: Sí, ______________________.





realidades.com
• Web Code: jcd-0202

## ¡Todo el mundo!

**A.** How would you talk *about* the following people? Write the correct subject pronoun next to their names. Follow the model.

**Modelo** Marisol *ella*

1. Pablo ______
2. María y Ester ______
3. Marta y yo ______
4. Tú y Marisol ______
5. El doctor Smith ______
6. Jorge y Tomás ______
7. Carmen ______
8. Alicia y Roberto ______
9. Rolando y Elena ______

**B.** How would you talk *to* the following people? Write the correct subject pronoun next to their names. Follow the model.

**Modelo** Tu amiga Josefina *tú*

1. El profesor Santiago ______
2. Marta y Carmen ______
3. Anita y yo ______
4. Tu amigo Federico ______
5. La señorita Ibáñez ______
6. Ricardo ______
7. La profesora Álvarez ______



realidades.com
• Web Code: jcd-0203

## El verbo exacto

**A.** Fill in the chart below with all the forms of the verbs given.

| | yo | tú | él/ella/ Ud. | nosotros/ nosotras | vosotros/ vosotras | ellos/ ellas/Uds. |
|---|---|---|---|---|---|---|
| **hablar** | *hablo* | | | | *habláis* | *hablan* |
| **estudiar** | | | | *estudiamos* | *estudiáis* | |
| **enseñar** | | *enseñas* | | | *enseñáis* | |
| **usar** | | | | | *usáis* | |
| **necesitar** | | | *necesita* | | *necesitáis* | |

**B.** Now, fill in the blanks in the following sentences with the correct forms of the verbs in parentheses.

1. Ella ________________ inglés. (estudiar)
2. Yo ________________ mucho. (bailar)
3. Nosotros ________________ por teléfono. (hablar)
4. Ellos ________________ la computadora durante la primera hora. (usar)
5. ¿Quién ________________ un bolígrafo? (necesitar)
6. Tú ________________ en bicicleta mucho, ¿no? (montar)
7. Uds. ________________ muy bien en la clase de arte. (dibujar)
8. Nosotras ________________ hoy, ¿no? (patinar)
9. El profesor ________________ la lección. (enseñar)
10. Ana y María ________________ el libro de español. (necesitar)
11. Jaime ________________ todos los días. (caminar)
12. Dolores y yo ________________. (bailar)
13. Tú y tus amigos ________________ muy bien. (cantar)

## ¿Qué hacen hoy?

**A.** Today everyone is doing what he or she likes to do. Follow the model to complete sentences about what everyone is doing.

**Modelo** A Luisa le gusta bailar. Hoy *ella baila*.

1. A ti te gusta cantar. Hoy ____________________.
2. A mí me gusta hablar por teléfono. Hoy ____________________.
3. A Francisco le gusta patinar. Hoy ____________________.
4. A Ud. le gusta dibujar. Hoy ____________________.
5. A Teresa le gusta practicar deportes. Hoy ____________________.

**B.** Using the pictures to help you, tell what everyone is doing today. Follow the model.

**Modelo** 
Manuel y Carlos
Hoy *ellos montan en monopatín*.

1. 

Amelia y yo
Hoy ____________________.

2. 
tú y Roberto
Hoy ____________________.

3. 
Cristina, Miguel y Linda
Hoy ____________________.

4. 
tú y yo
Hoy ____________________.

5. 
Joaquín y Jaime
Hoy ____________________.

6. 
Sofía y Tomás
Hoy ____________________.

**Realidades 1** Nombre ______________ Hora ______

**Capítulo 2A** Fecha ______________ Core Practice **2A–8**

## Repaso

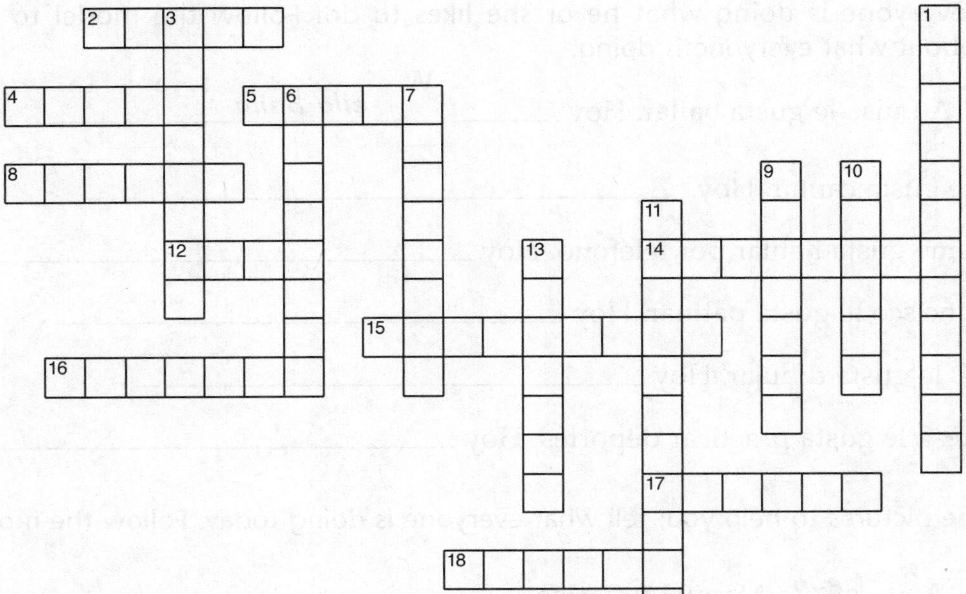

**Across**

**2.** No es difícil. Es ___.

**4.** la ___ de español

**5.** *homework*

**8.** educación ___

**12.** el ___

**14.** no divertida

**15.** **ciencias** ___ : *science*

**16.** ___, octavo, noveno

**17.** el ___

**18.** La profesora ___ la clase.

**Down**

**1.** las ___

**3.** ___ **sociales**: *social studies*

**6.** *lunch*

**7.** carpeta de ___

**9.** *schedule*

**10.** cuarta, ___, sexta

**11.** la clase de ___

**13.** primero, segundo, ___

# Organizer

## I. Vocabulary

**Classes I take in school**

______

**Words used to refer to people**

______

**Words to talk about the order of things**

______

**Words to describe my classes**

______

## II. Grammar

1. The following are subject pronouns in Spanish:
   ______, ______, ______, ______, ______,
   ______, ______, ______, ______, ______

2. Use ______ to address someone formally. Use ______ to address someone informally.

3. The **-ar** verb endings are: ______ ______ ______ ______ ______ ______

   Now conjugate the verb **hablar**: ______ ______
   ______ ______
   ______ ______

realidades.com
• Web Code: jcd-0206

Realidades 1 | Nombre ______ | Hora ______

Capítulo 2B | Fecha ______ | Core Practice **2B–1**

## En la clase

Label the items in this Spanish class. Make sure to use the correct definite article (**el** or **la**).

1. ______________
2. ______________
3. ______________
4. ______________
5. ______________
6. ______________
7. ______________
8. ______________
9. ______________
10. ______________
11. ______________
12. ______________
13. ______________



realidades.com
• Web Code: jcd-0211

## ¡Mucha confusión!

You come home after school to find a scene of great confusion in your kitchen. Look at the picture, then describe what you see by filling in the blanks in the sentences below with the appropriate words to indicate location.

1. Paquito está ______________________ del escritorio.
2. Mamá está ______________________ de la luz (*the light*).
3. Papá está ______________________ de la ventana.
4. La papelera está ______________________ de la puerta.
5. Las hojas de papel están ______________________ de la mesa.
6. Carmen está ______________________ de la silla.
7. El reloj está ______________________ de la mesa.
8. El libro está ______________________ de la silla.
9. El teclado está ______________________ de la pantalla.

## ¿Dónde está?

Rosario is describing the room where she studies to a friend of hers on the phone. Using the picture below, write what she might say about where each item is located. There may be more than one right answer. Follow the model.

**Modelo** La mochila está *encima de la silla*.

1. El escritorio está ______________________.
2. La computadora está ______________________.
3. La papelera está ______________________.
4. Los disquetes están ______________________.
5. Una bandera de los Estados Unidos está ______________________.
6. La silla está ______________________.
7. El sacapuntas está ______________________.
8. Los libros de español están ______________________.





realidades.com
• Web Code: jcd-0212

## ¿Qué es esto?

Complete the following conversations that you overhear in school.

1. A: ¿____________ estudiantes hay en la clase?

   B: ____________ veintidós estudiantes en la clase.

2. A: ¿____________?

   B: Es la mochila.

3. A: ¿____________ está la computadora?

   B: Está allí, al lado de las ventanas.

4. A: ¿____________ una bandera en la sala de clases?

   B: Sí, la bandera está allí.

5. A: ¿Dónde están los estudiantes?

   B: Los estudiantes ____________ la clase de inglés.

6. A: ¿Dónde está el teclado?

   B: Está delante ____________ la pantalla.

7. A: ¿Dónde está el diccionario?

   B: ____________ está, debajo del escritorio.

8. A: ¿Qué hay ____________ la mochila?

   B: Hay muchos libros.



realidades.com
• Web Code: jcd-0212

## ¿Dónde están?

Spanish teachers are conversing in the faculty room. Fill in their conversations using the correct form of the verb **estar**.

1. — ¡Buenos días! ¿Cómo ______ Ud., Sra. López?
   — ______ bien, gracias.

2. — ¿Dónde ______ Raúl hoy? No ______ en mi clase.
   — ¿Raúl? Él ______ en la oficina.

3. — Yo no tengo mis libros. ¿Dónde ______?
   — Sus libros ______ encima de la mesa, profesor Martínez.

4. — ¿Cuántos estudiantes ______ aquí?
   — Diecinueve estudiantes ______ aquí. Uno no ______ aquí.

5. — ¿Dónde ______ mi diccionario?
   — El diccionario ______ detrás del escritorio.

6. — ¿Cómo ______ los estudiantes hoy?
   — Teresa ______ bien. Jorge y Bernardo ______ regulares.

7. — Bien, profesores, ¿______ nosotros listos (*ready*)? Todos los estudiantes ______ en la clase.





realidades.com
• Web Code: jcd-0214

## Muchas cosas

**A.** Fill in the chart below with singular and plural, definite and indefinite forms of the words given. The first word has been completed.

| Definite | | Indefinite | |
|---|---|---|---|
| **singular** | **plural** | **singular** | **plural** |
| *la silla* | *las sillas* | *una silla* | *unas sillas* |
| | | *un cuaderno* | |
| | | | *unos disquetes* |
| | *las computadoras* | | |
| *la mochila* | | | |
| | | | *unos relojes* |
| | | *una bandera* | |
| *la profesora* | | | |

**B.** Now, fill in each sentence below with words from the chart.

1. Pablo, ¿necesitas ______________ de los Estados Unidos? Aquí está.
2. Marta, ¿tienes ______________? ¿Qué hora es?
3. Hay ______________ Macintosh en la sala de clases.
4. ______________ está en la sala de clases. Ella enseña la clase de tecnología.
5. Necesito ______________ buena. Tengo muchos libros.

## ¡Aquí está!

It was a very busy afternoon in your classroom, and things got a little out of order. Write eight sentences describing where things are to help your teacher find everything.

**Modelo** *El escritorio está debajo de la computadora*.

1. ______________________________
2. ______________________________
3. ______________________________
4. ______________________________
5. ______________________________
6. ______________________________
7. ______________________________
8. ______________________________





realidades.com
• Web Code: jcd-0215

**Realidades 1** Nombre ______ Hora ______

**Capítulo 2B** Fecha ______ Core Practice **2B–8**

## Repaso

### Across

**2.**

**5.** la ____ de clases

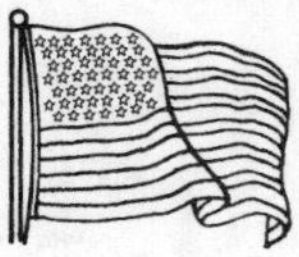
**9.**

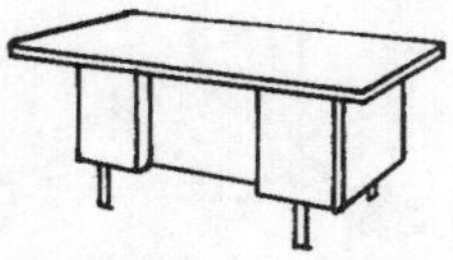
**12.**

**14.**

**15.** La ____ está detrás del pupitre.

**16.** La computadora está en la ____.

**17.** *window*

**19.** *diskette*

**20.**

### Down

**1.** *pencil sharpener*

**3.** no está encima de, está ____ de

**4.**

**6.**

**7.** al ____ de: *next to*

**8.** no delante

**10.**

**11.**

**13.** *mouse*

**18.** No estás aquí, estás ____.

Nombre ______________________ Hora __________

Fecha ______________________ Core Practice **2B–9**

# Organizer

## I. Vocabulary

| Items in my classroom | Words to tell the location of things |
| --- | --- |
| ______________________ | ______________________ |
| ______________________ | ______________________ |
| ______________________ | ______________________ |
| ______________________ | ______________________ |
| ______________________ | ______________________ |
| ______________________ | ______________________ |
| ______________________ | ______________________ |
| ______________________ | ______________________ |
| ______________________ | ______________________ |
| ______________________ | |
| ______________________ | |
| ______________________ | |

## II. Grammar

1. The forms of **estar** are: ____________ ____________
____________ ____________
____________ ____________

2. ____________ and ____________ are the singular definite articles in Spanish. Their plurals are ____________ and ____________.

3. The singular indefinite articles are ____________ and ____________ in Spanish. Their plurals are ____________ and ____________.





realidades.com
• Web Code: jcd-0216

Nombre ____________________ Hora ____________

Fecha ____________________ Core Practice **3A–1**

## Tus comidas favoritas

You are getting ready to travel as an exchange student to Spain and you are e-mailing your host family your opinions on different foods. Circle the name of the food item that best completes each sentence below.

**1.** En el desayuno, yo como ____

**a.** cereal. **b.** un sándwich.

**2.** Mi comida favorita es ____

**a.** el té. **b.** la pizza.

**3.** Mi fruta favorita es ____

**a.** la fresa. **b.** la sopa.

**4.** Para beber, yo prefiero ____

**a.** los huevos. **b.** los refrescos.

**5.** A mí me gusta el jugo de ____

**a.** manzana. **b.** salchicha.

**6.** En el almuerzo, yo como ____

**a.** un sándwich. **b.** cereal.

**7.** Cuando hace frío, yo bebo ____

**a.** té helado. **b.** té.

**8.** Un BLT es un sándwich de verduras con ____

**a.** jamón. **b.** tocino.

**9.** Cuando voy a un partido de béisbol, yo como ____

**a.** la sopa. **b.** un perrito caliente.

**10.** En un sándwich, prefiero ____

**a.** el queso. **b.** el yogur.



realidades.com
• Web Code: jcd-0301

Realidades 1 Nombre ____________________ Hora ________

Capítulo 3A Fecha ____________________ Core Practice **3A–2**

## ¿Desayuno o almuerzo?

Your aunt owns a restaurant and is making her breakfast and lunch menus for the day. Help her by writing the foods and beverages that you think she should serve for each meal in the right places on the menus. Some words may be used more than once.

## Tus preferencias

You are asking Corazón, an exchange student from Venezuela, about various food items that she likes to eat. Use the pictures to help you complete Corazón's answers. Follow the model.

**Modelo**

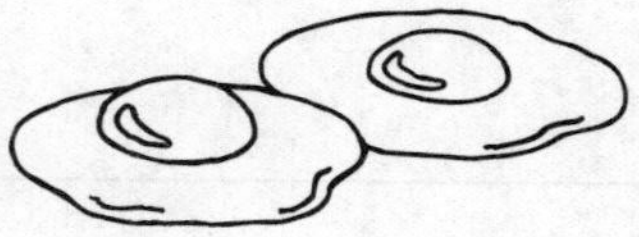

TÚ: ¿Tú comes galletas?

CORAZÓN: No. *Yo como huevos* .

1. 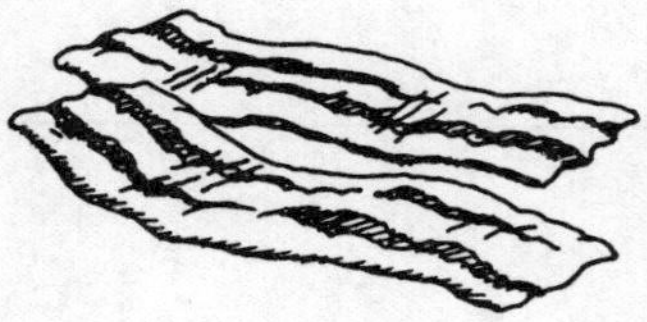

TÚ: ¿Tú comes salchichas?

CORAZÓN: No. ________________.

2. 

TÚ: ¿Te gusta más __________ o __________?

CORAZÓN: ______________________ el café.

3. 

TÚ: ¿Tú bebes mucha limonada?

CORAZÓN: No. ________________.

4. 

TÚ: ¿Tú comes mucha sopa de verduras?

CORAZÓN: No. ________________.

5. 

TÚ: ¿Tú bebes té helado?

CORAZÓN: No. ________________.

6. 

TÚ: ¿Tú compartes el desayuno con amigos?

CORAZÓN: No. ________________.



realidades.com
• Web Code: jcd-0302

## ¿Qué comes?

Carolina, the new exchange student, is having a hard time figuring out the kinds of foods that people like to eat. Answer her questions in complete sentences, using **¡Qué asco!** and **¡Por supuesto!** in at least one answer each.

1. ¿Comes hamburguesas con plátanos?

   ______________________________

2. ¿Comes el sándwich de jamón y queso en el almuerzo?

   ______________________________

3. ¿Bebes leche en el desayuno?

   ______________________________

4. ¿Te gusta la pizza con la ensalada de frutas?

   ______________________________

5. ¿Comes papas fritas en el desayuno?

   ______________________________

6. ¿Compartes la comida con tu familia?

   ______________________________

7. ¿Comes un perro caliente todos los días?

   ______________________________

8. ¿Te encantan las galletas con leche?

   ______________________________





realidades.com • Web Code: jdd-0302

# El verbo correcto

**A.** Fill in the chart below with all the forms of the verbs given.

| | yo | tú | él/ella/Ud. | nosotros/ nosotras | vosotros/ vosotras | ellos/ ellas/Uds. |
|---|---|---|---|---|---|---|
| **comer** | | | *come* | | *coméis* | |
| **beber** | | *bebes* | | | *bebéis* | |
| **comprender** | *comprendo* | | | | *comprendéis* | |
| **escribir** | | | | *escribimos* | *escribís* | |
| **compartir** | | | | | *compartís* | *comparten* |

**B.** Now, using the verbs from Part A, write the missing verb to complete each sentence below.

1. Antonio ____________ sus papas fritas con Amelia.
2. Uds. ____________ los sándwiches de queso.
3. Yo ____________ las salchichas en el desayuno.
4. Nosotros ____________ el té helado.
5. Ana ____________ la tarea.
6. Tú ____________ una carta al profesor.
7. Yo ____________ el pan con Jorge.
8. Él ____________ jugo de naranja en el desayuno.
9. Nosotros ____________ con un lápiz.
10. Paula y Guillermo hablan y ____________ español.
11. ¿____________ tú leche en el desayuno?
12. Manolo y Federico ____________ las galletas con Susana.

realidades.com
• Web Code: jcd-0303

## ¿Qué te gusta?

**A.** List your food preferences in the blanks below.

| Me gusta | Me gustan | Me encanta | Me encantan |
|---|---|---|---|
| | | | *los sándwiches* |
| | | | |
| | | | |

**B.** Now, organize your preferences into complete sentences. Follow the model.

**Modelo** *Me encantan los sándwiches.*

1. ______
2. ______
3. ______
4. ______
5. ______
6. ______
7. ______
8. ______

**C.** Using the words given, write a sentence about each food. Follow the model.

**Modelo** El té (encantar) *Me encanta el té.*

1. los plátanos (gustar) ______
2. la pizza (encantar) ______
3. las papas fritas (encantar) ______
4. el pan (gustar) ______





realidades.com
• Web Code: jdd-0304

## Mini-conversaciones

Fill in the blanks in the mini-conversations below with the most logical question or answer.

**1.** — ¿Comparten Uds. el sándwich de jamón y queso?

— Sí, nosotros ______________________________ el sándwich.

**2.** — ¿______________________________ tú todos los días?

— No, nunca corro. No me gusta.

**3.** — ¿______________________________ en el desayuno?

— ¡Qué asco! No me gustan los plátanos.

**4.** — ¿______________________________?

— Sí, profesora. Comprendemos la lección.

**5.** — ¿______________________________?

— Mi jugo favorito es el jugo de manzana.

**6.** — ¿______________________________?

— Más o menos. Me gusta más la pizza.

**7.** — ¿______________________________?

— ¡Por supuesto! Me encanta el cereal.

# Repaso

## Across

1. *always*
3. El Monstruo Comegalletas come muchas ___.
6. el ___ tostado
9. Me gusta el sándwich de jamón y ___.

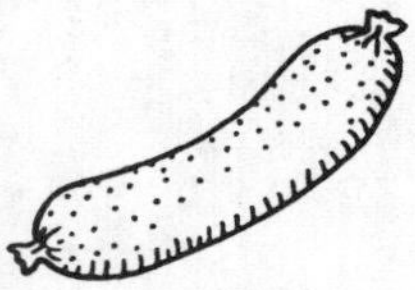

10.

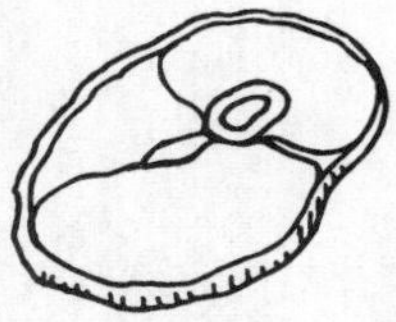

12.

13. Muchas personas comen cereales con leche en el ___.
15. ¿Te gusta ___ el almuerzo con tus amigos?
18. Me gusta la ___ de frutas, no de lechuga.
21. un yogur de ___

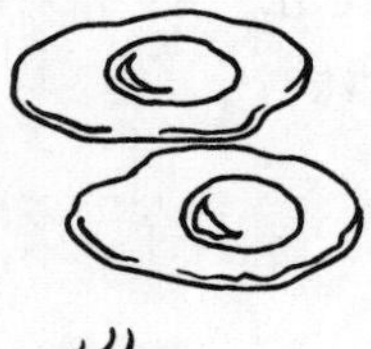

22.

23.

24. el perrito ___

## Down

2. más o ___
4. ¡Qué ___! No me gustan los guisantes.

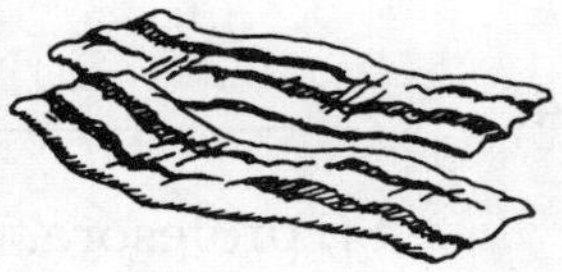

5.

6.

7. el té ___
8. las ___ fritas
11. *food*

14.

16. un jugo de ___

17. No como carne. Me gusta la sopa de ___.
19. En los Estados Unidos el ___ es un sándwich y algo de beber.
20. un ___ de naranja

Nombre ______________________ Hora __________

Fecha ______________________



# Organizer

## I. Vocabulary

| Breakfast foods | Lunch foods |
| --- | --- |
| ______________________ | ______________________ |
| ______________________ | ______________________ |
| ______________________ | ______________________ |
| ______________________ | ______________________ |
| ______________________ | ______________________ |
| ______________________ | ______________________ |

| Beverages | Words to express likes/dislikes |
| --- | --- |
| ______________________ | ______________________ |
| ______________________ | ______________________ |
| ______________________ | ______________________ |
| ______________________ | ______________________ |

## II. Grammar

1. The **-er** verb endings are: - ________ - ________
   - ________ - ________
   - ________ - ________

   Now conjugate the verb **beber**: ____________ ____________
   ____________ ____________
   ____________ ____________

2. The **-ir** verb endings are: - ________ - ________
   - ________ - ________
   - ________ - ________

   Now conjugate the verb **compartir**: ____________ ____________
   ____________ ____________
   ____________ ____________

3. To use **me gusta** and **me encanta** to talk about plural nouns, you add the letter ____________ to the end of the verb.

realidades.com
• Web Code: jcd-0306

## ¡A cenar!

**A.** You are having a party, and you need to make a shopping list. Write at least three items that you might want to buy under each category. You may use vocabulary from other chapters.

**La ensalada de frutas:**

______
______
______
______
______
______

**Las verduras:**

______
______
______
______
______
______

**La carne:**

______
______
______
______
______
______

**Bebemos:**

______
______
______
______
______
______

**B.** Now write three things your guests might like to eat after dinner.

______
______
______





realidades.com
• Web Code: jcd-0311

## Más comida

**A.** Name the most logical food category to which each group of items belongs.

1. el bistec, el pollo, el pescado ______
2. las zanahorias, la cebolla, los guisantes ______
3. las uvas, las manzanas ______
4. el postre, la mantequilla ______

**B.** Now, answer the following questions logically in complete sentences.

1. ¿Debemos comer las uvas, el helado o los pasteles para mantener la salud?
______
2. ¿Es sabrosa la ensalada de frutas con las papas o con los plátanos?
______
3. ¿Comemos la mantequilla con el pan tostado o con el bistec?
______
4. ¿Bebemos los refrescos o el agua para mantener la salud?
______

**C.** Using the foods below, write sentences telling whether we should or shouldn't eat or drink each thing to maintain good health. Follow the model.

el agua *Debemos beber el agua para mantener la salud.*

1. los tomates ______
2. las grasas ______
3. los plátanos ______
4. las uvas ______
5. la mantequilla ______
6. la leche ______



realidades.com
• Web Code: jcd-0311

## La respuesta perfecta

You are learning about fitness and nutrition at school, and your friends want to know more. Answer their questions or respond to their statements in complete sentences.

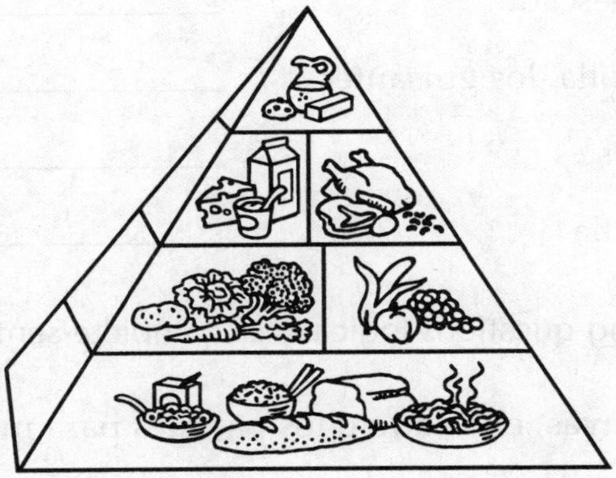

1. ¿Es el tomate bueno para la salud?
_______________________________________________

2. ¿Por qué caminas todos los días?
_______________________________________________

3. ¿La mantequilla es buena para la salud?
_______________________________________________

4. Creo que las grasas son horribles.
_______________________________________________

5. ¿Qué debes hacer para mantener la salud?
_______________________________________________

6. ¿Prefieres levantar pesas o caminar?
_______________________________________________

7. Creo que los espaguetis son sabrosos. ¿Y tú?
_______________________________________________





realidades.com
• Web Code: jcd-0312

## ¿Qué comes?

Angel is asking his friend Estela about foods she likes. Fill in the blanks with the foods suggested by the pictures, then complete Estela's answers.

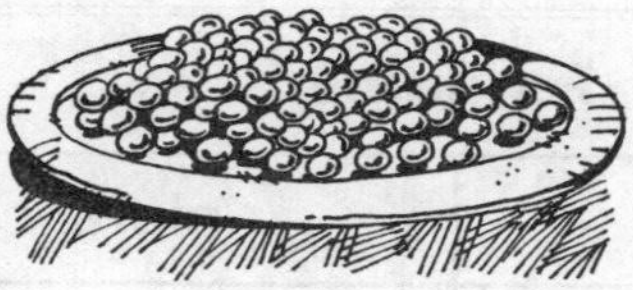

1. — ¿Te gustan ________________?
— No, ________________________________.

2. — ¿Prefieres ____________ con ____________ en el almuerzo o en la cena?
— ________________________ en el almuerzo.

3. — ¿Te gustan ________________?
— Sí, ________________________________.

4. — ¿Prefieres ________________ de chocolate o de fruta?
— ________________________ de chocolate.

5. — ¿Comes ________________?
— Sí, ________________________________.

6. — ¿Siempre comes ________________ en el almuerzo?
— No, ________________________________.

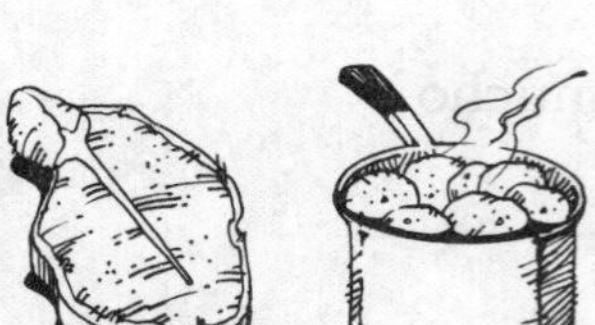

7. — ¿Te gusta el ____________ con ____________?
— Sí, ________________________________.

## Las descripciones

**A.** Fill in the chart below with the singular and plural, masculine and feminine forms of the adjectives given.

| Masculine | | Feminine | |
|---|---|---|---|
| **singular** | **plural** | **singular** | **plural** |
| *sabroso* | | | |
| | *prácticos* | | |
| | | *fácil* | |
| | *aburridos* | | |
| | | | *difíciles* |
| *divertido* | | | |
| | | *artística* | |
| | | | *buenas* |
| *trabajador* | | | |

**B.** Now, complete the sentences below, using some of the words from the chart above. There may be more than one right answer.

1. La ensalada de frutas es ____________________ para la salud.
2. Me gustan mis clases; son ____________________.
3. La tarea de matemáticas es ____________________.
4. Te gustan las computadoras porque son ____________________.
5. Mi profesor no come pescado porque cree que no es ____________________.
6. Mis amigos son ____________________; dibujan muy bien.
7. Tus amigos son muy ____________________; trabajan mucho.
8. Esquiar y nadar son actividades muy ____________________.





realidades.com
• Web Code: jcd-0313

## ¿Cómo son?

Describe the following people using the pictures as clues. Use a form of **ser** plus an adjective. Follow the model.

**Modelo** ¿Cómo *es* él?
*Es popular* .

1. ¿Cómo ______ él?
______.

2. ¿Cómo ______ ella?
______.

3. ¿Cómo ______ ellas?
______.

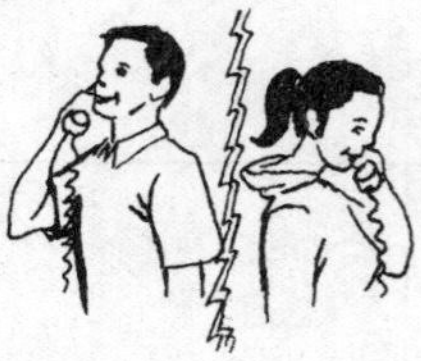

4. ¿Cómo ______ ellos?
______.

5. ¿Cómo ______ nosotras?
______.

6. ¿Cómo ______ yo?
______.



realidades.com
• Web Code: jcd-0314

## La buena salud

Your cousin Eva has started a new diet and exercise program, and she has sent you an e-mail telling you all about it. Read her e-mail and answer the questions below in complete sentences.

> Hola,
>
> Para mantener la salud, como muchas verduras y frutas cada día. ¡Creo que son sabrosas! Yo hago ejercicio también. Me gusta caminar, pero prefiero levantar pesas. Siempre bebo mucha agua, y es mi bebida favorita. No debemos comer los pasteles, porque son malos para la salud. ¿Estás de acuerdo?

1. ¿Qué come Eva para mantener la salud?

______________________________

2. ¿Eva hace ejercicio?

______________________________

3. ¿A Eva le gustan las frutas?

______________________________

4. ¿Qué prefiere hacer Eva para mantener la salud?

______________________________

5. ¿Cuál es la bebida favorita de Eva?

______________________________

6. ¿Por qué no debemos comer los pasteles?

______________________________





realidades.com
• Web Code: jcd-315

Nombre ______________________ Hora ____________

Fecha ______________________



## Repaso

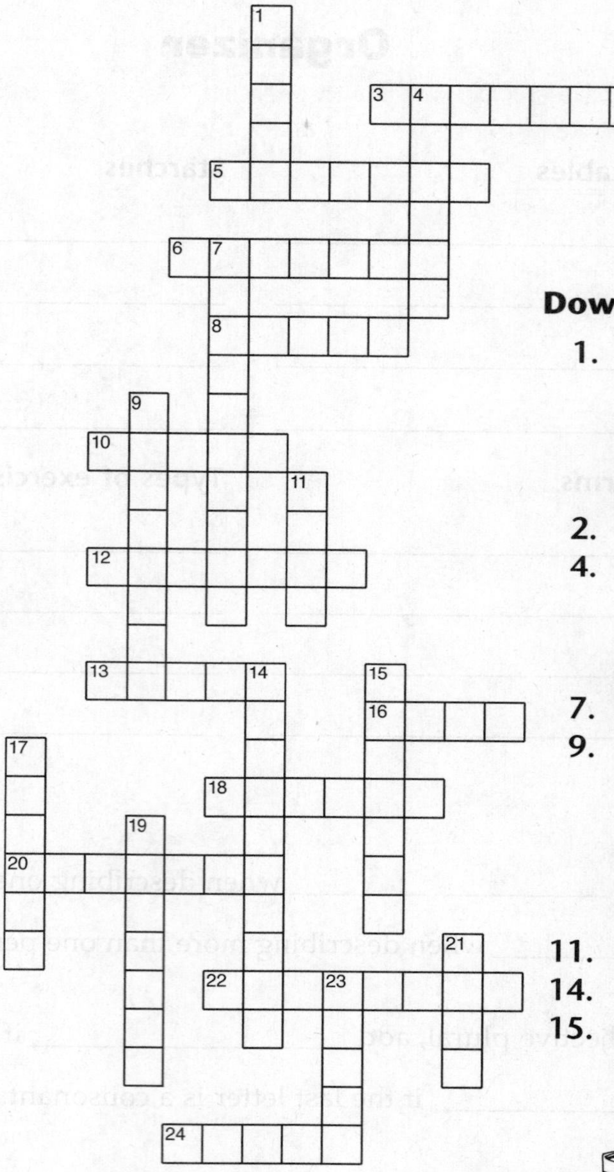

### Across

**3.** el ___

**5.**

**6.** Prefiero las ensaladas de ___ y tomate.

**8.** el ___

**10.** Debes comer bien para mantener la ___.

**12.** *drinks*

**13.** el ___

**16.** *something*

**18.** Tengo ___. Necesito comer.

**20.** estoy de ___

**22.** Los ___ no son buenos para la salud pero son sabrosos.

**24.** ___ comer bien para mantener la salud.

### Down

**1.** *meat*

**2.** un ___

**4.** las ___ verdes

**7.** los ___

**9.** Yo prefiero ___ la salud y comer bien.

**11.** las ___

**14.** *carrots*

**15.** Me gusta la comida de tu mamá. Es muy ___ .

**17.**

**19.**

**21.** *dinner*

**23.** ___ los días; siempre

# Organizer

## I. Vocabulary

**Fruits and vegetables**

____________
____________
____________
____________

**Starches**

____________
____________
____________
____________

**General food terms**

____________
____________
____________
____________

**Types of exercise**

____________
____________
____________
____________

## II. Grammar

1. Adjectives are ____________ when describing one person or thing, and ____________ when describing more than one person or thing.

2. To make an adjective plural, add ____________ if the last letter is a vowel and ____________ if the last letter is a consonant.

3. The forms of **ser** are: ________ ________ ________ ________ ________ ________





realidades.com
• Web Code: jcd-316

## ¿Qué hacen?

What do the people in your neighborhood like to do in their free time? Complete the following sentences based on the pictures.

1. 

La Sra. García lee un libro en ______________________.

2. 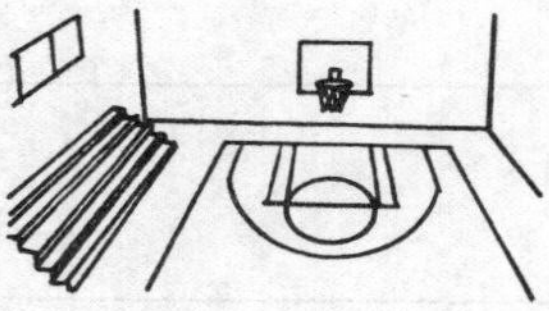
Jesús levanta pesas en ______________________.

3. 
Los lunes tengo ______________________ con el Sr. Casals.

4. 
A Pedro le gusta pasar tiempo en ______________________ cuando tiene tiempo libre.

5. 
Elena y Tomás prefieren ir al ______________________ los viernes.

6. 
A mí me gusta ir a ______________________ cuando hace calor.

7. 
A Sara le gusta caminar en ______________________.

8. 
Me gusta ir al ______________________ para comer.



realidades.com
• Web Code: jcd-0401

Nombre ______________________ Hora ________

Fecha ______________________ Core Practice **4A–2**

## ¿Adónde vas?

Where do you go to do the following things? Write your answers in complete sentences. Follow the model.

**Modelo** esquiar *Voy a las montañas para esquiar.*

1. trabajar ______________________
2. leer, estudiar ______________________
3. hablar español ______________________
4. correr, caminar ______________________
5. ir de compras ______________________
6. tocar el piano ______________________
7. comer, beber ______________________
8. ver una película ______________________
9. nadar ______________________
10. hacer ejercicio ______________________
11. estar con amigos ______________________
12. levantar pesas ______________________





realidades.com
• Web Code: jcd-0401

## ¿Qué hacen?

An exchange student from Chile wants to know where people go to do certain activities. Complete each conversation with the verb suggested by the first picture, then answer the questions based on the second illustration.

**Modelo**

— Cuando *ves* una película, ¿adónde vas?
— *Voy al cine*.

1.

— Cuando ______, ¿adónde vas?
— ______.

2.

— Cuando ______, ¿adónde vas?
— ______.

3.

— Cuando ______, ¿adónde vas?
— ______.

4.

— Cuando ______, ¿adónde vas?
— ______.

5.

— Cuando ______, ¿adónde vas?
— ______.

6.

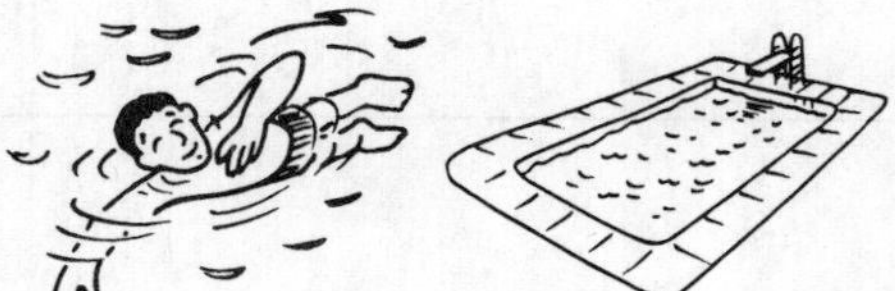

— Cuando ______, ¿adónde vas?
— ______.



realidades.com
• Web Code: jcd-0402

## El horario de Tito

Look at Tito's schedule for part of the month of February. Then answer the questions about his activities in complete sentences.

| FEBRERO | | | | | | |
|---|---|---|---|---|---|---|
| *lunes* | *martes* | *miércoles* | *jueves* | *viernes* | *sábado* | *domingo* |
| **8** trabajar | **9** nadar | **10** estudiar en la biblioteca | **11** trabajar | **12** ir al cine | **13** ir al gimnasio | **14** ir a la iglesia |
| **15** trabajar | **16** practicar karate | **17** estudiar en la biblioteca | **18** trabajar | **19** ir al cine | **20** ir al gimnasio | **21** ir a la iglesia |
| **22** trabajar | **23** levantar pesas | **24** estudiar en la biblioteca | **25** trabajar | **26** ir al cine | **27** ir al gimnasio | **28** ir a la iglesia |

1. ¿Qué hace Tito los viernes?
______
2. ¿Cuándo estudia Tito en la biblioteca?
______
3. ¿Cuándo hace ejercicio Tito?
______
4. Generalmente, ¿cuándo trabaja Tito?
______
5. ¿Qué hace Tito los lunes?
______
6. ¿Cuándo va a la iglesia Tito?
______
7. ¿Qué hace Tito los fines de semana?
______



realidades.com
• Web Code: jcd-0402

## Las actividades favoritas

Students are making plans for what they will do after school. Complete their conversations with the correct forms of the verb **ir**.

1. LOLIS: Hoy, (yo) ________ al parque después de las clases.
   ELIA: ¡Qué bien! María y yo ________ al cine.
   LOLIS: Mi amigo Pablo también ________ al cine hoy.

2. MARTA: Hola, Juan. ¿Adónde ________ ?
   JUAN: Pues, ________ a la clase de inglés, pero después ________ al centro comercial. ¿Y tú?
   MARTA: Pues, mis padres ________ a la playa y yo ________ con ellos.
   JUAN: ¡Qué bueno! ¿Cuándo ________ Uds.?
   MARTA: Nosotros ________ después de las clases.

3. RODOLFO: ¡Hola, Pablo, Felipe!
   PABLO Y FELIPE: ¡Hola, Rodolfo!
   RODOLFO: ¿Adónde ________ Uds.?
   PABLO: Pues, yo ________ a casa con unos amigos.
   FELIPE: Yo no ________ con él. ________ a la mezquita. ¿Y tú?
   RODOLFO: Catrina y yo ________ a la piscina. Ella ________ al gimnasio más tarde.
   PABLO: Mi amiga Elena ________ al gimnasio con ella. Creo que ellas ________ a las cinco.
   FELIPE: Es muy tarde. Tengo que ________. ¡Hasta luego!

## La pregunta perfecta

**A.** Complete the following questions with the correct question words.

1. ¿__________ es el chico más alto de la clase?
2. ¿__________ vas al cine? ¿Hoy?
3. ¿__________ es tu número de teléfono?
4. ¿__________ te llamas?
5. ¿__________ vas después de las clases hoy?
6. ¿__________ está mi libro de español?
7. ¿__________ es esto?
8. ¿__________ años tienes?

**B.** Now, form your own questions using some of the question words above.

1. ¿______________________________?
2. ¿______________________________?
3. ¿______________________________?
4. ¿______________________________?
5. ¿______________________________?
6. ¿______________________________?
7. ¿______________________________?





realidades.com
• Web Code: jcd-0404

## ¿Qué haces?

You are talking with your parents about your plans for the evening. They have lots of questions. Your answers are given below. Write your parents' questions in the spaces provided.

TUS PADRES: ¿________________________________?

TÚ: Voy a un restaurante.

TUS PADRES: ¿________________________________?

TÚ: Voy con unos amigos.

TUS PADRES: ¿________________________________?

TÚ: Ellos se llaman Roberto y Ana.

TUS PADRES: ¿________________________________?

TÚ: Roberto y Ana son de México.

TUS PADRES: ¿________________________________?

TÚ: Pues, Roberto es inteligente, trabajador y paciente.

TUS PADRES: ¿________________________________?

TÚ: Ana es deportista y estudiosa.

TUS PADRES: ¿________________________________?

TÚ: Después, nosotros vamos al cine.

TUS PADRES: ¿________________________________?

TÚ: ¿Después? Pues, voy a casa. ¡Uds. hacen muchas preguntas!



realidades.com
• Web Code: jcd-0405

Realidades 1 | Nombre ______ Hora ______

Capítulo 4A | Fecha ______ | Core Practice **4A–8**

## Repaso

### Across

1. *temple*

4. 
8. ¡No me ____!
9. *mosque*
11. – ¿Con ____ vas al cine?
    – Con Ana.
12. Tengo que ir a la ____ de piano.
14. No tengo tiempo ____.
15. Para la Navidad todos van de ____.
16. *after*
18. Me gusta la ____ *Desperado*.

19. 

### Down

2. Vamos a la ____ cuando hace calor.

3. 
5. Me gusta caminar en el ____.

6. 
7. el ____ comercial
10. Voy al ____ para levantar pesas.
13. Vamos al ____ para ver una película.

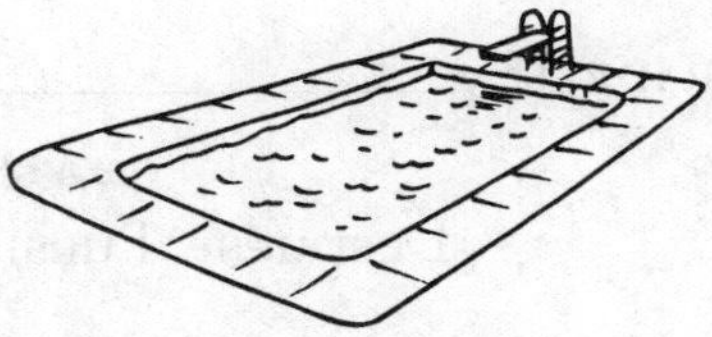

17. 
20. Vas al ____ para trabajar.

Nombre ____________________ Hora ________

Fecha ____________________ Core Practice **4A–9**

# Organizer

## I. Vocabulary

**Some of my favorite places**

______________________________
______________________________
______________________________
______________________________
______________________________
______________________________

**Words to talk about other places**

______________________________
______________________________
______________________________
______________________________
______________________________
______________________________

**Interrogative words**

______________________________
______________________________
______________________________
______________________________
______________________________
______________________________
______________________________

**Phrases related to leisure activities**

______________________________
______________________________
______________________________
______________________________

## II. Grammar

1. The forms of the verb **ir** are: __________ __________
__________ __________
__________ __________

2. **A.** In order to get information in English, we use the words *who, what, where, when, why,* and *how*. In Spanish these words are: __________, __________, __________, __________, __________ y __________.

**B.** When asking a question in Spanish, the verb comes __________ the subject.



realidades.com
• Web Code: jcd-0406

Realidades 1 Nombre ____________ Hora ____________

Capítulo 4B Fecha ____________ Core Practice **4B–1**

## ¿Eres deportista?

Write the name of the sport or activity indicated by the art.

1. ____________

2. ____________

3. ____________

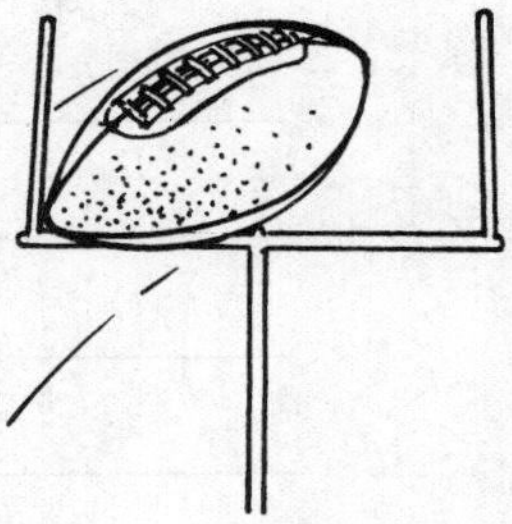

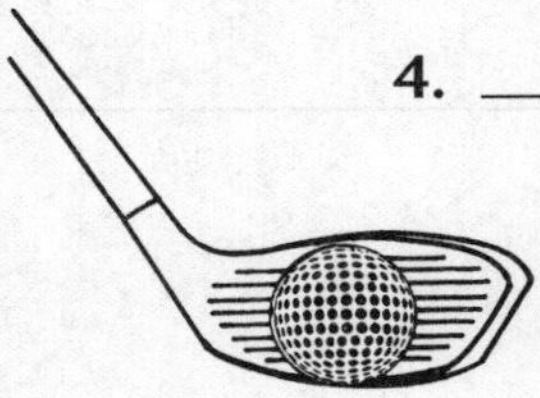
4. ____________

5. ____________

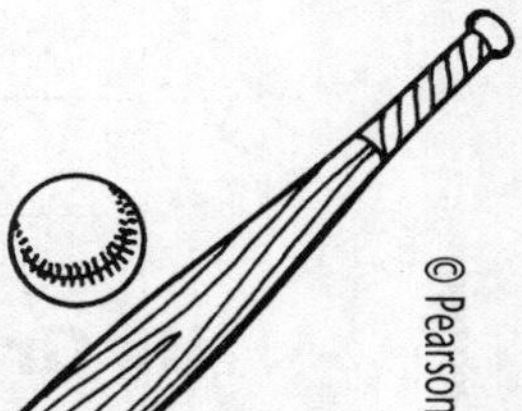

6. ____________

7. ____________

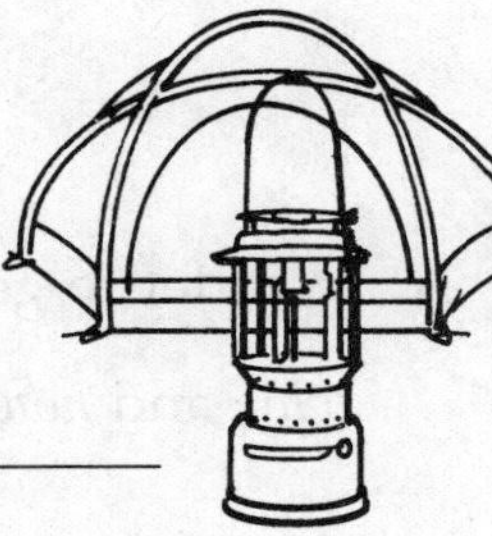
8. ____________

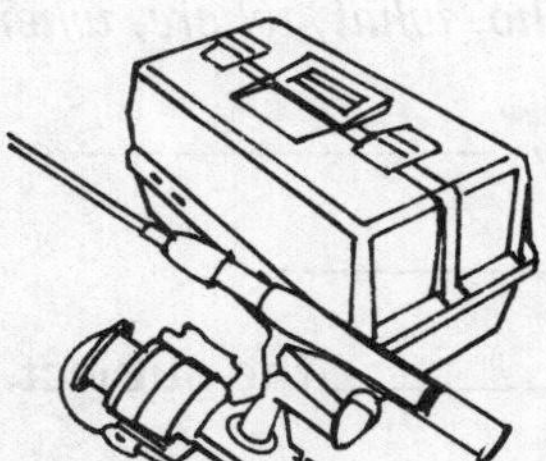
9. ____________





realidades.com
• Web Code: jcd-0411

## Las invitaciones

You and your friends are making plans for the weekend. Complete your friends' invitations with the activities suggested by the pictures. Then accept the offers using complete sentences. Follow the model.

**Modelo** 

— ¿Te gustaría *ir al cine* este fin de semana?

— *Sí, me gustaría ir al cine*.

1. 

— ¿Puedes ______ este fin de semana?

— ______.

2. 

— ¿Quieres ______ este fin de semana?

— ______.

3. 

— ¿Puedes ______ este fin de semana?

— ______.

4. 

— ¿Te gustaría ______ este fin de semana?

— ______.

5. 

— ¿Quieres ______ este fin de semana?

— ______.



realidades.com
• Web Code: jcd-0411

Realidades 1 | Nombre ____________ | Hora ______

Capítulo 4B | Fecha ____________ | Core Practice **4B–3**

## ¿Cómo están?

You have just arrived at school and are asking how your friends are doing. Using the pictures to help you, fill in the blanks with the correct form of **estar** and the appropriate adjective. Don't forget to make the adjective agree with the subject!

1. — ¿Cómo está ella?
— ____________________.

2. — ¿Cómo está él?
— ____________________.

3. — ¿Cómo están ellos?
— ____________________.

4. — ¿Cómo están ellas?
— ____________________.

5. — ¿Cómo están los estudiantes?
— ____________________.

6. — ¿Cómo está él?
— ____________________.



realidades.com
• Web Code: jcd-0412

## ¿A qué hora?

Lucía is very busy on the weekends. Answer the questions about her schedule using complete sentences.

**Modelo** ¿A qué hora usa la computadora?

*Usa la computadora a las siete y media de la noche.*

1. ¿A qué hora tiene que trabajar Lucía?

_______________________________________________

2. ¿A qué hora va a casa?

_______________________________________________

3. ¿Qué hacen Lucía y su amiga a las ocho de la mañana?

_______________________________________________

4. ¿A qué hora come la cena Lucía?

_______________________________________________

5. ¿Cuándo estudian ella y su amigo?

_______________________________________________

6. ¿Adónde va Lucía esta noche? ¿A qué hora?

_______________________________________________



realidades.com
• Web Code: jcd-0412

Realidades 1 | Nombre ______ Hora ______

Capítulo 4B | Fecha ______ | Core Practice **4B–5**

## Los planes

It is 10:00 Saturday morning, and you and your friends are making plans for the afternoon and evening. Using a form of **ir** + **a** + *infinitive,* write complete sentences about everyone's plans. Follow the model.

María

**Modelo** *María va a ir de compras esta tarde*.

1. Ana y yo ______.

2. Pablo ______.

3. Yo ______.

4. Mis amigos ______.

5. Tú ______.

6. Nosotros ______.

7. Ud. ______.

8. Ana y Lorena ______.



realidades.com
• Web Code: jcd-0413

## Demasiadas preguntas

Your friends are asking you to make plans for this weekend, but you are not able to do anything that they have suggested. Using the pictures to help you, respond to their questions using **ir** + **a** + *infinitive.* Follow the model.

**Modelo**

¿Puedes ir al partido mañana?

*No, no puedo. Voy a correr mañana*.

1. ¿Quieres ir al partido esta noche?

______________________________.

2. ¿Te gustaría ir al cine conmigo esta noche?

______________________________.

3. ¿Quieres jugar al golf esta tarde?

______________________________.

4. ¿Puedes jugar videojuegos conmigo el viernes?

______________________________.

5. ¿Te gustaría ir de compras mañana por la noche?

______________________________.

6. ¿Te gustaría ir al baile conmigo esta noche?

______________________________.

7. ¿Quieres ir a la biblioteca conmigo?

______________________________.

8. ¿Puedes ir de cámping conmigo este fin de semana?

______________________________.

## ¿A qué juegas?

Friends are talking about the sports that they enjoy playing. Write the correct form of the verb **jugar** to complete each sentence.

1. — ¿Marta juega al vóleibol?

   — Sí, Rodrigo y ella ____________ todos los días.

2. — Oye, ¿puedes jugar al básquetbol con nosotros?

   — Lo siento, pero no ____________ bien.

3. — ¿A qué juegan Uds.?

   — Nosotros ____________ al golf.

4. — Ellas juegan al tenis muy bien, ¿no?

   — Sí, ____________ muy bien.

5. — ¿____________ Ud. al básquetbol a la una?

   — No. Tengo que ir a un concierto.

6. — Yo juego al fútbol hoy.

   — ¡Ay, me encanta el fútbol! ¡____________ contigo!

7. — ¿Tú y Manuel jugáis al béisbol esta tarde?

   — Sí. ¡____________ todos los días!

8. — ¿Qué hace Luz esta noche?

   — Ella ____________ al vóleibol a las ocho.

Realidades 1 | Nombre ______ | Hora ______

Capítulo 4B | Fecha ______ | Core Practice **4B–8**

## Repaso

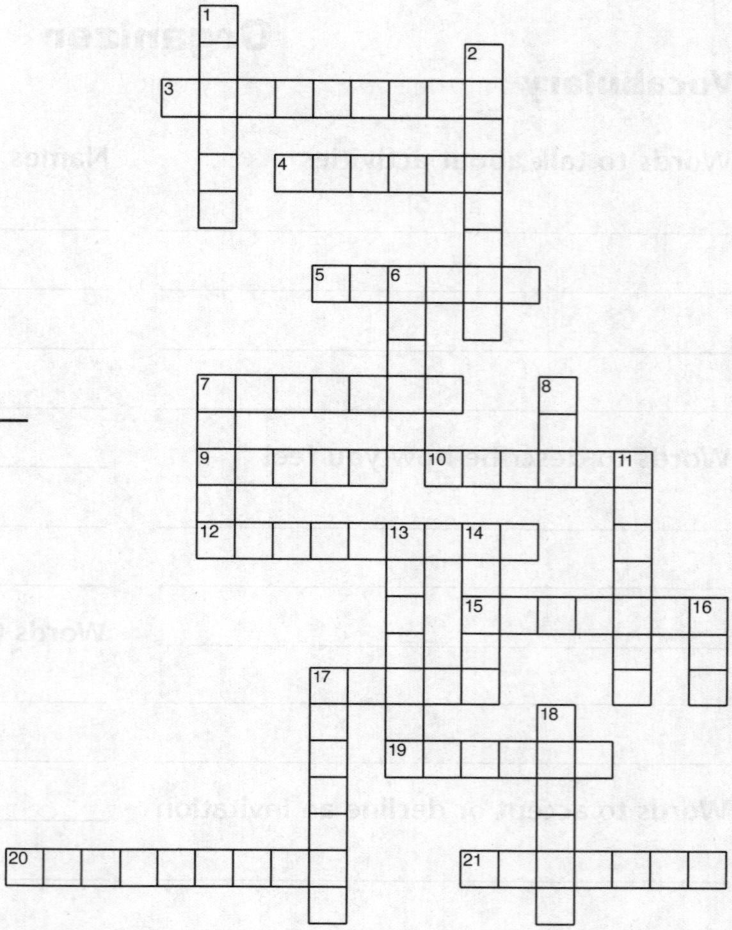

### Across

**3.** No puedo jugar. Estoy ____ ocupado.

**4.** *sad*

**5.**

**7.** Me gusta ver el ____ de béisbol.

**9.** yo sé, tú ____

**10.** Lo ____, pero no puedo.

**12.** el fútbol ____

**15.**

**17.** El *Jitterbug* es un ____.

**19.** *Great!*

**20.** Vamos al ____ para escuchar música.

**21.** *with me*

### Down

**1.** Vamos a la ____ de cumpleaños de Paco.

**2.**

**6.** *afternoon;* la ____

**7.** me gusta ir de *fishing*

**8.** el ____ de semana

**11.** Ella trabaja mucho, siempre está ____.

**13.**

**14.** Es después de la tarde; la ____.

**16.** *Hey!*

**17.**

**18.** Voy a la escuela a las siete de la ____.

# Organizer

## I. Vocabulary

**Words to talk about activities**

______
______
______
______

**Words to describe how you feel**

______
______
______
______
______

**Words to accept or decline an invitation**

______
______
______
______
______

**Names of sports**

______
______
______
______
______
______
______

**Words to say when something happens**

______
______
______
______
______

## II. Grammar

1. The forms of the verb **jugar** are: ______ ______
______ ______
______ ______

2. The preposition **con** becomes ______ to mean "with me" and ______ to mean "with you."

3. To say you are going to do something, you use the verb ______ + ______ + the action you are going to perform.



realidades.com
• Web Code: jcd-0416

## La familia

**A.** Patricia is telling you about her family. Label each person in her family tree with a word that describes his or her relationship to Patricia. You may use some words more than once.

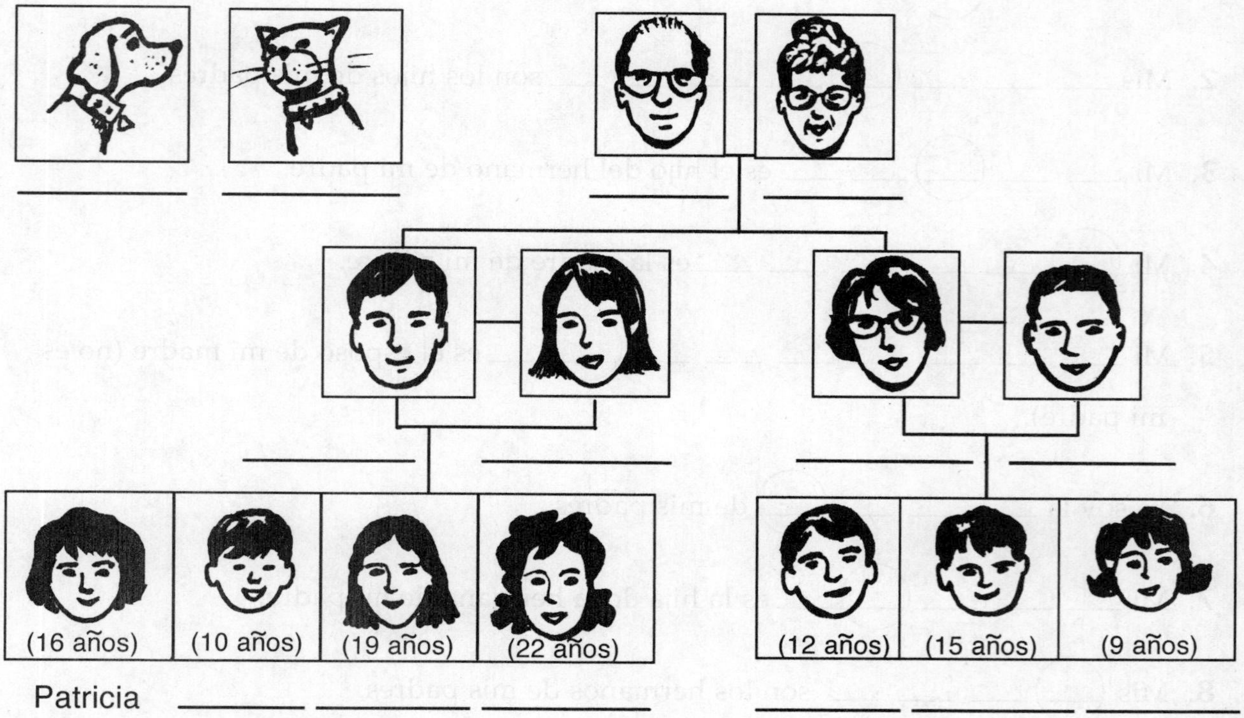


**B.** Now, answer the following questions by circling **sí** or **no**.

1. ¿Patricia tiene hermanastros? Sí No
2. ¿Patricia tiene hermanas mayores? Sí No
3. ¿Patricia tiene dieciséis años? Sí No
4. ¿Patricia tiene tres primos menores? Sí No
5. ¿Patricia tiene dos abuelas? Sí No

## ¿Quién es?

**A.** Complete the sentences below with the correct family relationships.

1. Mi ___ ___ (___) es la esposa de mi tío.
2. Mis ___ ___ ___ (___) ___ ___ ___ ___ son los hijos de mis padres.
3. Mi ___ ___ (___) ___ ___ es el hijo del hermano de mi padre.
4. Mi (___) ___ ___ ___ ___ ___ es la madre de mi madre.
5. Mi ___ ___ ___ ___ ___ ___ ___ (___) ___ es el esposo de mi madre (no es mi padre).
6. Yo soy la ___ ___ ___ (___) de mis padres.
7. Mi ___ ___ ___ (___) ___ es la hija de la hermana de mi padre.
8. Mis (___) ___ ___ ___ son los hermanos de mis padres.
9. Mamá y papá son mis ___ ___ (___) ___ ___ ___ .
10. Mis ___ ___ (___) ___ ___ ___ ___ (___) ___ ___ ___ son las hijas de la esposa de mi padre (no son mis hermanas).

**B.** Now, unscramble the circled letters to come up with another member of the family.

___ ___ ___ ___ ___ ___ ___ ___ ___ ___ ___





realidades.com
• Web Code: jcd-0501

## ¡Una fiesta inesperada (*a surprise party*)!

The Rodríguez family is giving their older son Tomás a surprise birthday party. Complete their conversation, using the most logical word from the word bank.

| | | | |
|---|---|---|---|
| luces | la piñata | tiene | decoraciones |
| dulces | pastel | celebrar | sólo |
| globos | sacar fotos | regalos | |

MAMÁ: Vamos a hacer el plan porque vamos a ____________ el cumpleaños de Tomás. Él ____________ doce años.

TÍA LULÚ: Sí, ¡vamos a celebrar! Primero, necesitamos un ____________ para comer ¿no? ¡Qué sabroso!

MAMÁ: Sí. Y necesitamos unas ____________ perfectas. Vamos a necesitar un globo y una luz.

TÍA LULÚ: ¿____________ *un* globo y *una* luz? ¡No, necesitamos muchos ____________ y muchas ____________! También necesitamos papel picado.

PABLITO: Oye, ¡yo tengo una cámara fabulosa! Puedo ____________ en la fiesta cuando Tomás abre los ____________.

MAMÁ: Sí, Pablito. ¡Muchas gracias! Y finalmente, pueden romper ____________. ¿Tenemos ____________?

TÍA LULÚ: Sí, tenemos muchos dulces.

PABLITO: ¡Qué buena fiesta!

## La celebración

Raúl is explaining how he and his family are preparing for his sister's birthday party. Read his description and answer the questions that follow in complete sentences.

> Hoy es el cumpleaños de mi hermana menor, Gabriela. Mis padres y yo preparamos la fiesta. Mi mamá decora con el papel picado y las luces. Mi papá tiene los regalos y los globos. Yo preparo la mesa con los globos y el pastel. También tengo la cámara porque voy a hacer un video de la fiesta.
>
> Sólo nuestra familia va a estar aquí, pero con todos mis primos, mis tíos y mis abuelos tenemos muchas personas. A las cinco mi hermana va a estar aquí y la fiesta va a empezar.

1. ¿Quién es Gabriela? _______________
2. ¿Para quién es la fiesta? _______________
3. ¿Qué clase de fiesta es? _______________
4. ¿Con qué decora Raúl? _______________
5. ¿Qué tiene el papá? _______________
6. ¿Qué va a hacer Raúl? _______________
7. ¿Quiénes van a estar en la fiesta? _______________

   _______________
8. ¿A qué hora va a empezar la fiesta? _______________

Nombre ______ Hora ______

Fecha ______ Core Practice **5A–5**

## Conversaciones

You overhear a group of students talking. Fill in the blanks in their conversations with the correct forms of the verb **tener**.

1. FRANCO: Hola, Carmen. ¿Qué tienes en la mano?

   CARMEN: (Yo) ______ un regalo para mi primo. Es su cumpleaños.

   FRANCO: Ah, ¿sí? ¿Cuántos años ______?

   CARMEN: ______ doce años.

   FRANCO: Mis primos también ______ doce años.

2. ELENA: ¡Oye, Carlos! ¿Cuántos años ______?

   CARLOS: ¿Yo? Yo ______ quince años. ¿Por qué?

   ELENA: Porque mi hermano y yo ______ una prima de quince años que ______ que ir a un baile el viernes. ¿(Tú) ______ planes?

   CARLOS: ¿El viernes? No, no ______ otros planes.

3. PABLO: Hola, José. Hola, Manolo. ¿(Uds.) ______ un dólar?

   JOSÉ: Sí, yo ______ un dólar. ¿Por qué?

   PABLO: Porque yo ______ hambre y quiero comprar un perrito caliente.

   MANOLO: ¿La cafetería ______ perritos calientes buenos?

   PABLO: Sí. ¿Quieres uno?

   JOSÉ: Sí, pero primero Manolo y yo ______ que ir a clase.

   PABLO: También ______ que ir a clase.

## ¿De quién es?

**A.** Fill in the following chart with the masculine and feminine, singular and plural forms of the possessive adjectives indicated.

| hijo | tía | abuelos | hermanas |
|---|---|---|---|
| | | | *mis hermanas* |
| | *tu tía* | | |
| *su hijo* | | | |
| | | *nuestros abuelos* | |
| *vuestro hijo* | *vuestra tía* | *vuestros abuelos* | *vuestras hermanas* |

**B.** Now, complete the following sentences by writing in the possessive adjective that corresponds with the English adjective in parentheses. Follow the model.

**Modelo** (*my*) _Mi_ abuela es vieja.

1. (*our*) ____________ abuelos van a la casa para hablar con nosotros.
2. (*your*) Sara, gracias por ____________ libro.
3. (*my*) ____________ prima es de Tejas.
4. (*your*) ¿Tienen mucha tarea en ____________ clase de matemáticas?
5. (*their*) ____________ tíos están en la oficina ahora.
6. (*my*) El perro come ____________ galletas.
7. (*our*) Nosotros vamos a la escuela en ____________ bicicletas.
8. (*your*) Profesor, ¿dónde está ____________ oficina?
9. (*their*) ____________ hijo es muy trabajador.
10. (*his*) ____________ hermana está enferma.





realidades.com
• Web Code: jcd-0505

Nombre ______________________ Hora ______

Fecha ______________________ Core Practice **5A–7**

## Los regalos perfectos

Using the subjects below and the activities suggested by the pictures, write complete sentences about what your friends and relatives have for the party. Make sure you use the correct possessive adjective. Follow the model.

**Modelo** Mi primo Juan

*Mi primo Juan tiene su cámara.*

**1.** Mis tíos ______________________________

**2.** Alicia ______________________________

**3.** Tú ______________________________

**4.** Nosotros ______________________________

**5.** Yo ______________________________

**6.** Ud. ______________________________

**7.** La profesora Méndez ______________________________

**8.** Nosotras ______________________________

realidades.com
• Web Code: jcd-0506

## Repaso

### Across

5. La madre de mi primo es mi ____.
7. El hermano de mi padre es mi ____.
9. *sister*
11. 
13. mi papá; el ____
16. La mamá de mi padre es mi ____.
17. Mi hermano y yo somos los ____ de nuestros padres.
19. 
20. 
21. mi mamá; la ____

### Down

1. El esposo de mi madre; no es mi papá, es mi ____.
2. *brother*
3. 
4. el papel ____
6. 
8. ¡Feliz ____! ¿Cuántos años tienes?
9. Quiero ____ un video.
10. la madre de mi hermanastro; mi ____
12. Los hijos ____ la piñata.
14. Es el hermano de mi prima; mi ____.
15. ¿Quién ____ las fotos de la fiesta?
18. *parents*
21. no menor

# Organizer

## I. Vocabulary

**To describe family relationships**

_______________
_______________
_______________
_______________
_______________
_______________
_______________
_______________
_______________

**Items at a party**

_______________
_______________
_______________
_______________
_______________
_______________

**Activities at a party**

_______________
_______________
_______________
_______________

**Words to express possession**

_______________
_______________
_______________
_______________
_______________

## II. Grammar

**1.** The forms of **tener** are: _______ _______
_______ _______
_______ _______

**2.** Possessive adjectives in Spanish are written as follows:

| | Singular/Plural | | Singular/Plural |
|---|---|---|---|
| my | ____/____ | our | ____/____ |
| your (familiar) | ____/____ | your (pl., familiar) | ____/____ |
| your (formal), his, hers | ____/____ | your (pl., formal),their | ____/____ |

## Restaurante elegante

Label the following items with the correct word. Don't forget to use the correct definite article (**el** or **la**).

**1.** ______ **5.** ______ **9.** ______

**2.** ______ **6.** ______ **10.** ______

**3.** ______ **7.** ______ **11.** ______

**4.** ______ **8.** ______





realidades.com
• Web Code: jcd-0511

## Las descripciones

You are telling your friends about some of your family members. Write descriptions of them in complete sentences. Follow the model.

**Modelo**

Paco

*Paco es alto y tiene el pelo corto y negro.*

1. 

El tío Roberto

______________________________

2. 

Melinda, mi madrastra

______________________________

3. 

El abuelito Jorge

______________________________

4. 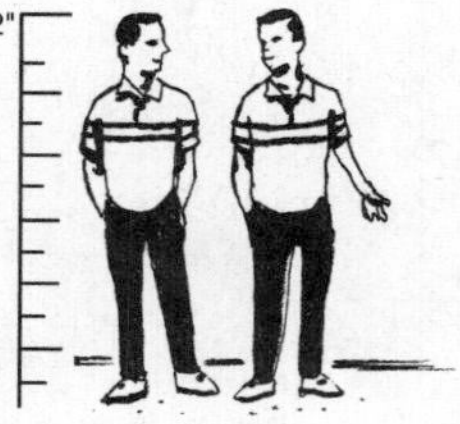


Los primos Juan y Manuel

______________________________

5. 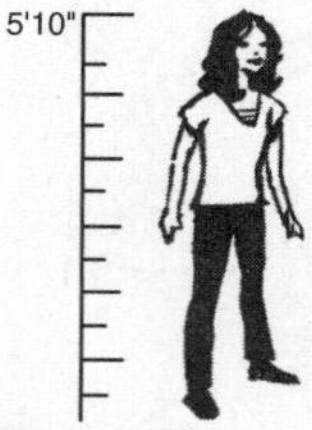


Esperanza

______________________________



realidades.com
• Web Code: jcd-0511

## La palabra correcta

Complete the following mini-conversations with the most logical words or phrases from your vocabulary.

1. — ¿Necesita Ud. algo?

   — Sí, me _______________ un tenedor.

2. — ¿Te gusta la comida del Sr. Vargas?

   — Sí, es deliciosa. ¡Qué _______________!

3. — ¿Quieres otra _______________ de café?

   — No, gracias.

4. — ¿Desea Ud. un té helado?

   — Sí, porque tengo _______________.

5. — ¿Qué vas a _______________ de postre?

   — Yo quiero el flan.

6. — ¿Necesitan _______________ más?

   — Sí, la cuenta por favor.

7. — Muchas gracias.

   — De _______________.

8. — ¿Qué quisiera Ud. de _______________ _______________?

   — Me gustaría el arroz con pollo.

9. — ¿Estás cansado?

   — Sí, tengo _______________.

10. — ¿Bebes el café?

    — Sí, porque tengo _______________.





realidades.com
• Web Code: jcd-0512

## Cita (*date*) en español

**A.** David and Rocío are on a date at a Spanish restaurant. Using the vocabulary you have learned in this chapter, write their possible responses to the waiter's questions. Use complete sentences.

CAMARERO: ¿Qué desean Uds. de plato principal?

DAVID: _______________

ROCÍO: _______________

CAMARERO: ¿Cómo está la comida?

DAVID: _______________

ROCÍO: _______________

CAMARERO: ¿Desean algo más?

DAVID: _______________

ROCÍO: _______________

**B.** Now, based on the waiter's responses, write what you think David or Rocío may have asked the waiter.

DAVID: ¿_______________?

CAMARERO: Sí, le traigo una servilleta.

ROCÍO: ¿_______________?

CAMARERO: Sí, ahora puede pedir algo de postre.

DAVID: ¿_______________?

CAMARERO: Un café, por supuesto. ¿Tiene sueño?



realidades.com
• Web Code: jcd-0512

## ¿Quién viene?

Your class has decided to put on a talent show, and you are in charge of scheduling what time everyone is coming to audition for different skits. Your friend Lola is anxious to know the schedule. Answer her questions using the picture below. Follow the model.

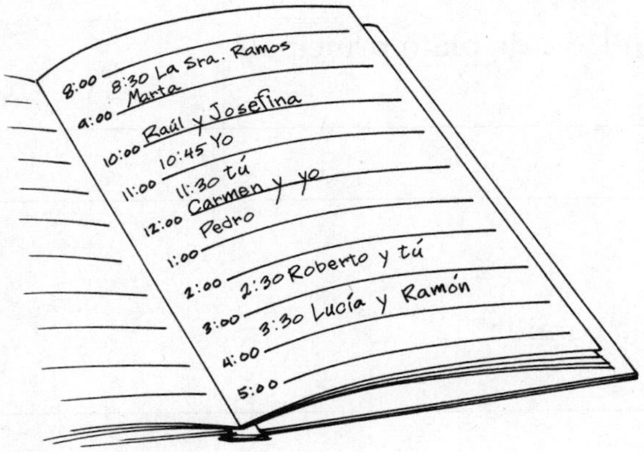


**Modelo** ¿Quién viene a las ocho y media?
*La Sra. Ramos viene a las ocho y media.*

1. ¿Quién viene a las nueve?
_______________
2. ¿Quién viene a las diez?
_______________
3. ¿Quién viene a las once menos cuarto?
_______________
4. ¿Quién viene a las once y media?
_______________
5. ¿Quién viene a las doce?
_______________
6. ¿Quién viene a la una?
_______________
7. ¿Quién viene a las dos y media?
_______________
8. ¿Quién viene a las tres y media?
_______________





realidades.com
• Web Code: jcd-0513

## Una carta para mamá

Read the following letter from Rosaura to her mom in Spain. Write the form of **ser** or **estar** that best completes each sentence.

Querida mamá:

¡Aquí ___________ en Chicago! Chicago ___________ una gran ciudad con muchas personas que ___________ muy interesantes. La comida ___________ fantástica. La especialidad ___________ la pizza. ¡Qué rica!

Vivo con una familia muy simpática. Tienen un hijo que siempre ___________ contento y una hija que ___________ muy estudiosa. ¡___________ las nueve de la noche y ella ___________ en la biblioteca!

Los chicos de la escuela también ___________ estudiosos, pero no muy serios. Mis compañeros y yo ___________ muy buenos amigos y ___________ juntos todos los fines de semana. Una amiga, Vera, ___________ boliviana y ___________ divertidísima. Vera y yo ___________ en la misma clase de biología.

Bueno, mamá, ___________ muy tarde. Mañana voy a ___________ muy ocupada y necesito dormir. Pero sabes ahora que todo ___________ bien aquí y que yo ___________ contenta. Besos para ti y para papá.

Un abrazo,

Rosaura

## ¿Qué van a comer?

The Vázquez family is getting ready to order dinner in a restaurant. Look at the pictures to get an idea of the person's needs. Answer the questions below using vocabulary that would most logically go in each situation.

1.

¿Cómo está la Sra. Vázquez? ____

¿Qué debe pedir de plato principal? ____

¿De postre? ____ ¿Y para beber? ____

2.

¿Cómo están los chicos? ____

¿Qué deben pedir de plato principal? ____

¿De postre? ____ ¿Y para beber? ____

3.

¿Cómo está Elisita? ____

¿Qué debe pedir de plato principal? ____

¿De postre? ____ ¿Y para beber? ____

4.

¿Cómo está el Sr. Vázquez? ____

¿Qué debe pedir de plato principal? ____

¿De postre? ____ ¿Y para beber? ____

## Repaso

**Across**

6. *blond;* el pelo ____
7. Shaquille O'Neal es ____.
8. Uds. ____ cansados.
12. Paquito no es viejo. Es ____.
13. ¡Camarero, la ____ por favor!

15.
16. Mi abuela tiene el pelo ____.
17. Ella tiene 88 años. Es ____.
18. Necesito un cuchillo y un ____ para comer el bistec.
19. sal y ____
21. Necesito un té. Tengo ____.

**Down**

1. *red-haired (m.)*
2. El Sr. López es un ____.
3. *napkin*
4. Nosotros ____ bajos.
5. *good-looking (f.)*

9. el pelo ____
10. ¿Qué quieres de ____? El flan.
11. Quiero un té helado. Tengo ____.
13. no largo

14.
18. Quiero una ____ de café.
19. el plato ____
20. La Sra. Miranda es una ____.

# Organizer

## I. Vocabulary

**To describe people**

______
______
______
______
______
______
______
______
______

**Things at a restaurant**

______
______
______
______
______
______
______
______

**Words to order food and beverages**

______
______
______
______

**Words to describe how you're feeling**

______
______
______

## II. Grammar

1. The forms of **venir** are: ______ ______
______ ______
______ ______

2. For physical and personality descriptions, and to tell what time it is, use the verb ______. To talk about location and physical and emotional states, use the verb ______.





realidades.com
• Web Code: jcd-0516

Nombre ____________________ Hora __________

Fecha ____________________ Core Practice **6A–1**

## Un dormitorio nuevo para mí

Ignacio is moving into his sister's room when she goes away to college. His parents have told him that he can bring anything into his new room that he can carry by himself. Make a list of eight things that he would definitely be able to bring with him, and five things that he definitely wouldn't be able to bring. Use the examples given to help you.

Traer conmigo

*El lector DVD*

______________________

______________________

______________________

______________________

______________________

______________________

______________________

No traer conmigo

*La pared*

______________________

______________________

______________________

______________________

______________________



realidades.com
• Web Code: jcd-0601

## Muchos colores

Write the names of the color or colors that you associate with the following things. Don't forget to make the colors agree in gender and number.

1. el jugo de naranja ______
2. la limonada ______
3. el 14 de febrero ______
4. el 25 de diciembre ______
5. el sol ______
6. la nieve ______
7. unas zanahorias ______
8. la bandera de los Estados Unidos ______
9. un tomate ______
10. la piscina ______
11. la noche ______
12. el Día de San Patricio ______





realidades.com
• Web Code: jcd-0601

## La experiencia nueva

**A.** Read the letter that Gloria wrote to her friend in Spain about her host family in Chile.

Querida Sandra,

Lo paso muy bien aquí con la familia Quijano. Desde el primer día aquí, tengo mi propio dormitorio. Hay una cama, una mesita, una lámpara, un escritorio con una silla pequeña y un espejo. También hay una ventana con cortinas amarillas. La mejor cosa del cuarto es la lámpara. Es roja, negra y marrón y es muy artística. Creo que es la lámpara más bonita del mundo.

El cuarto también es bonito. Las paredes son moradas. Sólo quiero mi equipo de sonido y mis discos compactos.

Abrazos,
*Gloria*

**B.** Now, answer these questions in complete sentences.

1. ¿A Gloria le gusta la familia?
_______________________________________________

2. ¿Comparte Gloria el dormitorio con otro estudiante?
_______________________________________________

3. ¿De qué color son las paredes en el dormitorio de Gloria?
_______________________________________________

4. ¿Tiene Gloria su equipo de sonido en su dormitorio?
_______________________________________________

5. ¿Cómo es la lámpara en el dormitorio de Gloria? ¿A ella le gusta?
_______________________________________________

6. ¿De qué color son las cortinas en el dormitorio de Gloria?
_______________________________________________

## ¿Dónde está todo?

Movers just finished putting everything into Marcela's new room. Help her locate everything by describing where the items are in the picture below. Follow the model.

**Modelo** *Una lámpara está al lado del televisor.*



realidades.com
• Web Code: jcd-0602

## Las comparaciones

Felipe and Mónica are brother and sister who are very different from each other. Using their pictures and the model to help you, write comparisons of the two siblings. Remember to make the adjectives agree in gender with the subject.

**Modelo** Mónica / alto *Mónica es más alta que Felipe.*

1. Felipe / serio ____
2. Mónica / sociable ____
3. Mónica / rubio ____
4. Felipe / estudioso ____
5. Felipe / alto ____
6. Mónica / viejo ____
7. Felipe / rubio ____
8. Felipe / joven ____
9. Mónica / serio ____



realidades.com
• Web Code: jcd-0603

## Los premios Óscar

The following chart rates movies according to certain categories. Four stars is the best rating, one star is the worst rating. Using the chart as a guide, write complete sentences comparing the three movies. Follow the model.

| | *Una tarde en agosto* | *Mi vida* | *Siete meses en Lima* |
|---|---|---|---|
| **Actores – talentosos** | **** | ** | *** |
| **Fotografía – artística** | **** | * | *** |
| **Ropa – bonita** | *** | **** | *** |
| **Director – creativo** | **** | *** | ** |
| **Cuento – interesante** | **** | ** | * |

**Modelo** actores / "Una tarde en agosto"
*Los actores de "Una tarde en agosto" son los más talentosos.*

1. fotografía / "Una tarde en agosto"
______
2. fotografía / "Mi vida"
______
3. director / "Una tarde en agosto"
______
4. actores / "Una tarde en agosto"
______
5. director / "Siete meses en Lima"
______
6. ropa / "Mi vida"
______
7. cuento / "Siete meses en Lima"
______
8. actores / "Mi vida"
______
9. cuento / "Una tarde en agosto"
______





realidades.com • Web Code: jcd-0604

## Las mini-conversaciones

**A.** Fill in the rest of these conjugations.

| | DORMIR | PODER |
|---|---|---|
| **yo** | | |
| **tú** | | *puedes* |
| **él, ella, Ud.** | *duerme* | |
| **nosotros** | | |
| **vosotros** | *dormís* | *podéis* |
| **ellos, ellas, Uds.** | | |

**B.** Write the correct forms of either **dormir** or **poder** in the blanks to complete the mini-conversations below.

1. — ¿Quieres ir al cine?
   — No ______. Tengo que trabajar.
2. — ¿Cuántas horas ______ cada noche?
   — Generalmente, ocho horas.
3. — ¿Uds. ______ venir a nuestra fiesta?
   — Sí. ¿A qué hora es?
4. — Nosotros no ______ trabajar hoy.
   — Está bien. Van a trabajar mañana.
5. — Cuando ellas van de cámping, ¿dónde ______?
   — Pues, en sus sacos de dormir, por supuesto.
6. — ¿Qué haces a las once y media de la noche?
   — ¡Yo ______!
7. — ¿______ (tú) hablar con tu abuela por teléfono?
   — No, no ______ porque estoy ocupado.
8. — ¿Qué hace una chica cansada?
   — ______ mucho.



realidades.com
• Web Code: jcd-0605

## Repaso

### Down

1. Tengo que ___ por la noche.

2.
3. el ___ DVD
4. no pequeño

5.
6. un ___ compacto
8. no es a la derecha; es a la ___
11. Un plátano es de color ___.
13. *dresser*
17. La nieve es de color ___.
18. no mejor

### Across

2. Rojo y azul son ___.

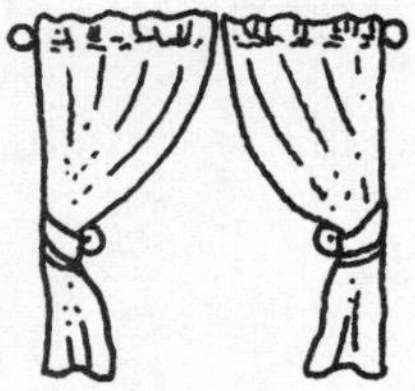

7.

9.
10. el ___ de sonido
11. Hay una ___ debajo de la cama.
12. Uds. tienen mucha ropa en el ___.
14. Los libros están en el ___.
15. *brown*
16. no es fea, es ___
19. Duermo en la ___.
20. *mirror*

# Organizer

## I. Vocabulary

**To talk about things in a bedroom**

______
______
______
______
______
______
______
______
______

**Electronic equipment**

______
______
______
______
______
______

**Words to talk about colors**

______
______
______
______
______

**Words to describe things**

______
______
______
______

## II. Grammar

1. To compare peoples' ages, use either ______ + **que** or ______ + **que**. To say that something is "better than" use ______ + **que**; to say that something is "worse than" use ______ + **que**.

2. To say that something is the "best" or "worst" use the following construction: article + ______ / ______ + noun. To say "most" or "least" the construction is article + noun + ______ / ______ + adjective.

3. The forms of **poder** are: The forms of **dormir** are:

| | | | |
|---|---|---|---|
| ______ | ______ | ______ | ______ |
| ______ | ______ | ______ | ______ |
| ______ | ______ | ______ | ______ |

## Los cuartos

The Suárez family has just moved into a new house. Tell what rooms are on each floor of the house.

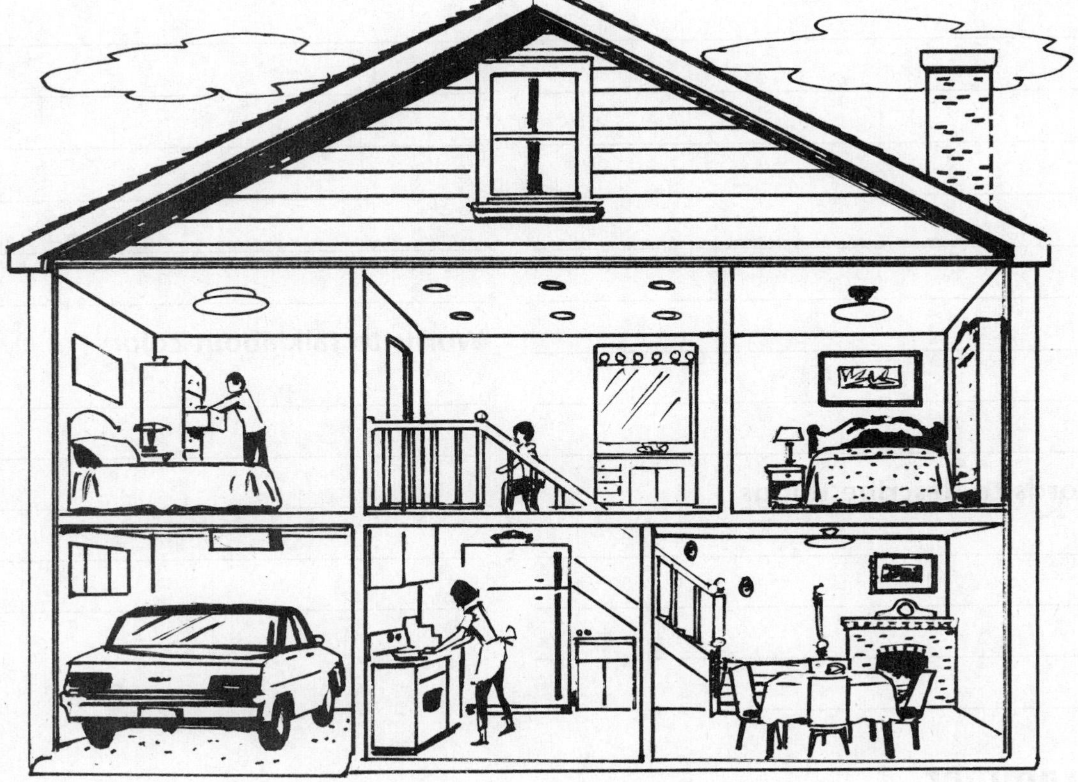

En la planta baja hay: ____________________

____________________

____________________

____________________

En el primer piso hay: ____________________

____________________

____________________

____________________

____________________

## Los quehaceres

Each person below has been given a location from which to do his or her chores. In the spaces provided, list at least two chores each person could logically be doing. Follow the model.

**Modelo** Alberto y Antonio están en el garaje.

*lavan el coche*

*sacan la basura*

*limpian el garaje*

1. Dolores está en el baño.

______
______
______

2. Eugenio está en el dormitorio.

______
______
______

3. Carolina y Catarina están en la sala.

______
______
______

4. Vladimir está en el comedor.

______
______
______

5. Ana Gracia está en la cocina.

______
______
______



realidades.com
• Web Code: jcd-0611

## La lista de quehaceres

Melisa's mom has left her a list of the things that she has to do before her relatives come over for a dinner party. Complete the list with the appropriate word or phrase. Follow the model.

**Modelo** *Arregla* tu cuarto.

1. ____________ la mesa del comedor.
2. Tienes que ____________ porque no tienes ropa limpia.
3. ____________ porque no tenemos platos limpios.
4. ¿Puedes ____________? Hay demasiada basura.
5. ____________ los platos en la cocina.
6. Necesitas ____________ porque el coche está sucio.
7. Hay que ____________ porque hay mucho polvo en el primer piso.
8. ____________ las camas.
9. ¿Puedes ____________ por las alfombras?
10. El baño no está limpio. Necesitas ____________ .
11. ____________ de comer al perro.
12. Si tienes tiempo, ____________ todos los quehaceres.

## No es correcto

The following statements do not make sense. Rewrite the sentences by replacing the underlined words or phrases with words or phrases that make sense. Follow the model.

**Modelo** Nunca haces en casa cuando tienes quehaceres.
*Nunca ayudas en casa cuando tienes quehaceres*.

1. Tengo que dar la aspiradora por las alfombras.
_______________.
2. El cuarto está limpio. Voy a limpiarlo.
_______________.
3. Papá va a lavar platos en el dormitorio.
_______________.
4. No te recibo dinero porque no estás haciendo nada.
_______________.
5. ¡Haz la cama! Vamos a comer.
_______________.
6. Mamá lava el coche en la cocina.
_______________.
7. ¿Cuáles son los dinero que tienes que hacer?
_______________.
8. Doy dinero al perro todos los días.
_______________.
9. Debes cortar el polvo, está bastante largo.
_______________.
10. Ernesto quita el coche de la sala.
_______________.
11. Las hermanas cocinan la basura por la noche.
_______________.



realidades.com
• Web Code: jcd-0612

## Los mandatos

**A.** Write the affirmative **tú** command forms of the following verbs in the spaces provided.

1. correr ______
2. poner ______
3. hacer ______
4. comer ______
5. hablar ______
6. leer ______
7. limpiar ______
8. ver ______
9. cortar ______
10. abrir ______
11. escribir ______

**B.** Now, write the chore your parents might tell you to do in each of the following situations. Follow the model.

**Modelo** Tu dormitorio no está limpio. *Arregla tu dormitorio*.

1. El coche está sucio. ______.
2. El perro tiene hambre. ______.
3. No hay platos limpios. ______.
4. Hay mucha basura en el garaje. ______.
5. La camisa blanca ahora es gris. ______.
6. Necesitamos cenar. ______.
7. El baño no está limpio. ______.
8. Hay mucho polvo en la sala. ______.





realidades.com
• Web Code: jcd-0613

## ¿Qué están haciendo?

The Duarte family is getting ready for a barbecue. Look at the picture, then write what each of the family members is doing. Follow the model.

**Modelo** La madre *está cocinando las hamburguesas* .

1. Manolo y José ________.
2. Ana María ________.
3. El padre ________.
4. Tito y Ramón ________.
5. Graciela ________.
6. Lola y Elia ________.
7. Todos ________.



realidades.com
• Web Code: jcd-0614

## Mucho trabajo

The Escobar family is getting ready to have guests over. Fill in the blanks in their conversation below with the appropriate form of the following verbs: **cortar, ayudar, hacer, lavar, pasar, sacar.**

PABLO: Mamá, ¿qué estás ____________ tú?

MAMÁ: Estoy ____________ los platos, hijo. ¿Y tú?

PABLO: Nada.

MAMÁ: Vale. ¿Qué están ____________ tus hermanos?

PABLO: Juan está ____________ el baño y Marta está arreglando su dormitorio.

MAMÁ: Bien, hijo. Ahora, quita el polvo de la sala y luego ____________ la aspiradora por las alfombras.

PABLO: Pero, mamá …

MAMÁ: ¡Ahora! Y después ____________ la basura …
¡María! ¿Qué estás ____________, hija?

MARÍA: Isabel y yo ____________ el césped. ¿Por qué?

MAMÁ: Porque tus primos vienen a comer hoy y necesito ayuda para poner la mesa.

MARÍA: ¿Por qué no te está ____________ papá?

MAMÁ: Papá, cariño, ¿dónde estás?

PAPÁ: Estoy en el garaje. Estoy ____________ el coche.

MAMÁ: Ah, sí. Después, arregla nuestro cuarto y ____________ tu ropa sucia.

PAPÁ: ¿Por qué?

MAMÁ: ¡Vienen tu hermano y su familia!





realidades.com • Web Code: jcd-0615

Realidades 1 | Nombre ______ Hora ______

Capítulo 6B | Fecha ______ Core Practice **6B–8**

## Repaso

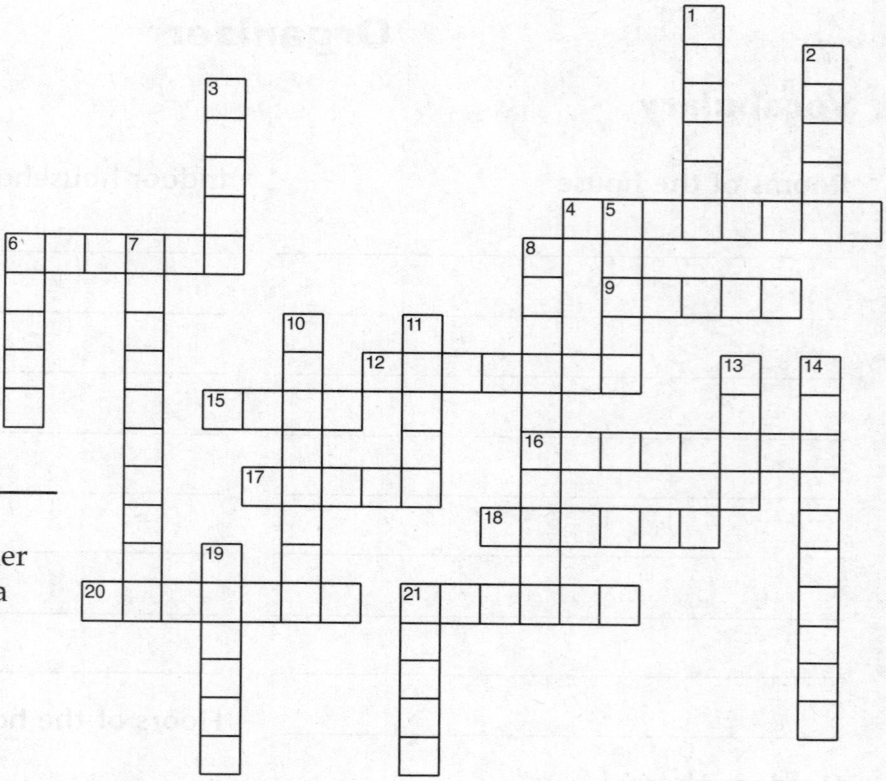

### Across

4. cómo pasas al primer piso desde la planta baja; la ____
6. Yo ____ el baño.
9. 
12. *to cook*
15. El hijo ____ la aspiradora cada fin de semana.
16. 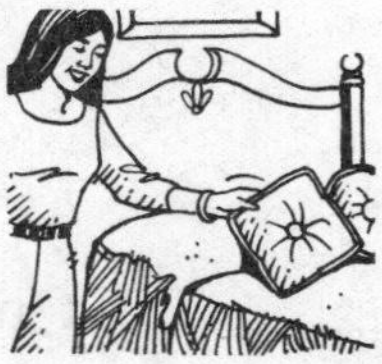

    ____ el cuarto
17. La hija debe ____ los platos ahora.
18. un cuarto donde puedes poner el coche
20. cuarto donde come la familia; el ____
21. el piso más bajo de la casa

### Down

1. el cuarto donde preparas la comida
2. Tengo que ____ la cama hoy.
3. 

   quitar el ____
5. 

   ____ la basura
6. no cerca
7. Después de subir la escalera, estás en el ____ ____.
8. Cuando entras en la casa, estás en la ____ ____.
10. la oficina en la casa
11. ¿Quién va a ____ la mesa?
13. el cuarto donde ves la tele
14. el cuarto donde duermes
19. Mateo tiene que cortar el ____.
21. no limpio

Nombre ______________________ Hora ______

Fecha ______________________



# Organizer

## I. Vocabulary

**Rooms of the house**

______________________
______________________
______________________
______________________
______________________
______________________
______________________
______________________
______________________

**Indoor household tasks**

______________________
______________________
______________________
______________________
______________________
______________________
______________________
______________________

**Outdoor chores**

______________________
______________________
______________________
______________________

**Floors of the house**

______________________
______________________
______________________
______________________

## II. Grammar

1. To talk about actions in progress, use the ______________ tense. This is formed by adding -__________ to the roots of **-ar** verbs and -__________ to the roots of **-er** and **-ir** verbs.

2. **Tú** commands are the same as the ______________ form of the ______________ tense of verbs. But the **tú** command form of **poner** is ______________ and of **hacer** is ______________.





realidades.com
• Web Code: jcd-0616

Realidades 1 | Nombre ______ | Hora ______

Capítulo 7A | Fecha ______ | Core Practice **7A–1**

## En el escaparate (*store window*)

You are window shopping at a large department store and you decide to make a list of what they have and what everything costs. Using the picture, list seven items and their prices below. Follow the model.

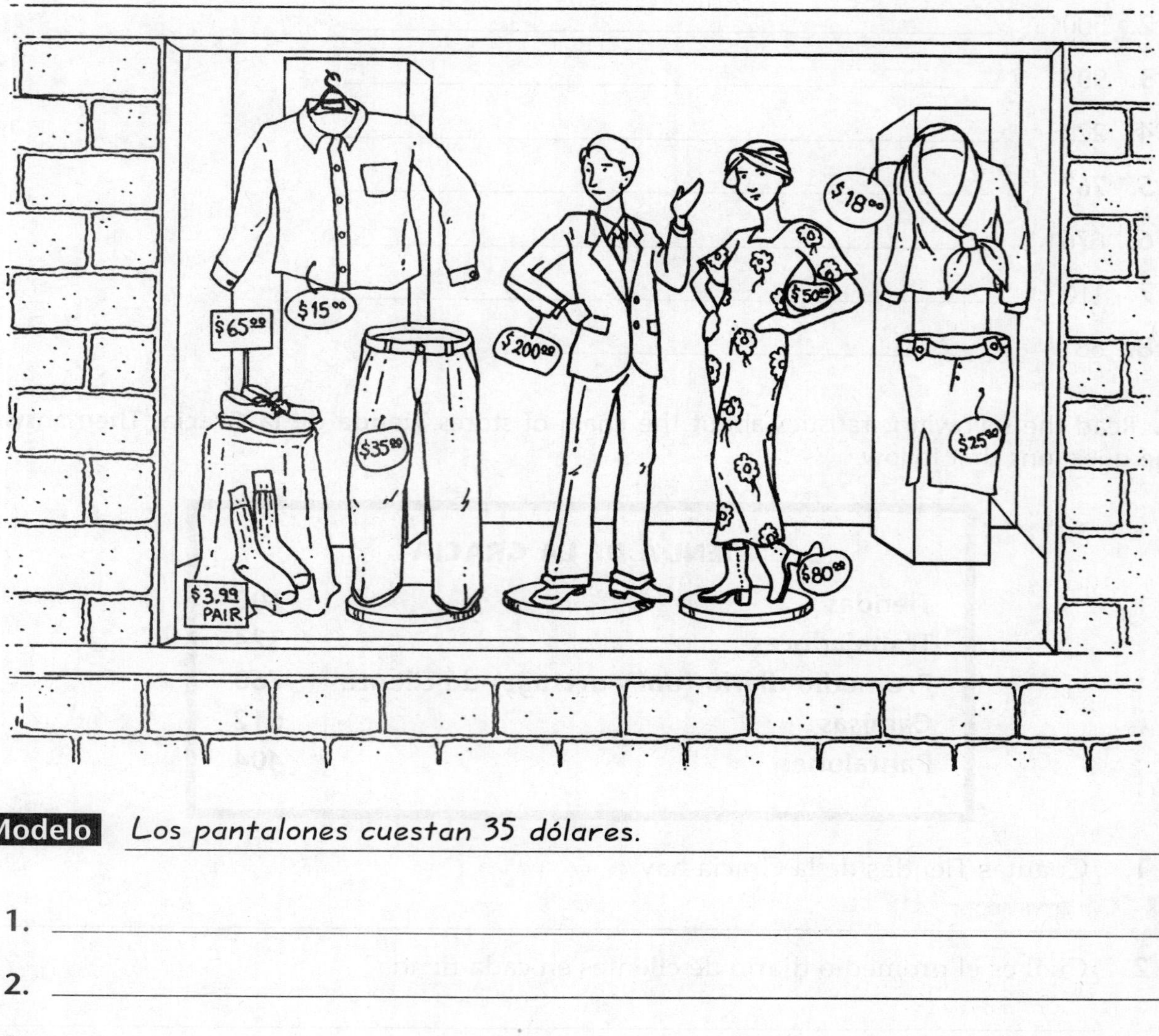


**Modelo** *Los pantalones cuestan 35 dólares.*

1. ______
2. ______
3. ______
4. ______
5. ______
6. ______
7. ______



realidades.com
• Web Code: jcd-0701

## Tienda de la Gracia

**A.** Write the numbers below in Spanish.

1. 100 ____________
2. 500 ____________
3. 909 ____________
4. 222 ____________
5. 767 ____________
6. 676 ____________
7. 110 ____________
8. 881 ____________

**B.** Read the following statistics about the chain of stores **Tienda de la Gracia**. Then answer the questions that follow.

| TIENDA DE LA GRACIA | |
|---|---|
| **Tiendas** | **100** |
| **Trabajadores** | **324** |
| **Promedio diario (*daily average*) de clientes** | **760** |
| **Camisas** | **612** |
| **Pantalones** | **404** |

1. ¿Cuántas Tiendas de la Gracia hay?
____________
2. ¿Cuál es el promedio diario de clientes en cada tienda?
____________
3. ¿Cuántos trabajadores hay en las Tiendas de la Gracia?
____________
4. ¿Cuántos pantalones hay en cada tienda?
____________
5. ¿Y camisas?
____________





realidades.com
• Web Code: jcd-0701

## En el centro comercial

Tatiana and Mariana are in the local mall. Write the words that most logically complete their conversation as they go from store to store.

TATIANA: Vamos a esta tienda de ropa. Aquí tienen _______________ elegante.

MARIANA: Bien. ¿Qué _______________ comprar?

TATIANA: Necesito un vestido para la fiesta de mi primo.

DEPENDIENTA: ¿En qué puedo _______________, señorita?

TATIANA: _______________ un vestido elegante.

DEPENDIENTA: ¿Va Ud. a _______________ el vestido a una fiesta o un baile formal?

TATIANA: A una fiesta. Me gusta este vestido.

MARIANA: ¿Cómo te _______________?

TATIANA: ¡Me queda fantástico! Quiero comprarlo.

MARIANA: Vamos a otra tienda. Necesito _______________ unos zapatos nuevos. Vamos a esa tienda, tienen buenos precios allí.

TATIANA: Mira estos zapatos aquí.

MARIANA: ¿Cuánto cuestan?

TATIANA: Trescientos dólares. ¿Es un buen _______________?

MARIANA: Sí. Y me quedan _______________. Voy a comprar estos zapatos.

TATIANA: Bien. Pasamos a otra tienda.

MARIANA: La tienda de música está a la derecha. ¿Entramos?

TATIANA: Sí, ¡ _______________!

## ¿Qué llevan?

In complete sentences, describe two articles of clothing that each of the people below is wearing.

1. 
Pedro
**A.** ______________________________
______________________________
**B.** ______________________________
______________________________

2. 
Las hermanas Guzmán
**A.** ______________________________
______________________________
**B.** ______________________________
______________________________

3. 
La profesora Jones
**A.** ______________________________
______________________________
**B.** ______________________________
______________________________

4. 
El Dr. Cambambia
**A.** ______________________________
______________________________
**B.** ______________________________
______________________________

5. 
Anita
**A.** ______________________________
______________________________
**B.** ______________________________
______________________________





realidades.com
• Web Code: jcd-0702

## Algunos verbos nuevos

**A.** Fill in the chart below with the forms of the stem-changing verbs indicated.

| | PENSAR | QUERER | PREFERIR |
|---|---|---|---|
| **yo** | *pienso* | | |
| **tú** | | | *prefieres* |
| **él, ella, Ud.** | | *quiere* | |
| **nosotros** | | | *preferimos* |
| **vosotros** | *pensáis* | *queréis* | *preferís* |
| **ellos, ellas, Uds.** | | *quieren* | |

**B.** Now, complete each sentence below by choosing the correct form of the verb **pensar**, **querer**, or **preferir**.

1. ¿ ______ (tú) la camisa roja o la camisa azul?
2. Nosotros ______ comprar un suéter nuevo.
3. Ellas ______ ir de compras hoy.
4. Vivian ______ llevar ropa elegante.
5. ¿Uds. ______ trabajar en la tienda de Mónica?
6. Yo ______ comprar los zapatos ahora.
7. Mis amigos y yo ______ jugar al fútbol cuando llueve.
8. Eduardo ______ ir a la fiesta con Brenda.
9. ¿Qué ______ (tú) hacer después de la escuela?
10. Marcelo y Claudio ______ ir al gimnasio después de la escuela.
11. Yo ______ buscar una bicicleta nueva.
12. ¿Tomás va a la tienda o ______ quedarse en casa?



realidades.com
• Web Code: jcd-0704

Nombre ______ Hora ______

Fecha ______



## ¿Cuál prefieres?

**A.** Fill in the chart below with the singular and plural, masculine and feminine forms of the demonstrative adjectives.

| | | | |
|---|---|---|---|
| *este* | | *estos* | |
| | *esa* | | *esas* |

**B.** Complete the following questions about the clothing items pictured by writing in the appropriate demonstrative adjectives from the chart above. Then answer the questions by saying that you prefer the item indicated by the arrow.

1. 

— ¿Prefieres ______ camisa o ______ suéter?

— ______

2. 

— ¿Prefieres ______ pantalones cortos o ______ jeans?

— ______

3. 

— ¿Te gustan más ______ sudaderas aquí o ______ suéteres?

— ______

4. 

— ¿Te gusta más ______ vestido o ______ falda?

— ______

5. 

— ¿Quieres ______ zapatos negros o ______ botas negras?

— ______

6. 

— ¿Prefieres ______ chaqueta o ______ abrigo?

— ______



realidades.com • Web Code: jcd-0703

## ¿Quién?

Two sales associates are discussing some of the clients in their busy store. Fill in the blanks with the appropriate demonstrative adjectives based on the picture.

CELIA: ¿Qué hace ____________ mujer allá?

YOLANDA: Pues, está mirando las botas, pero no quiere pagar mucho.

CELIA: ¿Qué quieren ____________ mujeres aquí?

YOLANDA: Piensan comprar unos calcetines.

CELIA: ¿Y ____________ hombre solo allí?

YOLANDA: ¿____________ hombre? Prefiere mirar los pantalones.

CELIA: A la derecha de él hay unos niños, ¿no? ¿Qué hacen ____________ niños?

YOLANDA: Pues, ____________ niños quieren unos suéteres nuevos.

CELIA: Oye, ¿ves a ____________ hombres al lado de la puerta?

YOLANDA: Sí, piensan comprar ____________ abrigos. ¿Por qué?

CELIA: Pues, son muy guapos, ¿no?

YOLANDA: Ah, sí. Creo que necesitan ayuda.

CELIA: ¡Hasta luego!

## Repaso

### Across

2. Llevas ____ debajo de los zapatos.
3. ____ de baño
6. ¿Te ____ bien ese suéter?
7. 
8. los ____ cortos
10. Yo llevo ____ en los pies.
12. No cuestan tanto. Es un buen ____.
14. En esta tienda, quiero ____ unas botas.
15. Jaime es informal. Siempre lleva camiseta y los ____.
17. Ella tiene que comprar un ____ para la fiesta.
18. 

### Down

1. 
2. 
4. ¿Cuánto ____ las botas?
5. Mi padre es inteligente. Siempre tiene ____.
6. 5000 ÷ 10
8. ____, señorita. Necesito ayuda.
9. Llevo una ____ en la cabeza.
11. Cuando hace frío, llevo un ____.
13. la ____ de ropa
16. 500 x 2

Nombre ______________________ Hora ______________

Fecha ______________________ 

# Organizer

## I. Vocabulary

**Clothing for warm weather**

______________________
______________________
______________________
______________________
______________________
______________________

**Clothing for cold weather**

______________________
______________________
______________________
______________________
______________________
______________________

**Other words to talk about clothing**

______________________
______________________
______________________
______________________

**Numbers in the hundreds**

______________________
______________________
______________________
______________________
______________________
______________________
______________________
______________________

## II. Grammar

1. The forms of the verb **pensar** are: ________ ________ / ________ ________ / ________ ________

   The forms of the verb **querer** are: ________ ________ / ________ ________ / ________ ________

   The forms of the verb **preferir** are: ________ ________ / ________ ________ / ________ ________

2. To refer to something close, use ________ / ________, ________ / ________; to refer to something further away, use ________ / ________, ________ / ________.

realidades.com
• Web Code: jcd-0706

## Los regalos

Marcela is writing a list of gifts she wants to buy for her family. Help her by writing the names of the items suggested by the pictures in the blanks provided.

1. Para mi novio:

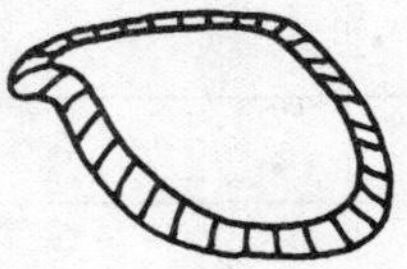

______ ______ ______ ______

2. Para mi mejor amiga:

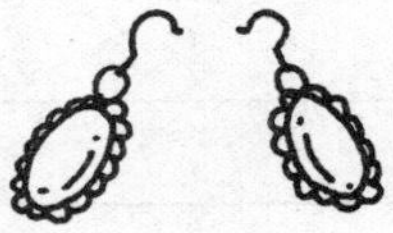

______ ______

3. Para mi hermana:

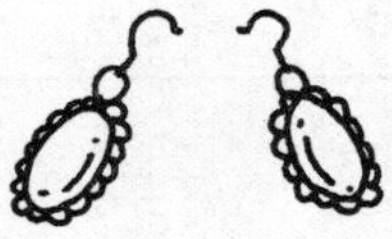

______ ______ ______ ______

4. Para mi padre:

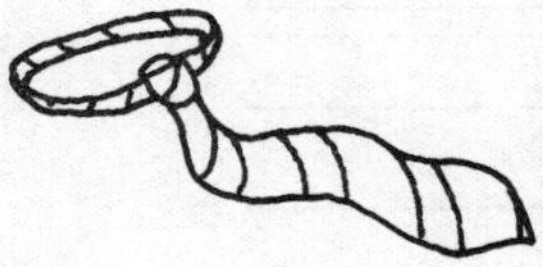

______ ______ ______

5. Para mi madre:

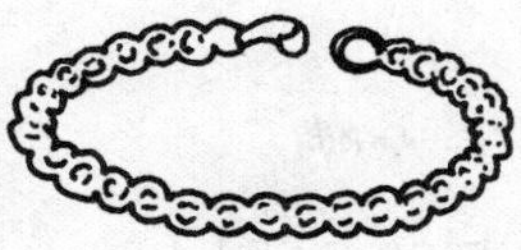

______ ______ ______

Nombre ______________________ Hora __________

Fecha ______________________ Core Practice **7B–2**

## ¡Tantas tiendas!

Write the names of the items pictured in the first blank, and where each person would find the items in the second blank.

1. 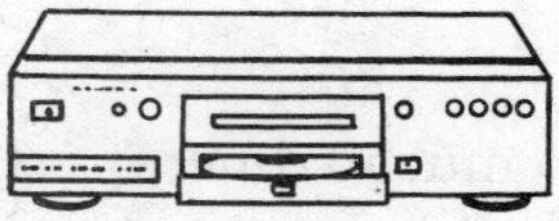
Yo busco ______________________
en una ______________________.

2. 
Germán busca ______________________
en una ______________________.

3. 
Tú buscas ______________________
en la ______________________.

4. 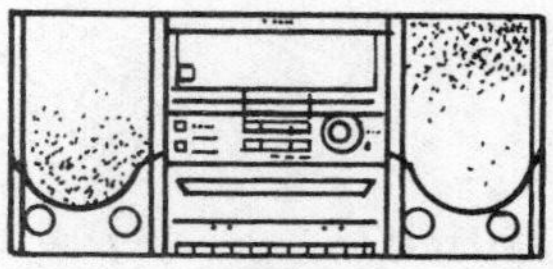
Mi hermano busca ______________________
en la ______________________.

5. 
Bárbara busca ______________________
en un ______________________.

6. 
Buscamos ______________________
en la ______________________.

7. 

Esteban y Luis buscan un ______________________
en la ______________________.

8. 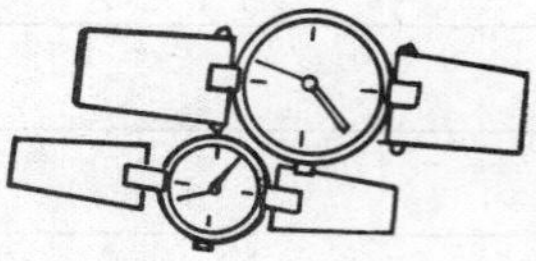
Susana y Paulina buscan ______________________
en una ______________________.

9. 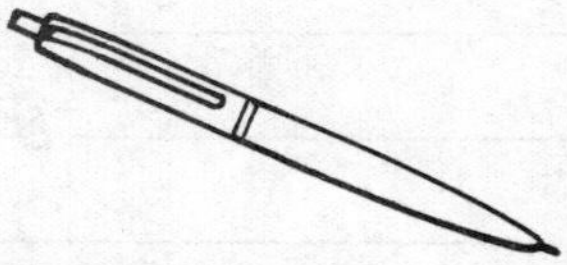
— ¿En dónde puedo comprar ______________________?
— En un ______________________.

## ¿El regalo perfecto?

Valentine's Day is coming and Pepe and Laura are deciding what gifts to give each other.

**A.** Read the conversations below.

(*En una tienda de descuentos*)

PEPE: Necesito comprar un regalo para mi novia.
DEPENDIENTE: ¿Qué piensa comprar?
PEPE: No sé. Tiene que ser algo barato porque no tengo mucho dinero.
DEPENDIENTE: Pero, ¿no quiere un anillo bonito o un collar elegante para su novia?
PEPE: No. Es demasiado.
DEPENDIENTE: Puede comprar un reloj pulsera que no cuesta tanto.
PEPE: Oiga, el mes pasado compré software nuevo para mi computadora, para poder jugar videojuegos en la Red. ¡Pagué unos 90 dólares!
DEPENDIENTE: Entonces quiere este llavero de veinte dólares.
PEPE: ¡Genial!

--------------

(*En un almacén*)

LAURA: Quiero el regalo perfecto para mi novio.
DEPENDIENTA: ¿Él trabaja? ¿Quizás una corbata bonita?
LAURA: Estoy pensando en un regalo más romántico . . .
DEPENDIENTA: ¿Unos guantes para las noches de frío?
LAURA: No creo. Él nunca tiene frío. ¿Ud. tiene algo romántico?
DEPENDIENTA: ¡Mire! ¿Qué piensa de este anillo de cincuenta dólares?
LAURA: ¡Perfecto! Quiero uno, por favor.

**B.** Answer the questions about the dialogues in complete sentences.

1. ¿A qué tienda va Pepe? ____________
   ¿Qué busca allí? ¿Por qué? ____________
   ____________
2. ¿Qué quiere venderle el dependiente? ¿Por qué Pepe no quiere comprarlos?
   ____________
   ____________
3. ¿Qué compra por fin Pepe? ____________
4. ¿Qué quiere comprar Laura? ____________
5. ¿Por qué Laura no quiere ni una corbata ni unos guantes? ____________
   ____________
6. ¿Qué va a comprar Laura? ____________ ¿Es más caro o más barato que el regalo de Pepe? ____________





realidades.com
• Web Code: jcd-0712

## Oraciones desordenadas

Put the scrambled sentences below into logical order.

1. compré / hace / lo / semana / una

______________________________

2. yo / por / ayer / unos / pagué / un / guantes / dólar

______________________________

3. lector / caro / DVD / un / es / muy / no

______________________________

4. joyas / en / venden / almacén / el

______________________________

5. pasada / la / compré / yo / semana / suéter / nuevo / un

______________________________

6. anoche / una / compré / computadora / yo / nueva

______________________________

7. pagaste / el / collar / cuánto / por

¿______________________________?

8. lo / año / el / tú / compraste / pasado

______________________________

9. joyas / por / venden / tienda / esta / veinte / en / dólares

______________________________

10. cuánto / por / el / pagaste / reloj

¿______________________________?

## Hablamos del pasado

**A.** Fill in the chart below with the preterite forms of the verbs indicated.

| | COMPRAR | HABLAR | PREPARAR | USAR | MIRAR |
|---|---|---|---|---|---|
| **yo** | *compré* | | | | |
| **tú** | | | | | *miraste* |
| **él, ella, Ud.** | | *habló* | | | |
| **nosotros** | | | | *usamos* | |
| **vosotros** | *comprasteis* | *hablasteis* | *preparasteis* | *usasteis* | *mirasteis* |
| **ellos, ellas, Uds.** | | | *prepararon* | | |

**B.** Fill in the blanks in the following postcard with the correct preterite forms of the verbs given.

*¡Hola, mamá!*

*¿Cómo estás? Estoy muy bien aquí en Quito. Primero, José y yo ________ (preparar) unos sándwiches ricos y ________ (hablar) con su mamá un poco. Después, decidimos ir al centro comercial. José y su mamá ________ (mirar) unas chaquetas en la tienda de Smith y yo ________ (comprar) algunas cosas para la semana.*

*A las cinco, la mamá de José ________ (llamar) por teléfono al padre, y él ________ (regresar) del trabajo un poco después. Nosotros ________ (cenar) y ________ (usar) la computadora antes de dormir.*

*¿Y tú? ¿________ (caminar) esta semana? ¿________ (comprar) el regalo para el cumpleaños de papi? Pues, nos vemos en una semana. ¡Mañana me voy a Lima!*

*Un abrazo,*
*Víctor*

*La Sra. Guiraldo*
*Vía Águila 1305*
*Col. Cuauhtémoc*
*06500 México, D.F.*

## Mini-conversaciones

**A.** Fill in the following charts with the preterite forms of the verbs given.

| | PAGAR | BUSCAR | JUGAR | PRACTICAR | TOCAR |
|---|---|---|---|---|---|
| **yo** | *pagué* | | | *practiqué* | |
| **tú** | | | *jugaste* | | |
| **él, ella, Ud.** | | *buscó* | | | |
| **nosotros** | | | | | *tocamos* |
| **vosotros** | *pagasteis* | *buscasteis* | *jugasteis* | *practicasteis* | *tocasteis* |
| **ellos, ellas, Uds.** | | | | *practicaron* | |

**B.** Now, complete the mini-conversations below with preterite verb forms from the chart above.

1. — Juan, ¿cuánto ______ por tu suéter?
   — Yo ______ 25 dólares.
2. — ¿Qué hizo Marta anoche?
   — Ella ______ al fútbol con sus hermanos.
3. — Hija, ¿ ______ el piano?
   — Sí, mamá. ______ por una hora.
4. — Busco un apartamento nuevo.
   — Yo ______ por un año antes de encontrar el apartamento perfecto.
5. — ¿Uds. ______ un instrumento en el pasado?
   — Sí, nosotros ______ el violín.
6. — ¿Marcos va a practicar el básquetbol hoy?
   — No, él ______ toda la semana pasada.
7. — ¿Con quién ______ (tú) al golf?
   — ______ con mis dos hermanos y con mi padre.

## Objeto directo

**A.** Rewrite the following sentences about shopping using direct object pronouns in place of the appropriate nouns.

1. Compré los zapatos. ______
2. ¿Tienes el vestido verde? ______
3. Escribo el cuento. ______
4. Mi mamá recibe el dinero. ______
5. Las mujeres llevan las faldas nuevas. ______
6. ¿Rosario va a comprar el regalo? ______
7. Las amigas compraron aretes nuevos. ______
8. Llevo los dos abrigos. ______

**B.** Ramona's mother is talking to her about their trip to the mall. Answer her questions using direct object pronouns. Follow the model.

**Modelo** ¿Llevas tu vestido nuevo a la escuela?

*Sí, lo llevo mucho.*

1. ¿Dónde vas a poner tu camisa nueva?
______
2. ¿Compraste los zapatos azules?
______
3. ¿Usas el reloj pulsera negro?
______
4. ¿Cuándo vas a llevar tus guantes nuevos?
______
5. ¿Tienes las camisetas nuevas?
______





realidades.com
• Web Code: jcd-0715

## Repaso

**Across**

5. donde las mujeres ponen las llaves, bolígrafos, etc.
7. la ___ de electrodomésticos
8. tienda donde venden zapatos

13.
14. los ___ de sol
17. Una tienda de ropa es donde ___ ropa.
18. no caro
20. tienda donde venden joyas

**Down**

1. Llevo los ___ durante el invierno porque tengo las manos frías.
2. Sancho quiere ___ las fotos de tu viaje.

3.
4. donde pones el dinero y a veces unas fotos; la ___
6. tienda donde venden libros
9. joya que llevas en las orejas
10. tienda donde venden todo
11. tipo de reloj que llevas en el cuerpo; reloj ___
12. donde pones las llaves
15. joya que llevas en el dedo
16. Los hombres llevan una camisa con ___ al trabajo.
19. *last night*

Nombre ________________ Hora ________

Fecha ________________



# Organizer

## I. Vocabulary

| Types of stores | Words to talk about jewelry |
|---|---|
| ________________ | ________________ |
| ________________ | ________________ |
| ________________ | ________________ |
| ________________ | ________________ |
| ________________ | ________________ |
| ________________ | ________________ |

| Other gifts | Words to talk about the past |
|---|---|
| ________________ | ________________ |
| ________________ | ________________ |
| ________________ | ________________ |
| ________________ | ________________ |
| | ________________ |

## II. Grammar

1. The preterite endings of **-ar** verbs are: -________ -________
   -________ -________
   -________ -________

   Now conjugate the verb **pasar** in the preterite: ________ ________
   ________ ________
   ________ ________

2. The preterite ending of the **yo** form of verbs ending with **-car** is -________. For **-gar** verbs it is -________.

3. The direct object pronouns are ________, ________, ________, and ________.





realidades.com
• Web Code: jcd-0717

## ¿Adónde van?

Complete the mini-conversations. Use the drawing to fill in the first blank and to give you a clue for the second blank. Follow the model.

**Modelo**

— ¿Viste el *monumento* nuevo de Cristóbal Colón?

— Sí, ¡es fantástico! Está enfrente del *museo*.

1. 

— Mamá, quiero ver ____________________.

— Sí, Marisol. Vamos al ____________________.

2. 

— ¿Uds. van de vacaciones en ____________________ este verano?

— No, vamos a la ____________________.

3. 

— ¿Vas a ver ____________________ hoy?

— Sí, mis padres y yo vamos al ____________________.

4. 

— ¿Quieres ____________________ hoy?

— Sí, pero ¿en dónde? ¿En el ____________________?

5. 

— ¿Dónde es el ____________________?

— Pues, en el ____________________, por supuesto.

6. 

— ¿Cómo te gusta ir de ____________________?

— Siempre viajamos en ____________________.

Nombre ____________ Hora ______

Fecha ____________



## Asociaciones

**A.** Write the names of the places from your vocabulary that you associate with the following things or actions.

1. la historia, el arte ___ ___ ___ (___) ___ ___ ___ ___ (___)
2. las atracciones, los monos ___ ___ ___ (___) ___ ___ ___ ___ ___
3. pintar, dibujar, el arte ___ ___ (___) ___ ___
4. divertido, personas atrevidas, jugar ___ ___ (___) ___ ___ ___   ___ ___ ___ ___ ___ ___ (___) ___ ___ ___ ___ ___ (___)
5. los deportes, un partido, ver (___) ___ ___ ___ (___) ___ ___
6. la obra, el actor ___ (___) ___ ___ ___ ___
7. el hotel, muchas personas (___) ___ ___ ___ ___ ___
8. pasear en bote, mucha agua ___ ___ ___ (___)

**B.** Now, unscramble the circled letters to find a related word.

___ ___ ___   ___ ___ ___ ___ ___ ___ ___ ___ ___ ___

## ¡Vamos al parque nacional!

The Carreras family went on vacation to Rocky Mountain National Park in Colorado. Read the postcard they sent to their friends back home and fill in the blanks with the words suggested by the pictures.

*¡Saludos desde Colorado!*

*Llegamos al* ____________ 

*el lunes pasado. Yo fui directamente a la playa para* ____________  *. El* ____________  *es precioso y ¡los* ____________  *son enormes! El martes paseamos en* ____________  *por el lago y miramos los* ____________  *. ¡Yo vi un oso en el bosque!*

*Para mañana tenemos muchos planes. Vamos a* ____________  *por las montañas y por la noche vamos al* ____________  *para ver una obra musical.*

*Regresamos a la* ____________  *el viernes. ¡Nos vemos este fin de semana!*

*Abrazos,*

*Familia Carreras*

## ¿Qué te pasó?

**A.** Read the dialogue between Aníbal and Carmen about Aníbal's trip to the beach.

CARMEN: Dime, ¿fuiste a la playa con tus primos?

ANÍBAL: ¡Ay, amiga; fue un desastre! Salí muy temprano para pasar todo el día allí. Durante el día tomamos el sol y buceamos en el mar.

CARMEN: ¿No fue un día tremendo para descansar y pasarlo bien con tus amigos?

ANÍBAL: Por dos horas, sí. Pero después de mucha lluvia, todo salió mal.

CARMEN: Lo siento. Va a hacer buen tiempo este sábado. . .

ANÍBAL: Bueno, tú y yo podemos salir de la ciudad.

CARMEN: ¡Genial!

**B.** Now, answer the questions in complete sentences.

1. ¿Adónde fue Aníbal? ______
2. ¿Qué hizo allí? ______
3. ¿Con quién fue Aníbal? ______
4. ¿Qué tiempo va a hacer el sábado? ______
5. ¿Qué van a hacer Aníbal y Carmen? ______





realidades.com
• Web Code: jcd-0802

Nombre ______ Hora ______

Fecha ______



## ¿Qué hicieron?

**A.** Fill in the chart with the preterite forms of the verbs given.

| | COMER | ESCRIBIR | CORRER | SALIR | VER | BEBER |
|---|---|---|---|---|---|---|
| **yo** | *comí* | | | | *vi* | |
| **tú** | | | *corriste* | *saliste* | *viste* | *bebiste* |
| **él, ella, Ud.** | | | | *salió* | | *bebió* |
| **nosotros** | | *escribimos* | | | | |
| **vosotros** | *comisteis* | *escribisteis* | *corristeis* | *salisteis* | *visteis* | *bebisteis* |
| **ellos/as, Uds** | | | | | | |

**B.** Now, complete the mini-conversations below by filling in the appropriate forms of one of the verbs from Part A.

1. — Pablo, ¿vas a correr hoy?
   — No, ______ ayer.
2. — ¿Elena ______ toda la leche?
   — Sí, toda.
3. — ¿Uds. salieron anoche?
   — Sí, ______ a las once.
4. — ¿______ la nueva película de Almodóvar?
   — Sí, la vi anoche.
5. — ¡Qué buenos niños!
   — Sí, ______ todas las zanahorias.
6. — Juan, escribe la tarea.
   — Ya la ______, mamá.
7. — ¿Uds. comieron en el hotel anoche?
   — No, ______ en el restaurante.
8. — ¿Quién va a correr en el maratón este año?
   — Todos, porque sólo dos personas ______ el año pasado.
9. — ¿Con quién saliste, Marta?
   — ______ con Toño.
10. — ¿El autor va a escribir un cuento nuevo?
    — No, él ______ uno el mes pasado.



realidades.com
• Web Code: jcd-0803

## ¿Adónde fueron?

Some friends are talking about where they went on vacation. Write where they went, using the pictures below to help you. Follow the model.

**Modelo** La familia Madrigal *fue al zoológico*.

1. Carlos ______.

2. Yo ______.

3. Lola y Tina ______.

4. Nosotros ______.

5. Elisa ______.

6. Tú ______.

7. Uds. ______.

## Qué viste?

Alicia saw many things at the park yesterday. Use the drawing and the location clues to say whom or what she saw. Pay attention to the use of the personal **a** in your statements. Follow the model.

**Modelo** En el parque ayer, yo vi *a unos amigos* corriendo.

1. Yo vi ____________________ dándoles de comer a unos pájaros.
2. Yo vi ____________________ jugando al fútbol.
3. Yo vi ____________________ en la mesa.
4. En el lago, yo vi ____________________ paseando.
5. En el bote, yo vi ____________________ con una señorita.
6. En un árbol yo vi ____________________.
7. Al lado del árbol vi ____________________.
8. Debajo del árbol vi ____________________ con pelo largo.
9. En la playa vi ____________________.



realidades.com
• Web Code: jcd-0805

## Repaso

**Down**

1. Me gusta ___ en el sofá.
2. donde puedes pasear en bote; el ___
3. Yo quiero ___ la tele.
4. medio de transporte que va por el agua; el ___
5. un edificio con muchos cuadros; el ___
8. medio de transporte que usan los estudiantes para ir a la escuela; el ___
10. la ___ de teatro
12. *the train;* el ___
13. *the sea;* el ___
14. sinónimo de **vacaciones**; un ___

17. 

20. Chicago es una ___ donde hace mucho viento.

22. 

**Across**

2. *place;* un ___
6. En el monumento, compramos ___.
7. el ___ de diversiones

9. 

11. donde se juegan los partidos de fútbol; el ___
15. España es un ___ donde hablan español.
16. medio de transporte que va por el aire; el ___
18. pasear en ___
19. donde hay atracciones de animales; el ___
21. no tarde

Nombre ____________ Hora ____________

Fecha ____________



# Organizer

## I. Vocabulary

**Places to visit**

____________
____________
____________
____________
____________

**Modes of transportation**

____________
____________
____________
____________
____________

**Leisure activities**

____________
____________
____________
____________

**Phrases to discuss experiences**

____________
____________
____________
____________

## II. Grammar

1. The preterite endings of **-er** and **-ir** verbs are:

| | | | |
|---|---|---|---|
| yo | -________ | nosotros | -________ |
| tú | -________ | vosotros | -*isteis* |
| Ud. | -________ | Uds. | -________ |

2. The preterite forms of **ir** (and **ser**) are: ________ ________
________ ________
________ ________

3. ________ is inserted before the direct object of a sentence if the direct object is a person. This is called the ____________.



realidades.com
• Web Code: jcd-0807

## La comunidad

Your new friend in Costa Rica is showing you around her community. Label each place or point of interest in the picture with the appropriate word.

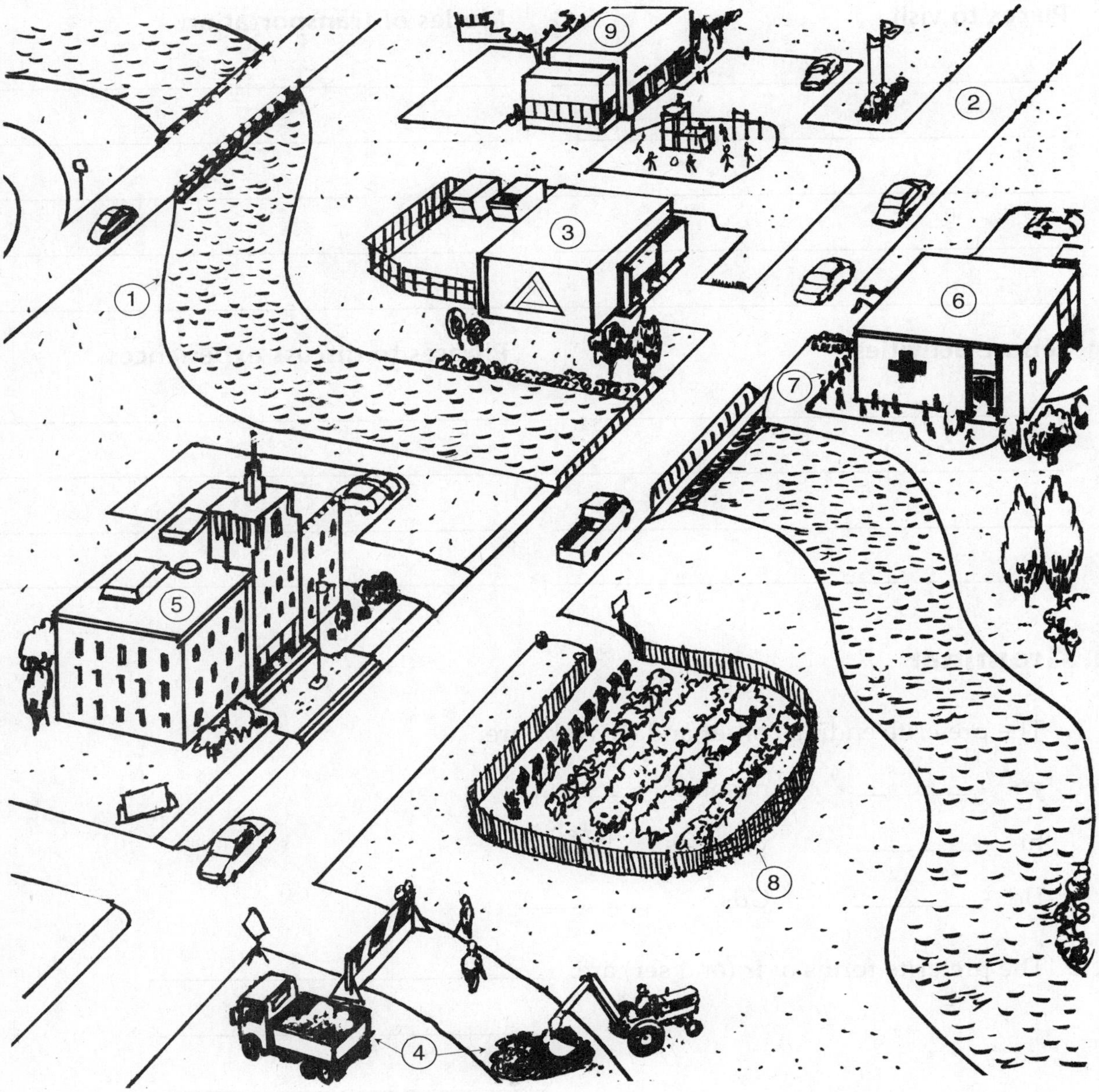


1. ______________ 4. ______________ 7. ______________
2. ______________ 5. ______________ 8. ______________
3. ______________ 6. ______________ 9. ______________

## El reciclaje

**A.** Your community is starting a recycling program. Label each item below with words from your vocabulary.

1. ______________________

4. ______________________

2. ______________________

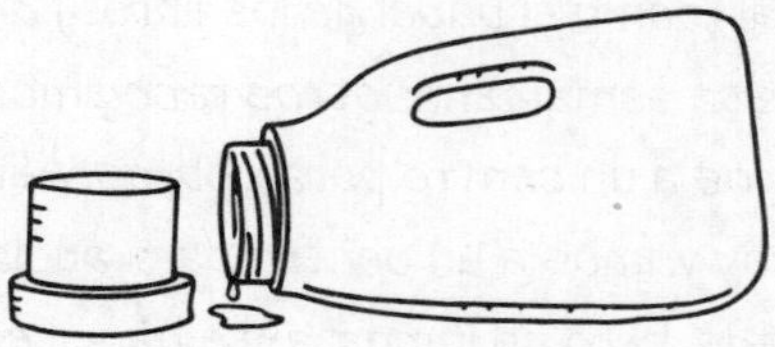

5. la botella de ______________

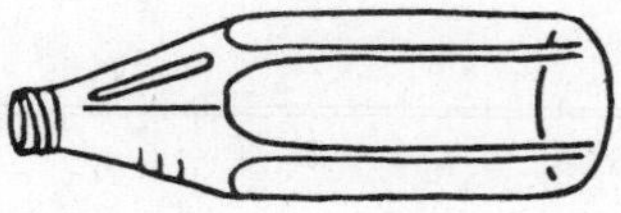

3. ______________________

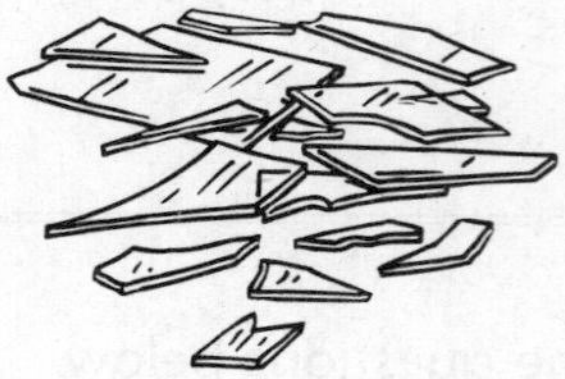

6. la botella de ______________

**B.** Now, write sentences to say whether or not it is necessary to recycle the items below. Follow the model.

**Modelo** Los tomates *No es necesario reciclar los tomates.*

1. El helado ______________________
2. El plástico ______________________
3. El vidrio ______________________
4. La sala ______________________
5. Las latas ______________________



realidades.com
• Web Code: jcd-0811

## El voluntario

**A.** Read the letter below from Álvaro, who is working as an AmeriCorps volunteer.

Querida familia:

¡Qué experiencia! Hacemos tantas cosas para ayudar a los demás. La semana pasada ayudamos en un proyecto de construcción con otro grupo de voluntarios. Ellos van a terminar el proyecto. Después de eso, fuimos a un centro de reciclaje. Allí aprendimos a reciclar el papel y el vidrio. También nos enseñaron cómo separar el papel normal (como el papel de los libros) de los periódicos.

Esta semana nosotros recogimos mucha ropa usada de varias partes de la ciudad y la llevamos a un centro para pobres. Allí le dimos la ropa a la gente pobre del barrio.

Hoy vamos a un centro para ancianos para ayudar a personas mayores. Estoy cansado, pero es importante hacer esto.

¡Hasta pronto!

*Álvaro*

**B.** Now, answer the questions below.

1. ¿Cuántas cosas hace Álvaro para ayudar a los demás? ¿Cuáles son? ______________

______________________________

______________________________

2. ¿Qué aprendió Álvaro en el centro de reciclaje? ______________

______________________________

3. ¿Adónde llevaron Álvaro y los voluntarios la ropa usada? ______________

______________________________

4. ¿A quiénes le dieron la ropa? ______________

______________________________

5. ¿Qué hace Álvaro hoy? ______________

______________________________



realidades.com
• Web Code: jcd-0812

## ¿Qué haces en la comunidad?

You overhear two friends telling their teacher about what they do to help out in their communities. You can't hear what the teacher is asking. Fill in the teacher's questions. Follow the model.

**Modelo** — *¿Uds. ayudan en la comunidad?*

— Sí, trabajamos como voluntarios en la comunidad.

— ¿______________________________?

— Trabajamos en una escuela primaria. Les enseñamos a los niños a leer.

— ¿______________________________?

— También recogemos ropa usada.

— ¿______________________________?

— Recogemos la ropa usada del barrio.

— ¿______________________________?

— Hay que separar la ropa y después lavarla.

— ¿______________________________?

— Le damos la ropa usada a la gente pobre del barrio.

— ¿______________________________?

— Sí, ayudamos en el hospital.

— ¿______________________________?

— Trabajamos como voluntarios en un hospital para niños. Nos encanta el trabajo voluntario.

## ¿Quién dice qué?

The people in the chart below are concerned citizens. Tell what each says by combining the subject on the left with the phrase on the right using **decir + que**. Follow the model.

| Subjects | Phrases |
|---|---|
| Smokey the Bear | Hay que tener cuidado en el campamento. |
| Los directores del centro de reciclaje | Es necesario separar el plástico y el vidrio. |
| Gloria | La gente tiene que limpiar el barrio. |
| Yo | Todos deben participar en las actividades de la comunidad. |
| La profesora | Es esencial hacer trabajo voluntario. |
| La Cruz Roja | Es importante ayudar a los enfermos. |
| Tú | Es importante llevar la ropa usada a centros para los pobres. |
| Mi familia y yo | Es importante reciclar las botellas y latas. |

**Modelo** *Smokey the Bear dice que hay que tener cuidado en el campamento.*

1. ____
2. ____
3. ____
4. ____
5. ____
6. ____
7. ____





realidades.com • Web Code: jcd-0813

## Más trabajo voluntario

**A.** Write the indirect object pronouns that correspond to the following phrases.

| | | | |
|---|---|---|---|
| **1.** A Javier y a Sara | ______ | **6.** A Luz y a ti | ______ |
| **2.** A Diego y a mí | ______ | **7.** A ti | ______ |
| **3.** A la Dra. Estes | ______ | **8.** A nosotros | ______ |
| **4.** A Uds. | ______ | **9.** Al Sr. Pérez | ______ |
| **5.** A Tito | ______ | **10.** A mí | ______ |

**B.** Now, fill in the blanks in the following sentences with the correct indirect object pronouns.

1. La Cruz Roja ______________ ayuda a las personas de la comunidad.
2. Nuestros padres ______________ hablaron a mi hermano y a mí del reciclaje.
3. Mi profesora ______________ ayudó a decidir qué trabajo voluntario me gustaría hacer.
4. ______________ dice el profesor al estudiante que es importante separar las latas y el plástico.
5. Las personas ______________ escriben al director del centro de reciclaje para recibir información sobre el reciclaje.
6. ¿Tus padres ______________ dicen que debes ayudar a los demás?
7. ______________ traigo unos juguetes a los niños en el hospital.
8. Los ancianos están muy contentos cuando ______________ decimos que volvemos mañana.



realidades.com
• Web Code: jcd-0815

## ¿Hacer o dar?

**A.** Fill in the chart below with the correct forms of **hacer** and **dar** in the preterite.

| | HACER | DAR |
|---|---|---|
| **yo** | *hice* | *di* |
| **tú** | | |
| **él, ella, Ud.** | | |
| **nosotros** | | |
| **vosotros** | *hicisteis* | *disteis* |
| **ellos, ellas, Uds.** | | |

**B.** Now, fill in the blanks in the telephone conversation below with the appropriate forms from the chart above.

LEYDIN: ¡Mamá, estoy aquí en los Estados Unidos!

MADRE: Hola, hija. ¿Cómo estás?

LEYDIN: Bien, mamá. Yo ______ muchas cosas ayer después de llegar.

MADRE: ¿Qué ______?

LEYDIN: Pues, primero les ______ los regalos a toda la familia.

MADRE: ¿Y la abuelita te ______ un regalo a ti, también?

LEYDIN: Sí, ¡una bicicleta nueva! Estoy muy contenta.

MADRE: Y, ¿qué ______ Uds. después?

LEYDIN: Los primos ______ la tarea y la abuelita y yo le ______ la lista de cosas que comprar para la cena. Después le ______ la lista al abuelo, quien ______ las compras en el supermercado.

MADRE: ¿______ Uds. algo más?

LEYDIN: Sí. Después de comer, yo ______ un postre especial para todos: ¡tu famoso pastel de tres leches!

MADRE: ¡Qué coincidencia! Yo ______ uno también y les ______ un poco a nuestros amigos, los Sánchez. ¿Qué más . . .?

## Repaso

### Across

2. Es importante ___ las latas de las calles.
4. Es necesario ayudar a los ___.
6. otra ___
10. *unforgettable*
13. el ___ de construcción
15. 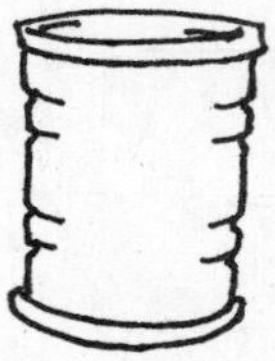
16. lugar donde recogen las verduras y las plantas; el ___
20. AmeriCorps hace el trabajo ___.
22. Esa ___ es de cartón.
24. *problem*

### Down

1. *poor*
3. Puedes reciclar una ___ de vidrio o de plástico.
5. *often*; ___ ___
7. Puedes reciclar las botellas de ___ y de plástico.
8. Es importante reciclar las cajas de ___.
9. sinónimo de **las personas**; la ___
11. Los ___ son nuestro futuro.
12. el ___ de reciclaje
13. 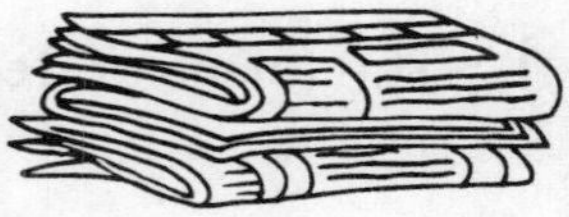
14. El profesor ___ las botellas al centro de reciclaje.
17. el ___ Grande
18. *toy*; un ___
19. Mis padres me ___ la verdad.
21. sinónimo de **la comunidad**; el ___
23. 

# Organizer

## I. Vocabulary

**Places to do volunteer work**

**Things that are recyclable**

**Verbs to talk about recycling**

**Words to describe experiences**

## II. Grammar

1. The forms of **decir** in the present are:

2. The indirect object pronouns are:

3. The preterite forms of **dar** are: The preterite forms of **hacer** are:



realidades.com
• Web Code: jcd-0817

## Las películas

**A.** You love movies, but always forget to check the newspaper for the showings. You constantly have to ask your friends what movies are showing and at what time. Complete each dialogue by filling in the words that best identify the picture.

1. — ¿Cuándo empieza la ______________________?
— Empieza a las nueve y media. Son casi las nueve. ¡Vamos ahora!

2. — ¿Va a ser larga la ______________________?
— Sí. Empieza a las dos y media y termina a las cinco menos cuarto.

3. — ¿A qué hora dan la ______________________?
— A las seis.

4. — ¿Cuánto dura el ______________________?
— Dura menos de tres horas.

5. — ¿Cuándo va a empezar la ______________________?
— Empieza a las cuatro y media.

6. — Ya es la una y veinte. ¿Qué podemos hacer?
— Podemos ir al cine a ver una ______________________

**B.** Now, say the following time expressions another way using new vocabulary phrases.

1. Son las cinco menos diez. ______________________.
2. Son las dos y treinta. ______________________.
3. Dura una hora y cincuenta minutos. Dura ______________________.
4. Termina a las once y cuarenta. Termina ______________________.



realidades.com
• Web Code: jcd-0901

## ¿Qué programas les gustan?

Read the information about each person below. Then decide which TV program would be best for him or her and write it in the blank.

1. Pedro es gracioso. Siempre cuenta chistes y hace cosas cómicas. A él le gustan los programas _____________________.

2. Mi padre lee el periódico todos los días. Le interesa la política. A él le gustan los programas _____________________.

3. La profesora tiene dos hijos y quiere enseñarles mucho. También busca información para usar en la clase. Ella prefiere los programas _____________________.

4. Abuela no trabaja y tiene que estar en casa. Le interesan mucho los juegos, especialmente cuando la gente gana dinero. A ella le gustan los programas _____________________.

5. Javi toca la guitarra y Juanita canta. Pasan casi todo el tiempo practicando la música. A ellos les gustan los programas _____________________.

6. Rosa estudia inglés. Un día quiere trabajar para un periódico. Para aprender más de la gente, ella ve los programas _____________________.

7. Ronaldo es deportista. Juega al fútbol, al béisbol y al básquetbol. Cuando no está practicando un deporte está viendo programas _____________________.

8. A Cristina le gustan las historias. Lee novelas románticas y a veces escribe cuentos de amor. A ella le gustan las _____________________.





realidades.com
• Web Code: jcd-0901

## ¿Cómo son las cosas allí?

Luzma is writing a letter to her pen pal in the U.S. She is telling her pen pal about TV and movies in her country. Fill in the blanks with the words that best complete her thoughts.

Querida Valerie,

¿Qué tal? ¿Cómo fue la ________________ que viste la semana pasada? En mi país me encanta ir al cine. Me gustan más las películas ________________. Mi hermano es policía y ________________ yo sé mucho ________________ los policías. También me interesa esta clase de películas porque son más ________________ que una comedia o la ciencia ficción. Las comedias ________________ aburren y a veces son infantiles. No me gustan las películas de ________________ porque son demasiado violentas. ¿Qué ________________ película te gusta más a ti?

Ahora te hablo de los ________________ de televisión aquí. Bueno, no son muy diferentes de los programas de allí. Tenemos programas de dibujos animados como *Rin, ran, run,* programas de ________________ como *¡Una fortuna para ti!* y tenemos las noticias. Yo veo las noticias pero sólo me interesan los programas que dan sobre la policía en el ________________ 56.

Eso es todo. Adiós, amiga.

Luzma



realidades.com
• Web Code: jcd-0902

Realidades 1 Nombre ______ Hora ______

Capítulo 9A Fecha ______ Core Practice **9A–4**

## Tus programas favoritos

Read the TV listings below, then answer the questions that follow in complete sentences.

**EVENING — NOCHE**

| | | |
|---|---|---|
| 6PM | 2 | Noticias |
| | 18 | Amigos |
| | 26 | Noticias |
| | 30 | Pepito y Paquito |
| | 33 | Mi casa |
| | 42 | Deportivas |
| | 60 | Música cubana |
| 7pm | 2 | Los monos |
| | 18 | Noticias |
| | 26 | Entre tú y yo |
| | 30 | Noticias |
| | 33 | Noticias |
| | 42 | Deportes |
| | 60 | La salsa y la samba |
| 8PM | 2 | ¡Niágara! |
| | 18 | Amigos |
| | 26 | Película: El monstruo verde |
| | 30 | El mundo real |
| | 33 | Hoy día |
| | 42 | Fútbol . . . . . . . . . . |
| | 60 | ¿Puedes cantar? |
| 9PM | 2 | El zoológico |
| | 18 | Mi Amiga Sara |
| | 26 | . . . . . . . . . . . |
| | 30 | El día en Alaska |
| | 33 | ¡Ganar un coche! |
| | 42 | . . . . . . . . . . . |
| | 60 | Baile en vivo |

1. ¿Cuántos programas de noticias empiezan a las seis? ______

2. ¿Qué clase de programas tiene el canal 42? ______

   ¿Y el canal 60? ______

   ¿Y el canal 2? ______

3. ¿Qué programa deportivo puedes ver a las ocho? ______

4. Para ver un programa educativo, ¿vas a ver el canal 2 o el 18 a las nueve? ______

5. ¿Qué clase de programa empieza a las nueve en el canal 33? ______

   ¿Y a las nueve en el canal 30? ______

6. ¿Qué clase de programa dan a las siete en el canal 26? ______

7. ¿Dan una película de horror a las ocho en el canal 26? ______





realidades.com
• Web Code: jcd-0902

## Acabo de . . .

Write what the following people just finished doing and are now going to do, based on the pictures. Follow the model.

**Modelo** Marta *acaba de estudiar. Ahora va a dormir.*

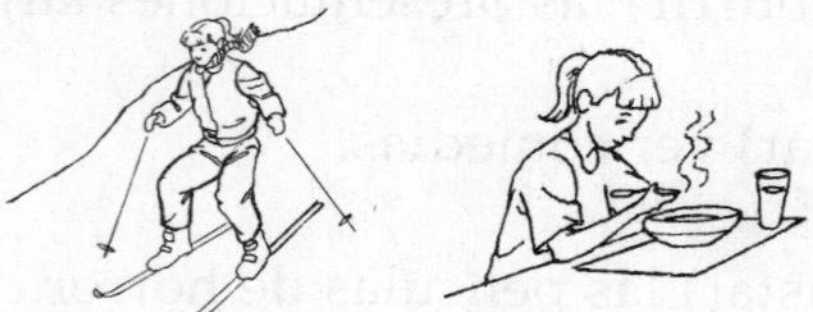

1. Anabel ______________________________
______________________________

2. Nosotros ______________________________
______________________________

3. Ellas ______________________________
______________________________

4. Yo ______________________________
______________________________

5. Tú ______________________________
______________________________

6. Juan y el Sr. Lebredo ______________________________
______________________________

7. Roberto ______________________________
______________________________

8. Ana María ______________________________
______________________________



realidades.com
• Web Code: jcd-0903

## Más gustos

**A.** Complete the sentences below with the correct forms of the verbs given.

1. Al Presidente le ____________ (interesar) la política.
2. ¡Qué terrible! Me ____________ (doler) el pie izquierdo.
3. A los estudiantes les ____________ (aburrir) las presentaciones largas.
4. A nosotros nos ____________ (encantar) ver comedias.
5. A tus hermanos les ____________ (gustar) las películas de horror.
6. A ti te ____________ (interesar) el teatro.
7. Me ____________ (quedar) bien los pantalones pero me ____________ (faltar) el dinero para comprarlos.

**B.** Now, complete each sentence below with the correct form of the verb given and the appropriate indirect object pronoun. Follow the model.

**Modelo** A Carlos *le aburre* (aburrir) la política.

1. A mí ____________ (faltar) un lápiz.
2. A ellas ____________ (aburrir) las clases de arte.
3. A Carmen ____________ (quedar) bien la falda, ¿no?
4. A ti ____________ (encantar) los programas deportivos.
5. ¿A ti y a Pedro ____________ (gustar) leer revistas?
6. A mi papá ____________ (doler) los pies.
7. ¿A Ud. ____________ (faltar) los cuadernos?
8. A nosotros ____________ (interesar) las obras de teatro.
9. A Lola y a Roberto ____________ (interesar) el programa musical y el programa educativo.





realidades.com
• Web Code: jcd-0904

## Frases revueltas

The following sentences are mixed up. Rearrange them so that they are grammatically correct and make sense. Don't forget to conjugate verbs where appropriate. Follow the model.

**Modelo** ir al cine / me / a mí / y al centro comercial / gustar

*A mí me gusta ir al cine y al centro comercial.*

1. le / leer / a Elena / poemas / encantar / y escribir

____

2. negros / unos zapatos / te / para / faltar / a ti / ir a la fiesta

____

3. diez kilómetros / a mí / doler / después de / me / los pies / correr

____

4. al Sr. Mirabal / interesar / americano / le / el fútbol

____

5. los programas / les / a mis padres / de entrevistas / aburrir

____

6. importar / voluntario / a nosotros / el trabajo / nos

____

7. a Uds. / los boletos para el cine / les / para comprar / faltar / el dinero

____

8. interesar / les / a José y a Felipe / policíacas / las películas

____

9. el trabajo / a Angélica / aburrir / le

____

10. la comida / italiana / encantar / a Vanessa y a mí / nos

____

## Repaso

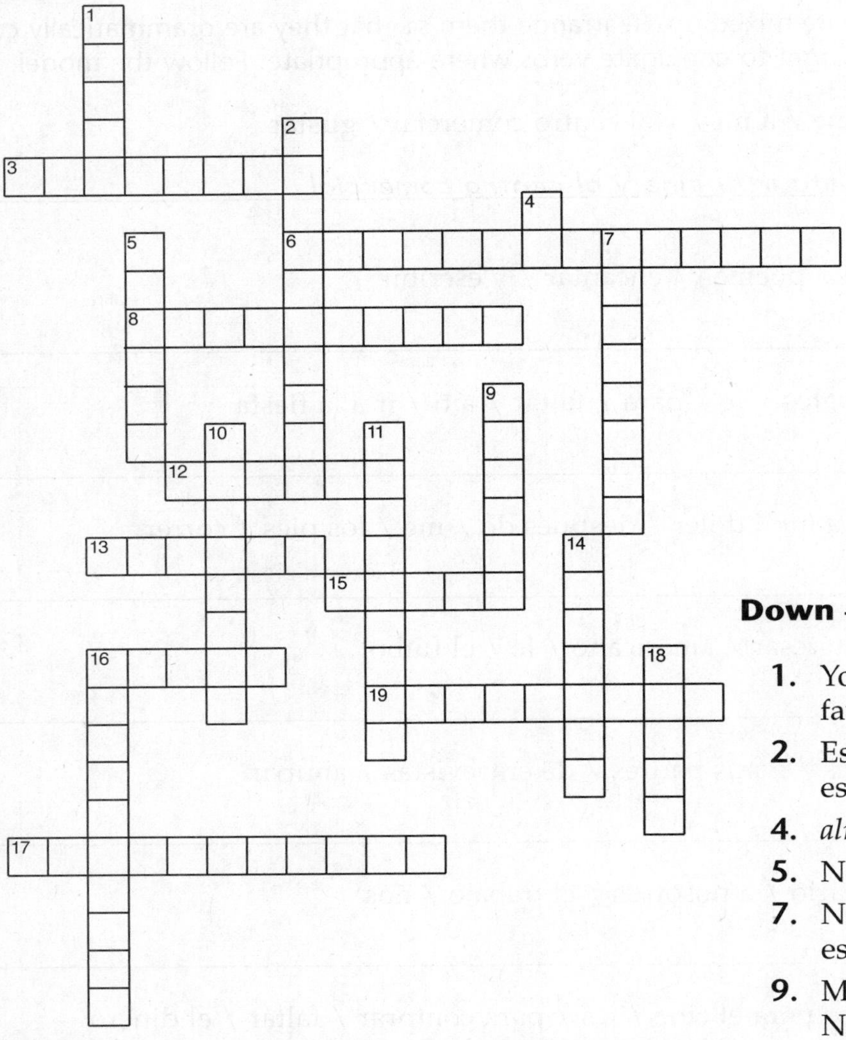

### Across

3. Cuando vas al cine, ves una ____.

6.
8. un programa en la tele que cuenta las historias románticas de la gente; la ____
12. *therefore*
13. Una comedia es ____.
15. No es actriz, es ____.
16. Los programas ____ una hora.
17. *Entre tú y yo* es un programa de ____.
19. Cuando la gente gana dinero, es un programa de ____.

### Down

1. Yo veo mis programas favoritos en el ____ cinco.
2. Es más que interesante; es ____.
4. *already*
5. No es actor, es ____.
7. No es interesante, es ____.
9. Me van a ____ zapatos. Necesito comprarlos.
10. Puedes leer las ____ o verlas en la tele.

11. película ____
14. *really?*
16. A Paco le gusta el fútbol. Ve programas ____.
18. No sé mucho ____ eso.

# Organizer

## I. Vocabulary

| Types of television programs | Types of movies |
|---|---|
| ____________ | ____________ |
| ____________ | ____________ |
| ____________ | ____________ |
| ____________ | ____________ |
| ____________ | ____________ |
| ____________ | ____________ |
| ____________ | ____________ |
| ____________ | ____________ |

| Words to describe movies/programs | Words to express opinions |
|---|---|
| ____________ | ____________ |
| ____________ | ____________ |
| ____________ | ____________ |
| ____________ | ____________ |
| ____________ | ____________ |
| ____________ | |

## II. Grammar

1. Use ____________ + ____________ to say what you or others have just finished doing.
2. **Me gusta** is literally translated as "____________." So, the construction is formed by putting the ____________ first, followed by the ____________, and finally the ____________.



realidades.com
• Web Code: jcd-0906

## El laboratorio

Label the computer lab below with the appropriate words.

1. ______________________ 4. ______________________

2. ______________________ 5. ______________________

3. ______________________ 6. ______________________





realidades.com
• Web Code: jcd-0911

Nombre ____________________ Hora ____________

Fecha ____________________



## Las asociaciones

Write the words from your vocabulary that you associate with each of the following definitions.

1. Una sala de clases con muchas computadoras ____________
2. Lugar para hablar con otras personas en línea ____________
3. Comunicarse con otros por computadora ____________
4. Lo que haces si quieres aprender más ____________
5. Buscar información ____________
6. Un lugar de la Red dedicado a algún tema ____________
7. Hacer actividades electrónicas divertidas ____________
8. Una comunicación *no* por correo electrónico ____________
9. Una carta que envías para una fecha especial ____________
10. Expresar y comprender ideas de otra persona ____________
11. Si quieres hacer un disco compacto ____________
12. Un artista puede hacerlos en la computadora ____________



realidades.com
• Web Code: jcd-0911

## El sitio Web

Sara has just purchased a laptop computer. She is so excited that she just has to tell her friend Ramón. In the e-mail below write the words that best complete her thoughts.

Ramón,

Ay, amigo, tienes que comprarte una computadora ____________. ¡Son los mejores juguetes del mundo! Cuando vas de vacaciones puedes llevarla en tu mochila y cuando estás en el hotel puedes ____________ en la Red, escribir por ____________ o ____________ información de la Red. ¿Y quieres sacar fotos? Con una cámara ____________ puedes sacarlas y ponerlas en la computadora. También puedes mandar las fotos a otra ____________electrónica si quieres. ¿Qué te ____________? ¿Es difícil? Puedes ____________ un curso para aprender más sobre cómo usar esta clase de cámara y cómo crear ____________ en la computadora. No debes tener ____________ de buscar información sobre cámaras digitales porque hay muchas personas que ____________ usarlas o que escribieron unos ____________ sobre estas cámaras.

Bueno, podemos hablar más de esto____________ porque no tengo tiempo ahora. Hasta luego.

Sara



realidades.com
• Web Code: jcd-0912

## ¡Una computadora muy buena!

Your local newspaper recently ran an ad for a new computer and many of your friends bought one. Read some of the computer's capabilities in the ad below. Then, based on the information you are given about each person that bought this computer, say what he or she uses the new computer for. Follow the model.

**CON LA COMPUTADORA ES POSIBLE:**

- Grabar un disco compacto
- Preparar presentaciones
- Escribir por correo electrónico
- Usar una cámara digital
- Visitar salones de chat
- Navegar en la Red
- Crear documentos
- Estar en línea

**Modelo** A Juan le gusta bajar información.
*Juan usa la computadora para estar en línea.*

1. A Alejandro le gusta escribir cuentos y composiciones.
______
2. A Diego le gusta sacar fotos.
______
3. A Caridad le gusta tocar y escuchar música.
______
4. A Ramiro le gusta buscar los sitios Web.
______
5. A Esperanza le gusta conocer y hablar con otras personas.
______
6. A Lucita le gusta escribir tarjetas y cartas a su familia que vive en otra ciudad.
______
7. A Rodrigo le gusta enseñar a los niños.
______



realidades.com
• Web Code: jcd-0912

## ¿Pedir o servir?

**A.** Fill in the charts below with the present tense forms of the verbs **pedir** and **servir**.

| | PEDIR | SERVIR |
|---|---|---|
| **yo** | *pido* | |
| **tú** | | |
| **él, ella, Ud.** | | *sirve* |
| **nosotros** | | |
| **vosotros** | *pedís* | *servís* |
| **ellos, ellas, Uds.** | | |

**B.** Complete the mini-conversations below with the correct forms of **pedir** or **servir**.

1. — Cuando vas al restaurante Marino para comer, ¿qué ______ tú?
   — Normalmente ______ una ensalada y una pasta.
2. — ¿Para qué ______ esto?
   — ______ para grabar discos compactos, hijo.
3. — ¿Los camareros les ______ rápidamente en el restaurante Guzmán?
   — Sí, son muy trabajadores.
4. — No puedo ver esos gráficos.
   — (Nosotros) ______ ayuda, entonces.
5. — Bienvenida a la fiesta. ¿Le ______ algo?
   — Sí, un refresco, por favor.
6. — Vamos al restaurante. Esta noche ellos ______ pollo con salsa y pasta.
   — Yo siempre ______ el pollo.
7. — ¿Para qué ______ el menú?
   — ______ para conocer la comida del restaurante. ¿Y qué vas a ______ del menú?
   — Yo siempre ______ la misma cosa. . . el bistec.





realidades.com
• Web Code: jcd-0913

## ¿Saber o conocer?

**A.** Write either **saber** or **conocer** in the blanks under the items below.

1. Mi número de teléfono ________
2. Usar una computadora ________
3. El profesor de la clase de español ________
4. La película *Casablanca* ________
5. Leer música ________
6. La ciudad de Nueva York ________
7. Mi madre ________
8. Tu mejor amigo ________
9. Navegar en la Red ________
10. El sitio Web ________

**B.** Fill in the missing forms of **saber** and **conocer** in the charts below.

| | SABER | CONOCER |
|---|---|---|
| **yo** | | |
| **tú** | | |
| **él, ella, Ud.** | *sabe* | *conoce* |
| **nosotros** | | |
| **vosotros** | *sabéis* | *conocéis* |
| **ellos, ellas, Uds.** | | |

**C.** Complete the following sentences using the correct forms of **saber** or **conocer**.

1. Juan, ¿ ________ la fecha de hoy?
2. ¿Alguien ________ a un médico bueno?
3. Mis padres ________ bailar muy bien.
4. Nosotros ________ todas las palabras de la obra.
5. ¿ ________ dónde está el Museo del Prado?

realidades.com
• Web Code: jcd-0914

## Planes para la noche

The Miranda family is planning to go out to eat. Fill in their conversation using forms of **conocer, saber, pedir,** or **servir**.

PADRE: Vamos al restaurante Vista del Mar. ¿Lo ______ Uds.? Me gusta mucho.

TERESA: Yo no lo ______ pero ______ dónde está. ¡Quiero ir a ese restaurante!

TOMÁS: Por supuesto que ______ dónde está, Tere, el nombre es Vista del Mar.

TERESA: Sí. ¿______ Uds. que tienen el mejor pescado de la ciudad? Es muy sabroso.

MADRE: ¿Y ellos ______ otra comida también?

TERESA: Yo no ______. ¿Sabes tú, Tomás?

TOMÁS: Sí. Allí ______ mucha comida rica.

PADRE: Yo ______ el pescado porque me encanta.

TOMÁS: Sí, me encanta el pescado también.

TERESA: Es verdad Tomás, pero siempre ______ la misma cosa cuando comemos pescado.

PADRE: Por eso vamos a este restaurante. Puedes ______ de todo y va a ser sabrosísimo.

TERESA: ¡Yo quiero ______ ese restaurante!

MADRE: Pues, estamos de acuerdo. Vamos a Vista del Mar.





realidades.com
• Web Code: jcd-0915

## Repaso

### Across

1. Quiero ___ un curso.
5. No debes tener ___ de la tecnología.
7. Para navegar en la Red, hay que estar ___ ___.
10. Si quieres hablar con personas inmediatamente, vas a un ___ de chat.
13. ¿Para qué ___?
15. *to communicate (with)*
17. Mi amiga me escribió una ___.
20. No me gusta hablar por teléfono. Me gusta hablar ___ _ ___.
22. Voy a la escuela porque quiero ___ cómo hacer cosas.
23. Vamos al ___ para usar las computadoras de la escuela.
24. 
la computadora ___

### Down

1.
2. El cliente ___ un té helado porque tiene calor.
3. Voy a visitar Nueva York porque quiero ___ la.
4. ___ un disco compacto
6. Los estudiantes hacen un ___ del presidente Lincoln.
8. Quiero escribirte una carta. ¿Cuál es tu ___ electrónica?
9. Yo escribo por ___ electrónico.
11. Estoy en línea. Quiero ___ en ___ ___.
12. *song;* la ___
13. El ___ Web para este libro es **realidades.com.**
14. No tengo ese programa. Lo voy a ___ de la Red.
16. Necesito ___ información para mi informe.
18. La artista sabe muy bien hacer ___ en la computadora.
19. Necesito una computadora que puede ___ documentos.
21. *slide;* la ___

# Organizer

## I. Vocabulary

**Words to talk about the Web**

______
______
______
______

**Words to name other electronics**

______
______
______
______

**Verbs related to online activities**

______
______
______
______
______

## II. Grammar

1. The present tense of **pedir** is:

| | |
|---|---|
| ______ | ______ |
| ______ | ______ |
| ______ | ______ |

The present tense of **servir** is:

| | |
|---|---|
| ______ | ______ |
| ______ | ______ |
| ______ | ______ |

2. Use the verb ______ for information or activities that you know. Use the verb ______ to talk about familiarity with people, places, or things.





realidades.com
• Web Code: jcd-0916